ANATOLI PRISTAWKIN

Ich flehe um Hinrichtung

Buch

Selten ist ein Autor mit seinem Land und seinem Volk so hart ins Gericht gegangen wie Anatoli Pristawkin. Humanisierung des teilweise noch mittelalterlichen Strafvollzugs und Aussetzung der Todesstrafe – das waren die Ziele der Begnadigungskommisionen, deren Vorsitz Pristawkin zehn Jahre lang führte. In seinem erschütternden Bericht geht es nicht nur um Verbrechen und Strafe, sondern auch und vor allem um Schuld und Sühne. Die Begnadigungslisten werden dem Präsidenten seit 2002 nach Auflösung der Kommission wieder von leitenden Juristen der Russischen Föderation zugeführt.

Autor

Anatoli Pristawkin, 1931 bei Moskau geboren, hat bereits mehrere Erzählbände und Romane veröffentlicht. Sein Roman »Schlief ein goldnes Wölkchen«, 1982 geschrieben und erst 1987 aufgrund seines brisanten Inhalts in einer gekürzten Fassung erschienen, bildet den Auftakt einer Trilogie, in der Pristawkin die alptraumartigen Erlebnisse seiner Kindheit im Stalinismus verarbeitet. 2002 wurde er für seine Verdienste um die interkulturelle Vermittlung zwischen Russland und Deutschland mit dem Aleksandr-Men-Preis ausgezeichnet. Preisträger vor ihm waren u.a. Gorbatschow und Kopelew.

Anatoli
Pristawkin

Ich flehe um Hinrichtung

Aus dem Russischen
von Renate und Thomas Reschke

GOLDMANN

Die Originalausgabe erschien
unter dem Titel »Dolina smertnoij teni«
bei AST/Olymp, Moskau.

Umwelthinweis:
Alle bedruckten Materialien dieses Taschenbuches
sind chlorfrei und umweltschonend.

Der Goldmann Verlag ist ein Unternehmen
der Verlagsgruppe Random House GmbH

1. Auflage
Vollständige Taschenbuchausgabe August 2004
Wilhelm Goldmann Verlag, München,
in der Verlagsgruppe Random House GmbH

Umschlaggestaltung: Design Team München
Umschlagmotiv: CORBIS / Jeff Albertson / OZ001057
Druck: GGP Media, Pößneck
Verlagsnummer: 15296
KF · Herstellung: Sebastian Strohmaier
Made in Germany
ISBN 3-442-15296-8
www.goldmann-verlag.de

Inhalt

Und ob ich schon wanderte im finstern Tal,
fürchte ich kein Unglück,
denn du bist bei mir,
dein Stecken und Stab trösten mich.

23. PSALM

Vorbemerkung

Irgendwo las ich, daß ein Fisch, mit der Angel gefangen und aus dem Wasser gezogen, die seltene Chance erhält, seinen heimatlichen Fluß mit gänzlich anderen Augen zu sehen.

Doch nüchtern betrachtet, und das wird jeder Angler bestätigen, kann der arme Fisch gar keinen Sinn für Naturschönheiten haben, wenn er gerade an einem Stahlhaken aus seinem Element gezerrt wird, um dann über einem Feuerchen gekocht zu werden.

Hier fühle ich mich daran erinnert, daß freiwillige Versuche einiger gar zu wißbegieriger Mitbürger, ihren Fluß anders zu sehen als vorgeschrieben, in meiner Heimat oft auf einem Feuerchen der Inquisition geendet haben.

Aber die Erfahrung anderer war noch niemandem eine Lehre. Und so habe ich auch auf einen Köder angebissen, den mir das Schicksal hinwarf, und eine Last geschultert, die Begnadigung heißt. Ich hatte keine Ahnung, was das bedeutet.

Es bedeutet aber dies: den täglichen qualvollen Versuch, einzudringen in die Schicksale anderer Menschen, in die Schicksale von Häftlingen.

In unserm Land, das reich an Gefängnissen ist, erreichen etwa 100 000 Bitten und Beschwerden jährlich die Behörden. Von Mördern und Vergewaltigern, von Dieben, Räubern und Einbrechern.

Petersburger Wissenschaftler haben festgestellt, daß jeder Bürger unseres Landes nach eigenem Eingeständnis mindestens einmal im Leben gegen den Diebstahlparagraphen verstoßen hat.

»Russen sind Diebe, sie haben keinen Zutritt in die Stadt«, stand vor mehr als 1000 Jahren an den Stadttoren von Konstantinopel. Seit damals, so nehme ich an, haben wir uns nicht sehr geändert. Aber wir hatten auch solche bekannten Verbrecher wie Pugatschow, Rasin, Kudejar und den Räuber Nachtigall, die das Volk verehrte. In Rußland gab es zu allen Zeiten reichlich Mörder und Gewaltverbrecher, und es wurden unterhaltsame Bücher über sie geschrieben. Doch Gerichtsakten über heutige Verbrecher zu lesen oder mit ihnen in Berührung zu kommen, glauben Sie mir, das ist nicht minder gefährlich, als ihnen auf der Landstraße zu begegnen.

Ja, wenn es nur darum ginge, mit ihnen in Berührung zu kommen ... Aber die letzte Instanz in ihrem Schicksal zu sein, über ihr Leben zu entscheiden ... Als der belorussische Schriftsteller Ales Adamowitsch gebeten wurde, in der Begnadigungskommission mitzuarbeiten, sagte er: »Versteht und vergebt, aber ich kann nicht Gott sein!«

Auch ich sträubte mich, wie der Fisch, der den Haken geschluckt hat.

Aber ich gab nach und erklärte mich zur Mitarbeit bereit.

Ich nehme an, daß Präsident Jelzin, der im lange zurückliegenden Jahr 1992 das Papier über meine Ernennung unterschrieb, kaum das Opfer ermessen konnte, das jeder von uns, jedes Kommissionsmitglied, bringen mußte.

Das vorliegende Buch entstand nicht als geplantes Unternehmen, sondern als kläglicher Versuch, den scharfen Schmerz, der uns peinigte, zu dämpfen, zu lindern.

»Weine nur, meine Liebe«, sagte man in alten Zeiten, »dann wird dir leichter ums Herz.«

Das Genre dieses Buches läßt sich guten Gewissens so benennen: WEINEN UM RUSSLAND.

Es handelt nicht nur von Häftlingen, von Menschen in der Todeszelle. Es handelt letztlich von uns allen, die wir eingesperrt sind in das kriminelle Straflager, das Rußland heißt.

Ich bin mir bewußt, daß ein solches Werk keine angenehme Lektüre für die breite Lesermasse ist. Wer möchte schon zur Nacht in einem Buch lesen, das vom Abschaum der Gesellschaft handelt, von Menschen, die selbst auf große Entfernung Entsetzen verbreiten und unsere Sicherheit wie auch unsere Seelenruhe bedrohen?

Ich möchte, obwohl das ein bißchen hergeholt klingt, behaupten, daß *dieses Buch* vom Volk geschaffen wurde (es besteht vorwiegend aus Dokumenten, die aus dem Schoß des kriminellen Rußland kommen), von demselben großen russischen Volk, dessen Größe auch darin besteht, daß es vielfach zerrissen ist, daß es stiehlt, säuft und auf die ganze Welt spuckt, in erster Linie auf sich selbst. Es ist irrational in allem, selbst in den Fragen der Selbsterhaltung. Es ist aber auch groß in seiner aus tiefsten Tiefen kommenden erstaunlichen Genialität, die sich in allem äußert, auch im Stehlen, Lügen und Rauben, und man wundert sich, wie sich Genie und Verbrechen in ihm vereinen.

Und man weiß nicht, was größer ist.

Mein Fluß …

Mein unglückliches, geschundenes Land … Mir bot sich die überaus seltene Gelegenheit, es in seiner natürlichen kriminellen Gestalt mit anderen Augen zu erblicken, und ich sah keine hellblauen Buchten und Wasserstraßen zwischen smaragdgrünen Ufern, sondern einen bodenlosen, gähnenden Abgrund.

In den wir stürzen.

Aber wir wollen es nicht wahrnehmen.

Ich gestehe, daß ich früher auch so gelebt habe.

Und selbst nach dem ersten Kontakt mit dieser von uns abgesonderten Welt, die wie eine nicht verheilende faulige Wunde ist, wollte ich mich davor schützen, indem ich alle Abwehrkräfte des Geistes zu Hilfe rief und sogar Kindermärchen zu schreiben begann.

Eines Abends las ich in einer Akte von zwei alten Dorffrauen: Ein Häftling hatte von einem Zellengenossen erfahren, daß sie auf einem einsamen Gehöft lebten, war nach der Entlassung hingefahren und hatte sie getötet. Seine Beute: ein vergoldeter Ring und 50 Rubel, die sie für ihre Beerdigung versteckt hatten. Da konnte ich nicht mehr an mich halten und weinte. Und ich begriff, daß diese Welt grausam und nicht zu bessern ist.

Was sind wir nur für Menschen? Wir erregen uns erst, wenn es nach Blut riecht, aber dann beruhigen wir uns wieder und leben weiter, als wäre nichts gewesen, und das in einer Zeit, da direkt neben uns der Priester Alexander Men ermordet wird[1], der uns retten wollte. Und ist er vielleicht der einzige? Was sind wir denn nun? Mißgeburten, Unmenschen, wahnsinniger Pöbel, gefangen in hemmungslosem Suff und unentwegten Verbrechen?

»Von Gott und der Wahrheit und dem Gewissen verlassenes Rußland – wo gehst du hin mitsamt deinen Dieben, Räubern, Verbrechern, menschlichen Bestien und Nichtstuern?« fragte Suchowo-Kobylin[2].

Wirklich – wohin?

1 1990. D.Ü.

2 Russischer Dramatiker (1817–1903). D.Ü.

ERSTES KAPITEL

Die Macht

Ein ganz normaler Fall

»In der Nacht vom 30. Juni zum 1. Juli fuhren Noskow und Orlow in betrunkenem Zustand zu der Kreuzung der Autostraße Perm–Kudymkar und der Straße in die Siedlung Mendelejewo. Dort trafen sie die Jugendlichen Bogdanow, Korjakin, Filimonow und die Geschädigte Lichatschowa, die mit der Vorortbahn von Perm zur Station Mendelejewo gefahren und zu dieser Kreuzung gegangen war, um von hier per Anhalter zu ihrer Mutter im Kreis Kudymkar zu fahren.«

Ich bitte den Leser, den Protokollstil zu entschuldigen, aber so sind die Gerichtsakten nun einmal abgefaßt.

Also: »Mit dem Ziel, Lichatschowa zu vergewaltigen, bedrängten Noskow und Orlow sie hartnäckig, mit ihnen irgendwohin zu gehen, und Noskow riß ihr die Reisetasche von der Schulter und entfernte sich mit Orlow in der Annahme, daß Lichatschowa ihnen wegen ihrer Sachen schon folgen würde. Bogdanow und Korjakin wollten Lichatschowa gegen die Nachstellungen der ersten beiden in Schutz nehmen und boten ihr an, sie zu einer Hütte unweit der Station Mendelejewo zu bringen, und sie stimmte zu.

Orlow und Noskow konnten sich denken, wo Lichatschowa war, sie fuhren zu der Hütte, jagten Bogdanow und Korjakin davon und versuchten, Lichatschowa zu vergewaltigen, doch sie leistete heftigen Widerstand, riß sich los und lief weg, aber Noskow holte sie ein und warf sie zu Boden.

Um weiteren Mißhandlungen zu entgehen, riß Lichatschowa Noskow das Messer aus der Tasche und versuchte sich umzubringen, sie fiel auf die Klinge und verlor das Bewußtsein. Noskow und Orlow faßten die Geschädigte unter den Armen und schleiften sie zurück in die Hütte, wo sich auch Olschewski befand, der die beiden zu der Hütte gefahren hatte. Im Beisein von Olschewski schlug Noskow vor, Lichatschowa tiefer in den Wald zu bringen, zu vergewaltigen, sie dann umzubringen und zu vergraben, und Orlow stimmte zu. Sie boten dem minderjährigen Olschewski an, ihnen zu helfen, er fand sich bereit und blieb mit Orlow bei der Geschädigten. Noskow ging in die Siedlung, um einen Spaten zu holen, fand jedoch keinen und kam mit zwei Hacken zurück. Als Lichatschowa zu sich kam, wollte Orlow erst gar keinen Widerstand aufkommen lassen und schlug sie ein paarmal ins Gesicht, dann führten die drei sie tiefer in den Wald und begannen vor ihren Augen, das Grab für sie auszuheben.

Noskow und Orlow zwangen Lichatschowa, sich auszuziehen, und gemeinsam mit Olschewski, sich gegenseitig helfend, indem sie ihre Beine festhielten, vergewaltigten sie die Frau.

Danach handelten sie entsprechend ihrer vorherigen Absprache: Orlow warf ihr den Pullover übers Gesicht, Noskow brachte ihr mit einem Messer mehrere Stiche im Brustbereich bei und ließ es in ihrem Körper stecken, und Orlow trat auf das Messer, um die Klinge tiefer in den Körper zu treiben, dann warfen sie die noch Lebende in die Grube, warfen auch ihre Sachen hinein und schaufelten zu dritt die Grube zu. Als sie sahen, daß Lichatschowa sich unter der Erdschicht noch bewegte, traten Orlow und Noskow auf ihren Körper, um ihn mit ihrem Gewicht niederzudrücken, und als aus der Erde ein Fuß der Geschädigten zum Vorschein kam, schlug Noskow mehrmals mit der Hacke darauf. Als Lichatschowa sich nicht mehr rührte, bedeckten die drei das Grab mit Zweigen und gingen davon. Noskow hatte ihr Geld und Sachen im Wert von 87 Rubel entwendet.

Am nächsten Tag gingen sie zu der Stelle zurück, gruben den Leichnam aus, übergossen ihn mit Benzin und zündeten ihn an, dann vertieften sie die Grube, warfen den Leichnam wieder hinein, schaufelten ihn zu und bedeckten die Erde mit Zweigen.«

Solch ein Fall war das.

Einer von vielen, die wir jetzt lesen mußten. Aber wir waren nicht vorbereitet, so etwas zu lesen. Wir lasen mit Pausen, mit Unterbrechungen, die manchmal ein paar Tage dauerten.

Ich habe den Fall absichtlich so zitiert, wie er in der Akte niedergelegt war, ohne jegliche Emotion. Ein Protokoll, das durch seine Sachlichkeit beeindruckte. Kennengelernt, mißhandelt, vergewaltigt, lebendig begraben und dann mit der Hacke auf den Fuß!

Der Fuß hebt sich ab von der teilnahmslosen Darstellung. Diese Stelle zu lesen fällt besonders schwer.

Ja, und dann ist da noch der belastende, aber dringende Wunsch, die Empfindungen der drei zu begreifen, der drei … Ich weiß nicht einmal, wie ich sie nennen soll. Die üblichen Definitionen taugen hier nicht.

Was haben sie für Gesichter?

Nein, auch das Wort »Gesichter« paßt nicht.

Ich stimme Bulat Okudshawa zu, der während der Erörterung eines der Fälle, vielleicht dieses Falles, unwillkürlich ausrief: »Wenn wir wenigstens ein Foto hätten!«

Ja, manchmal hat man das Bedürfnis, sich den oder jenen Verbrecher anzusehen (nicht in natura, sondern auf dem Foto). Wie sieht er aus?

Einmal fiel mir das Foto einer Verbrecherin in die Hände, die ihr kleines Töchterchen umgebracht hatte. Und denken Sie nur, sie sah so aus, wie ich sie mir vorgestellt hatte.

Wenn man über das Schicksal eines Verbrechers zu entscheiden hat, ist es besonders wichtig, sein Gesicht zu sehen.

In der Akte eines Todeskandidaten liegt der Antrag (oder die Bitte oder, wie es manchmal heißt, das Gnadengesuch, das in vielen Fällen eine Beichte ist) ganz zuunterst und hat juristisch keine solche Bedeutung wie alles andere (das heben die Beamten besonders hervor: Was schreibt ein Verurteilter nicht alles über sich zusammen!), aber für uns, die wir die Wahrheit in den Worten suchen, sind diese Schriftstücke manchmal das wichtigste Zeugnis, wenn wir im Widerstreit mit uns selbst unsere Entscheidungen zu treffen haben. Manche Beichte kann zum Schlüsselmoment für das Verständnis der menschlichen Natur werden.

Ich vertiefte mich in das Protokoll, aber ich konnte mir die Gesichter dieser drei einfach nicht vorstellen.

Sie waren gesichtslos. So gesichtslos, wie eine Menge, ein Auflauf ist, etwa in einer Diskothek. Alle sehen gleich aus.

Aber in ihrer Gleichartigkeit steckt eine unüberwindliche Kraft. Das wissen sie.

Auch wir müssen das wissen.

Und doch, und doch … Was sind sie für Menschen?

Sollen sie selbst über sich erzählen.

Zum Beispiel Noskow, der sich aus dem nahen Haus einer Bäuerin die Hacke holte ... um damit auf den Fuß des noch lebenden Mädchens ... Sein Gnadengesuch ist eine eigenartige Beichte. Ich lasse – hier und weiterhin im Buch – nach Möglichkeit den Stil und die Sprache meiner »Helden« unverändert.

»Ich, Alexander Grigorjewitsch Noskow, geboren am 1. Januar 1970, bitte um Begnadigung. Ich bin mit dem Urteil des Gebietsgerichts nicht einverstanden. Das Gericht hat nach meiner Meinung unseren Fall ungenügend untersucht, denn es hat mich als Organisator des Verbrechens hingestellt. Während der Verhandlung habe ich als erster Aussagen gemacht und aus Kleinmut die Schuld für die Verbrennung der Geschädigten auf mich genommen. In Wirklichkeit hat Orlow das Benzin in einem Dreiliterglas von der Tankstelle geholt, hat die Geschädigte damit übergossen und angezündet. Ich stand unter dem Einfluß von Orlow und konnte mich ihm nicht widersetzen, als er vorschlug, das Mädchen zu verbrennen.

Nach dem Urteil, in der Todeszelle, konnte ich lange nicht zu mir kommen, ich war verzweifelt und wollte überhaupt nichts, erst nach dem Besuch meiner Mutter schrieb ich das Kassationsgesuch auf ein Blatt, ohne etwas zu erklären ...«

Ich unterbreche den Bericht, um festzuhalten, daß Noskow nicht mit dem Wichtigsten beginnt, dem Mord, sondern damit, wie sie den Leichnam anzündeten. Dabei vermeidet er dieses Wort und ersetzt es durch den juristischen Terminus »Geschädigte« oder sogar »Mädchen«, was beinahe harmlos klingt.

»An dem Tag waren Orlow und ich auf der Hochzeit eines Kumpels. In der zweiten Nachtstunde verließen wir die Feier und wollten ins Dorf Charitschi. Unterwegs holte uns Sergej Sitnikow auf dem Motorrad ein, und wir baten ihn, uns ins Dorf mitzunehmen. An der Autostraße Perm–Kudymkar bei der Kreuzung standen junge Leute. Wir baten sie um was zu rauchen. Es waren fünf Jungs und das Mädchen. Orlow ging zu dem Mädchen, um Bekanntschaft zu schließen. Ich stand abseits und hörte ihr Gespräch nicht, und als ich dazukam, sagte das Mädchen, sie wolle mit den anderen Jungs fahren. Ich wollte einen Scherz machen und nahm ihr die Tasche weg. Orlow und ich gingen nach Hause. Kurz vor dem Haus kam uns Olschewski mit einem Wagen entgegen. Wir baten ihn, uns zu der Hütte zu bringen, denn wir wußten, daß die Rocker eine Hütte hatten, wo sie sich trafen. Wir gingen hinein, ich sah Korjakin und das Mädchen auf der Ofenbank liegen. Das Mädchen stand auf und ging hinaus, Orlow lief ihr nach und hielt sie an der Hand fest. Ich ging auch hinaus und trat zu Orlow. Er schickte mich weg und sagte, daß er allein sein will ...«

Wieder unterbreche ich diese Beichte. Obwohl ... Was zum Teufel ist das für eine Beichte? Eine öde Aufzählung von unbedeutenden Ereignissen ... Ein Wortstrom, der den Erzähler, unbeabsichtigt vielleicht, daran hindert, auf die Hauptsache zu kommen: wie er das Leben eines Menschen zerstörte.

Geschwätzigkeit ist eine Besonderheit der zum Tode Verurteilten. Als wären gleichzeitig alle Schleusen geöffnet worden, schildern sie ihr Dasein: ungeschickt, stammelnd, viel zu ausführlich.

Eines jedoch fällt auf an der Schilderung von Noskow: Trotz der Primitivität seiner Ausdrucksweise – und die Lexik entblößt bekanntlich die Seele eines Menschen nicht minder als etwa der Ausdruck der Augen – schiebt er langsam, aber sicher die Hauptschuld seinem Kumpan zu und verwandelt sich in einen naiven und sanften Beobachter, der einem fremden Willen gehorcht.

»Ich stand 20 Schritte von der Hütte entfernt und konnte das Gespräch mit dem Mädchen nicht hören. Als ich aus dem Wald auf den Pfad kam, sah ich das Mädchen, das seinen Slip anzog, und neben ihr Orlow. Ich sagte ihr, zieh dich nicht an, denn ich hatte noch nie ein nacktes Mädchen gesehen und wollte sie noch anschauen. Sie lief in Richtung Mendelejewo davon, ich hinterher, um sie zurückzuholen, damit sie sich anziehen konnte. Sie riß mir das Messer aus der Tasche und stieß es sich in den Bauch und fiel hin …

Ich rief Orlow heran, und wir drehten das Mädchen auf den Rücken. Sie rührte sich nicht, ich erschrak und dachte, sie hat sich erstochen. Ich sagte zu Olschewski, er soll einen Spaten holen, um sie zu begraben, aber er weigerte sich. Da lief ich selber los, und als ich zurückkam, saß sie angezogen da und sagte zu Orlow, sie wird ihn ins Gefängnis bringen. Orlow sagte zu mir, wir müssen mit ihr was machen. Ich sagte, was – totmachen? Er sagte ja und schlug vor, sie tiefer in den Wald zu schaffen.

Wir gingen tiefer in den Wald und schaufelten umschichtig eine Grube. Orlow sagte zu dem Mädchen, sie soll sich ausziehen. Er befahl ihr, sich hinzulegen, und trat sie in den Bauch. Ich umwickelte den Messergriff mit ihrem Slip, und Orlow warf ihr den Pullover übers Gesicht. Ich stieß dem Mädchen das Messer in den Bauch und ging weg, und Orlow drückte die Klinge mit dem Fuß tiefer hinein.«

Dieser letzte Satz kommt der Wahrheit wohl am nächsten.

Hier die Angaben aus der Anklageschrift:

»Vera Grigorjewna Lichatschowa, 25, ledig, Schneiderin im Atelier ›Sima‹ in der Stadt Perm, von der Arbeitsstelle und dem Wohnort ausschließlich positiv beurteilt. Der Vater verstorben, als sie noch halbwüchsig war, die Mutter Rentnerin.«

»Nach zehn Minuten legten wir das Mädchen zu dritt in die Grube, auch ihre Sachen, und schaufelten zu. Orlow stellte sich auf das Grab und trampelte darauf herum und verlangte, daß ich ihm helfe. Nachdem wir das Mädchen eingegraben und mit Zweigen zugedeckt hatten, schlug Orlow vor, am nächsten Tag noch einmal herzukommen und sie zu verbrennen. Ich habe mich nicht widersetzt, da ich den Konflikt mit ihm fürchtete.

Am nächsten Tag holte Orlow von der Tankstelle ein Dreiliterglas Benzin, wir gingen hin, gruben sie aus und nahmen ihre Kleider heraus. Dann schaufelten wir die Grube tiefer und legten sie wieder hinein. Ich ging beiseite, Orlow übergoß die Geschädigte mit Benzin und zündete sie an. Dann schaufelten wir die Grube wieder zu und gingen nach Hause.«

Ich wollte mir vorstellen, wie er nach Hause kam. Denn zu Hause, das geht aus der Beichte hervor, wartete seine Mutter. Dieselbe, die sich jetzt um ihren Sohn grämt, Briefe an die Richter schreibt und nachts nicht schlafen kann, weil sie sich ausmalt, daß ihr Sohn heute oder morgen zur Erschießung geführt wird.

Als er nach Hause kam, wie hat er ihr in die Augen gesehen?

Vielleicht hat er sogar Kohlsuppe gelöffelt, und in seinen klaren Augen spiegelte sich nicht die Flamme des Feuers, in dem sie gerade eine Frau verbrannt hatten?

In seinem Gnadengesuch schreibt er abschließend: »Ich bitte, meine Jugend zu berücksichtigen.«

Kein Wort von Reue.

Wir haben Noskows Todesstrafe in lebenslange Haft umgewandelt. Aber nicht alle von uns haben dafür gestimmt, ihn am Leben zu lassen.

Korridore der Macht

Es gab Tage, an denen wir uns in der Kommission als zu grausam oder, besser, als nicht barmherzig genug empfanden, an denen unsere Herzen bei besonders entsetzlichen Fällen wie im Falle Noskow verhärteten.

Dann kam es vor, daß einer von uns, meistens der Psychologe, der von Berufs wegen um die seelische Verfassung nicht nur der Verbrecher, sondern auch der »Gnadengeber« wußte, mit mildem Lächeln sagte, es sei an der Zeit, die Fälle eine Weile liegenzulassen und bei einem Gläschen entspannt ein wenig zu plaudern. »Was haltet ihr davon?«

Meistens folgten wir seinem Rat, unterbrachen die quälenden Versuche, die Sünden anderer Menschen zu verstehen, und legten die Mappen mit den Todesurteilen auf ein fernes Tischchen, behutsam wie nicht entschärfte Minen. Aus einem Geheimfach wurde eine Flasche hervorgezaubert, und wir plauderten, was durchaus eine reinigende Wirkung haben kann. Trinksprüche wurden ausgebracht, Gedichte rezitiert, Beichten abgelegt. Zur nächsten Sitzung kamen wir dann erfrischt, um wieder die niederschmetternden Akten zu studieren.

Einmal waren wir spät dran, und ich begleitete einen Besucher durch die Gänge in ein anderes Gebäude, in dem er sein

Arbeitszimmer hatte. Zuerst ging es vom fünften Stock in den zweiten, dann durch einen langen Korridor und einen verglasten Übergang, der zwei Gebäude verband, nach links, wieder durch einen langen Korridor, im Zickzack eine Treppe hoch, durch einen weiteren Korridor nach links, an einem Posten vorbei in ein anderes Gebäude, nach links, wieder nach links, durch einen zweiten verglasten Übergang zum nächsten Gebäude, durch einen Korridor geradeaus und dann links …

Aber das war noch nicht alles.

Nun öffnete sich ein weiterer Korridor, der war mit einem sehr festlichen roten Teppichläufer bedeckt (den der hochgeehrte Fuß des obersten Chefs zu betreten pflegte), und da gab es einen kleinen Lift, den nicht jeder benutzen durfte, man brauchte dazu einen persönlichen Schlüssel. Jetzt waren wir fast am Ziel, noch eine Treppe hinauf, an einem weiteren Posten vorbei, dann links … Wir waren da.

Irgendwann einmal möchte ich von den hiesigen Arbeitszimmern erzählen, sie haben einen gewissen historischen Wert, denn in ihnen thronten einmal die Beherrscher unseres Schicksals. Deren düstere Schatten schwebten noch immer unsichtbar in der Luft, und die Wände bewahrten negative Emotionen. Aber ich will auf etwas anderes hinaus.

Wie war ich nur hierhergelangt? In meinem früheren Leben durfte ich nicht mal das Foyer des Erdgeschosses betreten. Einmal aber hatte ich das Glück gehabt, von Demitschew, dem Kulturminister unter Chrustschow, empfangen zu werden. Doch da hatte ich mir vor lauter Aufregung nichts einprägen können. In Erinnerung blieben mir die massive Eichentür des Eingangs, das Passierscheinbüro, der Lift und der zuvorkommende Sekretär, der uns im Vorzimmer des Höchsten Platz zu nehmen hieß. Und dann seine gepreßte Stimme: »Gehen Sie bitte hinein!« Und das beschämende Zittern in den Knien ... Herrgott, hilf! Ich lebte damals mit meiner Familie in einer Mehrfamilienwohnung, mußte mich erniedrigen und einen vorbereiteten Antrag überreichen.

Lange Korridore, lange Überlegungen.

[illegible] dem ich den Besucher in sein Büro begleitet und [illegible] ht beschwipst verabschiedet hatten, machte ich [illegible] n Rückweg auf der wohlbekannten Strecke, die ich minutiös beschrieben habe, und ... verirrte mich. In dem Gebäude war das Oberlicht abgeschaltet worden, es brannten nur noch die Notlampen, und alles hatte andere Formen und Ausmaße angenommen. Zuerst bin ich wohl richtig gegangen. Ich bog an den richtigen Stellen ab, nahm die Übergänge, zählte die Stockwerke. Aber dann fiel mir auf, daß es nicht die richtigen Korridore waren.

Ich ging zurück und stellte fest, daß mir hier ebenfalls alles unbekannt war und ich nicht mehr weiterwußte. Es war wie nachts im Wald. Ich konnte auch niemanden fragen, die Arbeitszimmer waren verriegelt und versiegelt, und kein Mensch war zu sehen. So lief ich lange herum, ernsthaft beunruhigt, und malte mir aus, wie meine Tischgenossen im fünften Obergeschoß auf mich warteten und verständnislos rätselten, wo ich geblieben sein könnte.

Und da dachte ich zum erstenmal darüber nach, wie die Parteibosse sich hier ihre Machtzentrale geschaffen hatten, mit einem System von absichtlich irreführenden Gängen, um sich maximal gegen die einfachen Menschen abzuschotten. Sie handelten ebenso wie die Herren alter Schlösser, in die zur Sicherheit der Besitzer lange Sackgassen, geheime Übergänge, Tunnel und Korridore eingebaut wurden. Später versuchte ich, aus dem Gedächtnis ein Schema des ganzen Systems von Gebäuden zu zeichnen, nur für mich, und ich war verblüfft über die grandiose und scheinbar sinnlose Planung, die natürlich der Versuch war, auf jede erdenkliche Weise die eigene Existenz abzusichern.

Schon Uljanow (Lenin) hatte bei seinem Einzug in den Kreml für sich persönlich anderthalb Dutzend Zimmer in Besitz genommen, und Dshugaschwili (Stalin) sicherte sich sogar Ausgang und Ausfahrt aus dem Kreml von einem eigenen kleinen Hof aus, zu dem sonst niemand Zutritt hatte. Ich habe diesen Hof gesehen.

Schließlich fand ich doch noch zurück in mein Zimmer, nachdem ich lange durch die verwinkelten Gänge geirrt war, und wurde von meiner angetrunkenen Gesellschaft freudig begrüßt.

Später erzählte mir eine Bekannte, die jahrelang hier gearbeitet hatte, sie habe sich anfangs auch in diesen Labyrinthen verirrt, habe dann aber herausgefunden mit Hilfe der Teppichläufer, die in jedem Korridor, in jeder Etage eine andere Farbe hatten. Leider waren die Läufer in den letzten Jahren abgewetzt, abgetreten, und sahen nun fast alle gleich aus.

Mir geht es jetzt aber um die Korridore der Macht, in die ich unversehens hineingeraten war und in denen ich viele Jahre lang herumirren sollte.

Wäre Sergej Kowaljow nicht eines Abends spät zu mir nach Hause gekommen, um mich für den Vorsitz der Begnadigungskommission zu gewinnen, so wäre mein Leben ganz anders verlaufen, und ich würde jetzt etwas anderes schreiben …

An einem grauen Moskauer Wintertag 1991, an dem der Himmel nicht zu sehen war, näherte ich mich zum erstenmal dem Weißen Haus, dieser Heimstatt der Macht, die vor vier Monaten von unseren Kindern verteidigt worden war. Es waren hauptsächlich Kinder der Intelligenzia, unter ihnen auch mein Sohn.

Ich bekam im Parterre einen Sonderausweis und stieg die Granitstufen hinauf zum Durchgangszimmer 20. Die Treppe war von gewaltiger Breite, und außer mir war kein Mensch zu sehen. Die Beamten gelangten wohl auf besonderen Wegen in das Gebäude.

Vor Verwirrung konnte ich nicht einmal die Stufen zählen.

Jede aufsteigende Macht, wie gefestigt und selbstsicher sie sich auch fühlen mag, beendet eines Tages ihren Weg damit, daß sie dieselben Stufen wieder hinuntersteigt.

Im Ipatjew-Haus im früheren Swerdlowsk (heute wieder Jekaterinburg), in dem die Zarenfamilie ermordet wurde, führten vierundzwanzig Stufen hinunter in den Keller.

Ich hatte Gelegenheit, das Ipatjew-Haus zu besuchen, bevor es abgerissen wurde – der Befehl dazu soll aus Moskau gekommen sein. Es war ein nicht sehr großes, aber solide gebautes Haus aus roten Ziegeln, und es stand etwas abseits auf einer Ödfläche. Ich war 1965 mit dem Schriftsteller Jewgeni Dobrowolski auf einer Dienstreise in Swerdlowsk, und es war ihm gelungen, mit dem Archivar, der im Obergeschoß des Ipatjew-Hauses mutterseelenallein das Parteiarchiv hütete, eine Besichtigung zu verabreden. Nach einer feuchtfröhlichen Nacht stiegen wir müde und verkatert die bewußten Stufen hinunter in den Keller. Es war still. Düster. Kühl.

Der Archivar, ein Mann mittleren Alters, der überhaupt nicht wie ein Parteimitarbeiter aussah, zeigte uns alles, was es zu zeigen gab, erzählte und untermalte sogar seine Worte mit den Händen, als hätte er selbst mit angesehen, wie die Zarenfamilie mitten in der Nacht geweckt und in diesen Keller geführt wurde, unter dem Vorwand, tschechische Weißarmisten rückten heran, wie die ganze Familie sich links von der Tür an der Wand aufstellen mußte, wie auf ein Kommando Rotarmisten in den Keller stürmten, von der Tür her das Feuer eröffneten und den Kindern mit Bajonetten den Rest gaben.

Ich weiß nicht, ob ich in dem Moment, als ich meinen wichtigen Entschluß faßte, an die Erschießung der Zarenfamilie und an ihre unschuldig gemordeten Kinder dachte … Aber ich weiß, daß ich niemals irgendwem Untaten gegen Kinder verzeihen kann. Ich kann Gauner begnadigen, auch Säufer und Irregegangene schonen, nicht aber solche, die Kinder vergewaltigten und ermordeten.

Ein Urteil gegen die Zarenfamilie hatte es natürlich nicht gegeben, das war erst später aufgesetzt worden; nur eine Anweisung aus Moskau, vielleicht von Lenin persönlich, und schon wurde geschossen auf die aus dem Schlaf gerissenen Menschen, die kaum begriffen, was geschah.

Draußen vor dem Kellerfenster stand ein Laster mit laufendem Motor, dessen Lärm die Schüsse und Schreie übertönen sollte. Mit demselben Wagen wurden die Toten weggebracht. Die Kugellöcher an der Wand waren noch lange zu sehen, der Archivar zeigte uns, wo die Wand gestanden hatte, bis sie, ein Jahr zuvor, auf Anordnung der Parteiführung abgetragen worden war.

Über die Ermordung des Zaren wird derzeit alles mögliche geschrieben, aber ich habe hier wiedergegeben, was ich damals von dem Archivar hörte. Und ich hatte den Eindruck, daß ihm dieses Haus und seine Geschichte nicht gleichgültig waren.

Als wir die Treppe hinaufstiegen, fragte er mit einem unfrohen Lächeln:

»Sie wollen noch das Parteiarchiv sehen?«

»Nein, danke«, antwortete Dobrowolski, der sich diesen Vorwand für den Besuch des Hauses hatte einfallen lassen. »Ein andermal.«

»Sie können gerne wiederkommen«, sagte der sonderbare Archivar, der nicht gekränkt war über die Ablehnung, und brachte uns zur Tür. Zum Abschied bemerkte er wie beiläufig, daß die erwähnte Wand in Trümmern auf dem Hof lag.

Wir gingen natürlich zu dem Haufen Ziegelschutt und nahmen uns jeder ein Stück mit. Ich drehte mich unwillkürlich nach dem Haus um und sah, daß der Archivar uns offenbar zufrieden durch ein Fenster beobachtete.

Bald darauf wurde das Haus abgerissen. Von dem lange zurückliegenden blutigen Mord blieb kein Ziegelstück, keine Spur übrig. Alles ist vom Antlitz der Erde getilgt, gleichsam aus der Geschichte gestrichen. Der Archivar hatte erwähnt, daß die Liste jener Rotarmisten unter Geheimhaltung gestellt worden sei, daß aber im Gebietsparteikomitee der Stadt Swerdlowsk etwa 250 Anträge von Bürgern vorlägen, die angeblich an der Erschießung der Zarenfamilie beteiligt waren und nun etwas dafür haben wollten.

Bei uns in Rußland war der Beruf des Scharfrichters niemals anrüchig. Man war sogar stolz darauf.

Das Weiße Haus, die Gebäude der ehemaligen Parteiführung am Staraja-Platz wie auch die Arbeitsräume im Kreml haben für mich nichts Heiliges. Sie sind Zitadellen von Politikern, und Schriftsteller haben dort nichts zu suchen, weder früher, als dort die Bolschewiken tagten, noch heute. Am besten nie. Daß ich riskierte, dorthin zu gehen, lag nur an der verrückten Idee, jenen Unglücklichen zu helfen, die in dieser Welt wohl die schutzlosesten sind, Menschen wie Alexander Krawtschenko, dessen Fall ich vorher nur aus den Zeitungen kannte.

Wir leben in einem Land, in dem Gefängnishaft eine wesentliche Daseinsform ist. Laut Statistik, die bei uns gern heruntergespielt wird, sind 15–20 Prozent der Bevölkerung Rußlands durch die Gefängnisse gegangen. Jeder fünfte! In einer Familie von fünf Personen hat demnach einer schon gesessen. Es gibt freilich in unseren Akten auch Fälle, wo aus einer Familie schon alle sitzen oder gesessen haben, auch eine typisch russische Erscheinung.

Wenn ich mit Hilfe der jetzigen Macht, die aus sich heraus nicht mildherzig sein kann (das ist das Wesen jeder Macht), unglücklichen Menschen helfen kann, so werde ich das tun.

Als ich durch die Arbeitszimmer der Macht ging, habe ich sicherlich nicht sehr kämpferisch gewirkt. In den endlosen, mit roten Läufern ausgelegten Korridoren gab ich mir Mühe, geräuschlos aufzutreten, und empfand dabei Abscheu vor meinem geradezu sklavenhaften Verhalten. Aber das war stärker als ich – wer es erlebt hat, wird es verstehen. Wir haben die Angst vor der Macht, vor jeder Macht, eingesogen ... nein, nicht mit der Muttermilch, sondern mit der Wassersuppe des Waisenhauses. Und sie sitzt in den Genen unserer fernen und näheren Vorfahren, die auch Sklaven waren.

Noch sind sie in Erinnerung, die Zeiten, in denen ein Milizionär oder Kolchosaktivist eine alte Dörflerin anschnauzen konnte: »Ich schreib dich auf!« Der gezückte Bleistift war angsteinflößender als eine Pistole.

Zu Schachrai, der meines Wissens dem Präsidenten Jelzin besonders nahestand, gingen wir zu dritt: der bisherige stellvertretende Vorsitzende der Begnadigungskommission Anatoli Kononow, Sergej Kowaljow und ich.

In der fünften Etage des Weißen Hauses, in der Jelzin residierte, hielt der Lift nicht. Durch ein Zickzack von Korridoren gelangten wir in Schachrais Räume.

In dem riesigen Vorzimmer drängten sich Wartende in den Ecken und plauderten halblaut. Ab und an erschien eine nicht mehr junge Sekretärin und rief jemanden mit Vor- und Vatersnamen ins Arbeitszimmer des Chefs. Zu uns sagte sie: »Nehmen Sie bitte Platz, Sie werden gleich empfangen.«

Wir warteten. Mir fiel auf, daß meine beiden Begleiter wortkarg geworden waren, ihre Gesichter zeigten Anspannung.

Nach einer gewissen Zeit erschien in der Tür Schachrai, den ich aus Fernsehsendungen kannte. Hier kam er mir kleiner und dicker vor, und sein Anzug war zerknittert. Er bat uns in sein Zimmer.

»Ich habe Sie gleich erkannt«, sagte er freundlich zu mir und bot uns Platz an.

Ich Sie auch, hätte ich sagen mögen, nickte aber nur. Wer wußte denn, ob diese Politiker Sinn für Humor hatten.

Wir setzten uns nicht an den massiven Sitzungstisch, sondern an einen kleineren daneben. Schachrai nahm mir gegenüber Platz und äußerte das Übliche: Er danke mir für meine Bereitschaft, die Leitung der Kommission zu übernehmen. Ich überließ das Gespräch meinen Begleitern, die es sehr geschickt führten.

Kononow sprach zunächst von der künftigen Begnadigungskommission, so wie er sie sich vorstellte: Nicht Minister und Milizgeneräle sollten darin mitarbeiten, nur Leute, die in der Gesellschaft Autorität genossen.

Rückblickend nach all den Jahren, muß ich erstaunt vermerken, daß genau diese prinzipielle Variante unser Inselchen der Barmherzigkeit vor vielen Stürmen bewahrt hat.

Schachrai hörte mit geneigtem Kopf zu und schien uns beizupflichten.

Ich sagte zum Schluß den Satz, den ich mir zurechtgelegt hatte: daß ich gern Kontakt mit dem Präsidenten halten würde.

Welcher Idealismus! (Vielleicht Dummheit?)

Aber Schachrai verfiel nicht in Ironie, er antwortete: »Aber ja doch, gewiß.«

Warum erzähle ich so ausführlich von dieser vergleichsweise unbedeutenden Begegnung in der Morgenröte der neuen Macht, die über meine Ernennung entschied?

In jenen Tagen wurden Entscheidungen getroffen, die für Rußland wichtiger waren, etwa der Beschluß Gaidars über die Freigabe der Preise, ein historischer, rettender Beschluß, was damals noch kaum jemand erkannte. Es erscheint mir wichtig, zu erwähnen, wie sich diese Macht unter den Bedingungen von siegreicher Euphorie, von Hoffnungen und Irrtümern etablierte und wie ihre höchsten Vertreter durch den Willen des Schicksals an einem Augusttag den auf einer Sandbank der Zeit gestrandeten alten und verrosteten Lastkahn Rußland in die Hände bekamen. Der rückte und rührte sich nicht von der Stelle. Selbst der große Peter, der auf barbarische Weise das Fenster nach Europa aufstieß und im Fundament des neuen Rußland mehrere Millionen Menschen einmauerte, hätte dieses im bolschewistischen Mittelalter festsitzende Land nicht vom Fleck bewegen können.

In dieser Situation lief ich mit meiner Mitgliederliste der geplanten neuen Begnadigungskommission von einer Stelle zur anderen. Ich suchte Unterstützung bei Kowaljow, der ja mein

Pate war, aber er hatte seine eigenen Probleme und schickte mich zu Senja, einem seiner Assistenten, einem erfahrenen Mann, der auch im Lager gesessen hatte.

»Höre auf ihn, er weiß alles!« sagte er im Gehen und eilte in die nächste Sitzung, die sich mit der bevorstehenden Amnestie befassen sollte.

Senja war ein Mann mit gesundem Menschenverstand. Er überflog meine Liste mit geübtem Blick und sagte:

»Der hier, ist das ein Jude? Die Zusammensetzung deiner Kommission darf Demagogen (die finden sich immer) keinen Vorwand liefern zu der Behauptung, da hätten sich Juden zusammengefunden, um über das Schicksal von Russen zu entscheiden. Und noch ein Tip: Unter den Verurteilten sind viele Frauen und Angehörige nationaler Minderheiten … Such dir auch noch ein paar jüngere Frauen … Und jemanden aus den Republiken, Tataren oder so … Nur keinen von deinen Tschetschenen. Und noch einen russischen Schriftsteller, Moshajew vielleicht. Jelzin mag solche sehr.«

Ich nickte höflich. Weniger Juden, jüngere Frauen, nationale Minderheiten. Einen reinblütigen russischen Schriftsteller. Alles um der Sache willen …

Senja und ich stiegen in den Schnellift, der nicht in allen Etagen hielt. Wieder endlose Korridore. Er führte mich in die Kantine. Ein großer Saal, Selbstbedienung, nicht besser als sonst überall. Viele Menschen. Wir nahmen uns ein Tablett, packten etwas darauf, setzten uns hin.

»Weißt du, wie wir auf dich gekommen sind?« fragte Senja beiläufig.

»Auf mich?«

»Ja. Wir saßen bei Kowaljow, entwarfen eine Liste, die geriet sehr lang! Du warst noch nicht drauf. Kononow hat wohl deinen Namen genannt. Wir haben alle durchgesprochen, manche verworfen, andere angerufen.«

»Welche Kriterien sollen die Kommissionsmitglieder erfüllen?« fragte ich.

»Sie sollen vor allem gegen die Erschießungen sein. Und Autorität genießen.«

Viele Tage kämpfte ich mich durch die Instanzen wie durch Dornengestrüpp. Ich spürte, wie spitze Dornen sich in meine Haut, mein Fleisch bohrten. Verschlossene Blicke, flüchtig hingeworfene Bemerkungen, nicht antwortende Telefone, gleichgültige Augen von Sekretärinnen ...

Oh, diese Sekretärinnen, treue Hüterinnen von Geheimnissen, grausame Zerberusse mit Engelsstimme, deren Scharfsinn schon an deinen Schritten errät, wie wichtig du für ihren Chef bist. Allein über euch könnte man ganze Bücher schreiben, denn noch niemand hat der Menschheit die entscheidende Rolle geschildert, die ihr spielt, wenn Geschichte gemacht wird!

Ich selbst hatte einstweilen nicht mal einen Passierschein. Wie der letzte Bittsteller stand ich frühmorgens im Moskauer Schlackerwetter mit nassen Schuhen vor den Türen des Weißen Hauses, um mir eine weitere Unterschrift auf der Rückseite meiner unglückseligen Liste abzuholen. Darin standen Wjatscheslaw Iwanow, Lew Rasgon, Fasil Iskander, der Geistliche Vater Alexander Borissow, Bulat Okudshawa, weitere Freunde und Kameraden. Ich hatte mir Leute ausgesucht, die ich mochte und schätzte, hatte nicht in ihre Fragebögen geblickt.

Bei meinen beamteten Gesprächspartnern stieß ich auf Skepsis und Verständnislosigkeit: Was ist denn das für eine neue Erfindung von Kowaljow – Begnadigungskommission? Wozu soll die gut sein in unserer Zeit? Na ja, für einige Zeit vielleicht.

Doch wenn das ernst gemeint ist, wo sind in der Liste die Herren Minister, Staatsanwälte, Richter, Milizionäre, die hohen Beamten, die …

Einige drückten sich klarer aus:

»Ihre Schriftsteller, verstehen die denn was von der Juristerei?«

Einer der obersten Milizionäre äußerte sogar: Wir von der Miliz maßen uns nicht an, ein Konzert von Tschaikowski zu beurteilen, also mischen Sie sich auch nicht in unsere Angelegenheiten!

Selbst Wohlmeinende bezweifelten, daß wir in der Lage sein würden, richtige Entscheidungen zu treffen. Als ob Barmherzigkeit ein Privileg von Rechtskundigen wäre!

Lew Rasgon hatte den vierten Teil seines achtzigjährigen Lebens in Lagern verbracht und dort die höchsten juristischen Akademien absolviert. Beim Bäumefällen.

Kowaljow sagte immer wieder:

»Höre nicht auf die. Es gibt keine Universität, wo man Barmherzigkeit studieren kann. Juristen haben wir mehr als genug. Aber Leute mit Mitleid …«

Ich rief Schachrai an und sagte:

»Niemand will entscheiden. Und die Häftlinge warten doch auf Hilfe.«

»Kommen Sie her. Mit Ihrer Liste.«

Er hörte mir aufmerksam zu, sein Gesicht war ruhig und müde. Nachdem er die Liste gelesen hatte, fragte er:

»Das sind alles Gegner der Todesstrafe. Wo sind die Befürworter?«

Ich antwortete schon routiniert, Befürworter gebe es genug. Und hätte am liebsten hinzugefügt: Gegner leider zuwenig.

Anfang März hatte ich endlich meine Unterschriften beisammen, und es kam der Tag, an dem mir mit einem ungewöhnlichen Schlüssel die Tür zu meinem Arbeitszimmer geöffnet wurde. Es lag Wand an Wand mit dem von Schachrai.

»Treten Sie ein, fühlen Sie sich wie zu Hause.«

Ich trat nicht ein, sondern schob mich mühsam hinein in diesen amtlichen Raum. Das Vorzimmer wie üblich. Rechts ein kleineres Zimmer, für den Assistenten wohl. Links ein gewaltiger Saal. Gleich von der Tür erstreckte sich ein endloser Sitzungstisch wie eine Startbahn in den unermeßlichen Raum. Leere graue Wände, ein paar Nägel von Bildern oder Landkarten, ein grüner Läufer, viele grün bespannte Stühle.

»Ist das … ein Saal?« Meine zitternde Stimme verhallte in den Tiefen des Raums.

»Nein, das ist Ihr Arbeitsplatz. Hier hat vor Ihnen Pugo gesessen, der Leiter des Parteikontrollkomitees.«

Ich hatte Zweifel an der Zweckmäßigkeit eines so gewaltigen Arbeitszimmers. Den Schlüssel in der Hand pressend, machte ich ein paar Schritte und sah, daß alles ganz real war: Schreibtisch und T-förmiger Sitzungstisch, die traditionell grüne Kremllampe, der Umklappkalender, das Körbchen für die Papiere … und viele Telefone. Die brachte ich lange durcheinander.

Das erste Dienstzimmer in meinem Leben … und in Nachbarschaft mit dem Kreml. Es muß wohl dem Allmächtigen gefallen haben, mir diese Prüfung aufzuerlegen. Alle anderen hatte ich schon durchgestanden. Es waren nicht nur Zaghaftigkeit und das Ungewohnte, was mir zu schaffen machte; auch meine Sekretärin, die bald erschien, fühlte sich hier unbehaglich und klagte über die Atmosphäre. Diese Wände hatten gewiß zu viele negative Emotionen in sich aufgenommen, denn hier hatte die oberste Parteigerichtsbarkeit gesessen.

Ich bat den Geistlichen Vater Alexander, den Raum zu weihen, was er auch tat. Er hatte sein Gewand angelegt, sprach ein Gebet, bespritzte Wände und Ecken, um den bösen Geist zu vertreiben, während wir Kommissionsmitglieder uns in einer Reihe aufgestellt hatten und uns der Ungewöhnlichkeit des Vorgangs bewußt waren.

Aber auch wir waren ja ein Teil des Absurden, das sich rund um die Macht abspielte. Mein Freund Michail Fedotow, der damals Presseminister war, überflog mein Arbeitszimmer mit einem Blick und bemerkte, an die kahlen Wände gehörten Bilder entsprechenden Inhalts. »Der Morgen der Hinrichtung der Strelitzen« etwa oder »Die Bojarin Morosowa«.

Ich stimmte zu. Aber ich handelte auf meine Art, und mit der Zeit entstand in dem Raum eine Galerie von Kinderzeichnungen. Selbst die von den endlosen blutrünstigen Fällen verhärteten Herzen einiger Mitglieder unserer Kommission schmolzen bei ihrem Anblick.

Also, ich war eingetreten in dieses unermeßliche Arbeitszimmer, in dem ein mittlerer Kindergarten Platz gefunden hätte, und setzte mich auf den erstbesten Stuhl. Ich mußte herausfinden, in was für einer Welt ich mich befand.

Zwei Kapitäne

Dieser Fall, eine der tragischsten Schiffskatastrophen in den letzten Jahren weltweit, ist bei uns an die Öffentlichkeit gelangt, und es wurden zahlreiche, teilweise nicht sehr objektive Artikel darüber geschrieben. Viele von denen, die an den schrecklichen Ereignissen irgendwie beteiligt waren, dürften infolge einer besonderen Geheimhaltung kaum bis ins letzte gewußt gaben, was wirklich geschehen war.

Ich will versuchen, die Ereignisse so zu rekonstruieren, wie sie sich in der Strafakte spiegelten.

Im August 1986 befuhr das Schiff »Admiral Nachimow« mit Touristen an Bord die Strecke Odessa–Jalta–Noworossisk–Sotschi–Batumi–Odessa. Am 31. August machte der Dampfer im Hafen von Noworossisk fest und legte um 22 Uhr desselben Tages entsprechend dem Fahrplan wieder ab in Richtung Sotschi.

Im Urteil heißt es, das Schiff habe den Hafen von Noworossisk mindestens zweimal im Monat angelaufen und sei daher von der Lotsenpflicht befreit gewesen. Aber der Kapitän (ich nenne ihn Erster Kapitän, nicht beim Namen) mußte auf der Brücke sein und das Schiff persönlich führen.

Zu beachten sind die Zeiten, sie spielen eine wesentliche Rolle. Um 22.30 Uhr übermittelte der diensthabende Lotse des Amtes für die Regulierung des Schiffsverkehrs der »Admiral Nachimow« die Information, daß von See her der Schüttgutfrachter »Pjotr Wassew« auf Gegenkurs laufe, aber die Anweisung erhalten habe, das Passagierschiff nicht zu behindern und es passieren zu lassen.

Der Schüttgutfrachter kam von Kanada mit einer Ladung von 29 000 Tonnen Getreide und erhielt also die Anweisung, die »Admiral Nachimow« passieren zu lassen, sie nicht zu behindern und nicht ihren Kurs zu kreuzen. Der Zweite Kapitän, so nenne ich hier den Kapitän des Frachters, bestätigte die Anweisung dem Regulierungslotsen und dem Dampfer »Admiral Nachimow«.

»Auf diese Weise«, so heißt es im Urteil, »waren beide Kapitäne rechtzeitig informiert worden, daß ihre Schiffe auf Gegenkurs liefen.«

Man erzählt sich gern die Geschichte, wonach zwei Züge mit Höchstgeschwindigkeit auf einer eingleisigen Strecke aufeinander zurasen und – sich nicht begegnen. Frage: »Warum nicht?« Antwort: »Es war nicht ihr Schicksal.«

In unserem Falle hatte das Schicksal anders entschieden, die Wege der beiden Schiffe kreuzten sich, nicht an einer engen Stelle, sondern in einer Bucht, wo sie bequem aneinander hätten vorbeifahren können.

Aus dem Urteil geht hervor, daß die beiden Kapitäne »gröblichst gegen die Sicherheitsvorschriften des Schiffsverkehrs verstießen«. Der Zweite Kapitän »zeigte bei der Ausübung seiner dienstlichen Pflichten Selbstüberschätzung und Verantwortungslosigkeit. Bei normaler Sicht und ohne meteorologisch bedingte Behinderungen konnte er den Dampfer ›Admiral Nachimow‹ gut sehen, doch er traf nicht rechtzeitig und entschlossen Maßnahmen, um die Geschwindigkeit seines Schüttgutfrachters zu verlangsamen – eine der Hauptursachen für die Schiffskatastrophe.« Der Erste Kapitän »versäumte es, die Beobachtung des Umfeldes zu organisieren ... Er verließ vorzeitig die Kapitänsbrücke, wozu er nicht berechtigt war, solange das Schiff sich in der Zone der Lotsenüberwachung befand, und der Rudergänger, der das Schiff nach dem Weggang des Ersten Kapitäns führte, verstieß gegen die Sicherheitsvorschriften ... Da er den Tod gefunden hat, ist das Verfahren gegen ihn eingestellt worden.«

Es sei hier angemerkt, daß sich auf dem Passagierschiff 897 Fahrgäste und 346 Besatzungsmitglieder befanden, also insgesamt 1243 Menschen.

Weiter steht in dem Urteil:

»Der Dampfer ›Admiral Nachimow‹ ging um 23.20 Uhr unter, acht Minuten nach dem Zusammenstoß. Bei der Schiffskatastrophe fanden 423 Menschen, Passagiere und Besatzungsmitglieder, den Tod, und viele erlitten Verletzungen. Die Fahrgäste, Besatzungsmitglieder und die Angehörigen der ums Leben Gekommenen erlitten einen gewaltigen seelischen Schaden, und dem Staat entstand ein materieller Verlust von 4 391 103 Rubel …«

Und was ist mit den beiden Kapitänen?

In der Gerichtsverhandlung bekannte der Zweite Kapitän sich schuldig. Er habe den Dampfer »Admiral Nachimow« nicht mit allen vorhandenen Mitteln beobachten lassen; die Information der automatischen Radarabstandsmessung sei »unvollständig gewesen und nicht durch andere objektive Daten bestätigt worden«.

Bleiben wir bei dem letzten Satz und versuchen wir, zu verstehen, was er bedeutet. Zumal die Richter nicht auf dieses Faktum eingehen, es macht für sie keinen Sinn, denn das Urteil ist schon von oben vorgegeben. Die Information, die zufällig in die Akte gelangte, ist für mich als ehemaligen Funkorter sehr aussagekräftig.

Sie sagt mir zum Beispiel, daß die Ortungsgeräte nicht funktionierten und der Zweite Kapitän somit keine vollständige Information hatte.

Andere »objektive Daten«, die sogenannten visuellen, das Augenmaß, hätten die Situation vervollständigen sollen, dabei weiß jeder Kraftfahrer, daß in der Nacht die Vorstellung von der Entfernung und dem ganzen Umfeld immer verzerrt ist.

Das nur nebenbei. Nirgends, nicht einmal in den Plädoyers der Verteidiger, wurde dieser Umstand auch nur mit einem Wort erwähnt.

Weiter … Der Zweite Kapitän fuhr mit einer Geschwindigkeit von zwölf Knoten, und das war unzulässig. Außerdem setzte er vor dem Zusammenstoß die Geschwindigkeit »nicht rechtzeitig und zu zögerlich« herab.

Der Erste Kapitän bekannte sich während der Gerichtsverhandlung teilweise schuldig, bestritt aber seine Schuld daran, nach dem Zusammenstoß der beiden Schiffe nicht den Schiffsalarm ausgelöst zu haben – das konnte er gar nicht, da der Dampfer keine Stromversorgung mehr hatte. Er hatte also nur mit seiner Stimme den Rettungsbootsalarm ausrufen und den Besatzungsmitgliedern befehlen können, die Weisung weiterzugeben, aber diese Maßnahme war kaum wirksam, weil viele auf dem Schiff sie nicht hören konnten.

Nach Meinung des Ersten Kapitäns hätte man für die Rettung der Menschen nicht mehr tun können. Seine Schuld indes bestand darin, daß er sich nicht persönlich mit dem Schüttgutfrachter in Verbindung gesetzt hatte, um sich über den Abstand der Schiffe zu verständigen. Mehr noch, indem er die Brücke verließ, legte er im Grunde die Schiffsführung nieder, er kontrollierte nicht auf dem Kreiselkompaß in seiner Kajüte den Abstand der beiden Schiffe und bemerkte folglich nicht die Abweichung vom vorgegebenen Kurs.

Und noch eine Schuld hat dieser Kapitän auf sich geladen: Beim Auslaufen des Schiffs »traf er keine Maßnahmen zur Schließung der wasserdichten Türen, der Schotten, Luken, Laderäume und anderer Öffnungen, durch die Wasser in den Rumpf dringen konnte, womit er die Auftriebsreserve des Schiffs bei dem Zusammenstoß erheblich verminderte«.

Aber hatte es diese »Auftriebsreserve« überhaupt gegeben? Es stellte sich nämlich heraus (keineswegs sofort, sondern beiläufig und zufällig!), daß der Dampfer 60 Jahre alt (im Rentenalter) und schrottreif war. Drei Monate später sollte er abgewrackt werden.

Die berühmte »Titanic« (es war bekanntlich eine der größten Schiffskatastrophen) hielt sich nach dem Zusammenstoß mit dem Eisberg noch drei Stunden über Wasser, die »Admiral Nachimow« aber versank nach dem Bericht von Augenzeugen, als hätte sie keinen Boden gehabt.

Das sagte der Steuermann für große Fahrt Alexander Wodolasow.

Weiter heißt es bei ihm: »Die unvorstellbare Schnelligkeit des Untergangs, ein Schlüsselmoment der Tragödie, blieb ohne Erklärung. Die 16 Bände Akten über den technischen Zustand des Schiffs wurden für ein gesondertes Verfahren abgetrennt, und niemand hat sie seitdem gesehen, wo sind sie jetzt?«

Alexander Wodolasow kam als erster in unsere Kommission und übergab uns Papiere, Zeitungsausschnitte, Protokolle verschiedener Versammlungen, Briefe und Gesuche von Organisationen und Einzelpersonen, zumeist Kapitänen.

Es war der überaus seltene Fall, daß »Kollektive« nicht die Erschießung der Verbrecher, sondern deren Begnadigung forderten. Übrigens gab es auch eine Reihe anderer Gesuche. Der Vorsitzende der Regierungskommission, Politbüromitglied Gejdar Alijew, der am vierten Tag am Ort der Katastrophe eintraf, nannte lange vor der Gerichtsverhandlung die beiden Kapitäne schuldig, und zwei Monate später, aber ebenfalls noch vor der Gerichtsverhandlung, wurde im Beschluß des Politbüros behauptet, daß »diese Havarie eine Folge der verbrecherischen Fahrlässigkeit der Schiffskapitäne« sei.

Damit war das Urteil gesprochen.

Die Verhandlung fand im März 1987 in Odessa statt. Außer den frisierten Meldungen der Nachrichtenagentur TASS, die natürlich die eiserne Zensur passierten, gelangten keine Informationen in die Presse. Augenzeugen vermerkten »eine emotional aufgeheizte Stimmung, da im Saal auch Angehörige der Umgekommenen saßen. Ein milderes als das Höchststrafmaß wäre von den Geschädigten als Hohn empfunden worden. Alle juristischen Argumente, alle Argumente des Verstandes und der Logik traten hinter dem einen Faktum zurück, dem des Todes von 423 Menschen« (aus einem Brief des Verbandes der Schiffskapitäne von Odessa).

Im Saal Rufe: »Mörder!« (Aber dieses Wort hatte als erster G. Alijew noch vor der Verhandlung gebraucht.) »Eure Kinder und Enkel sollen verflucht sein!«, »Erschießt sie, sonst machen wir das!«

Es gab auch andere Drohungen gegen die Kapitäne. Menschen weinten und fielen in Ohnmacht.

In einem der Briefe heißt es: »Wir verstehen die Angehörigen der Opfer, die vor Gericht die Höchststrafe für die beiden Kapitäne, das heißt die Erschießung, verlangen, aber wir können dem nicht beipflichten, da die Rechtsprechung sich nicht von dem Wunsch nach Rache leiten lassen kann und die eine Tragödie nicht eine andere rechtfertigt ...«

Die Kapitäne wurden zu je 15 Jahren Freiheitsstrafe verurteilt. Von den tatsächlich Schuldigen, den hohen Beamten, vom Marineminister bis zur Führung der Schwarzmeerflotte, die ihre Seelenverkäufer um jeden Preis für Transporte einsetzten, wurde natürlich keiner zur Verantwortung gezogen.

In einem damals veröffentlichten Artikel wurde die Statistik der Seekatastrophen zitiert, aus der hervorging, daß jedes Jahr (auch 1986) Hunderte von Schiffen zusammenstießen, worin »sich grundlegende Gesetzmäßigkeiten der Weltordnung zeigten – die Unvorhersehbarkeit des Meereselements, die Neigung des Menschen zu Fehlern und die Unvermeidlichkeit technischen Versagens«.

Also, 1986 gingen weltweit 156 Schiffe durch Brände und Naturgewalten verloren, und 19 Schiffe sanken nach Zusammenstößen. Doch eines ist interessant: Die meisten von ihnen hielten sich lange über Wasser, und es gab keine Toten. Denn, wie der Autor des Artikels schreibt, die Realisierung des Sicherheitsprinzips beginnt mit der Arche Noah, und deren Bau leitete Gott der Herr persönlich.

Dieses Prinzip besteht darin, daß im Innern des Rumpfes Zwischenwände eingebaut werden, die ein beschädigtes Schiff vor einer schnellen Flutung bewahren. Nach dem Untergang der »Titanic« 1912 wurde das zu einer der wichtigsten Forderungen in der Internationalen Konvention zum Schutz von Menschenleben auf See.

Aber wie sollen Menschenleben geschützt werden, wenn die »Admiral Nachimow« ein Schiff war, das nach modernen Anforderungen nicht einmal Fahrgäste hätte transportieren dürfen? Jedes Leck war für das Schiff tödlich.

Bei der Katastrophe starben an Bord viele junge Leute. Ich zitiere aus einem der vielen Briefe, die wir bekamen, geschrieben offensichtlich von der Mutter eines ums Leben gekommenen Mädchens.

»Wir, die Eltern, Verwandten und Bekannten der auf der ›Admiral Nachimow‹ umgekommenen Menschen, sind Hunderttausende, und wir sind zutiefst empört über die Umtriebe der Freunde und Saufkumpane, die mit allen möglichen Gesuchen die Begnadigung der ehemaligen ... sie Kapitäne zu nennen, sträubt sich die Zunge ... erwirken wollen. Wie kann man ein solches Verbrechen verzeihen? Ausgeschlossen! Wir alle sind gegen die Begnadigung! Die Kapitäne sind in erster Linie schuld. Es gibt auch indirekte Schuldige an dieser furchtbaren Katastrophe – suchen Sie sie, aber Sie wissen auch so, wer es ist. Uns braucht man nicht für dumm zu verkaufen. Sie, die Verteidiger der Verbrecher, wissen, daß ein Kapitän auf der Brücke zu sein hat, bis das Schiff die offene See erreicht hat, aber er ging saufen mit seinem Freund. Sie wissen das, aber wir wissen es auch ... Der andere Kapitän ging auf Rammkurs, als er die ›Nachimow‹ im vollen Lichterglanz sah und die Musik schmettern hörte ... Ihm tat es leid um den Anker, und er wollte an den Bordwänden seines Schiffs keine Netze herunterlassen, um die Ertrinkenden zu retten. Was ist das? Es sieht nach Sabotage aus. Wir alle möchten, daß das Urteil revidiert wird, denn sie haben die Höchststrafe verdient! Unsere Kinder sind nicht mehr, also sollen auch sie nicht mehr auf der Welt sein. Wie können sie überhaupt noch leben nach dem, was sie angerichtet haben? Diejenigen, die sie jetzt verteidigen, sollen auch ihre Kinder verlieren, den Sohn oder die Tochter, und erfahren, was das bedeutet, und nicht von der Begnadigung solcher Leute reden. Und auf andere Havarien und Katastrophen braucht man uns auch nicht hinzuweisen, denn das macht es uns nicht leichter. Und wenn Sie sich schon auf das Ausland berufen wie in dem Artikel in der Zeitung ›Trud‹, wonach im Ausland bei solchen Katastrophen keine Haftstrafen verhängt werden, dann verlangen Sie auch, daß die Hinterbliebenen, die ihre Ernährer verloren haben, so versorgt werden wie im Ausland, obwohl solch ein Verlust durch nichts zu ersetzen ist, das ist eine nie verheilende Wunde, ein immerwährender seelischer und physischer Schmerz fürs ganze verbleibende Leben. Ich zum Beispiel bin Invalidenrentnerin, habe mehrere Operationen hinter mir und eine weitere vor mir (an den Beinen), und ich habe mein Kostbarstes verloren, meine Tochter (die Kapitäne haben sie auf dem Gewissen), sie ist nicht losgerannt, um sich in Sicherheit zu bringen, sie hat Passagiere gerettet, hat Schwimmwesten geholt und ihre hergegeben, sie wollte eine Notausgangstür für die Leute öffnen, aber die war verklemmt. Nach fünf Tagen hat man sie rausgeholt. Zehn Jahre hat meine Tochter bei der Dampfschiffahrt gearbeitet und ihr Leben geopfert, um andere zu retten, und Sie haben sie vergessen, aber wir werden ihrer immer gedenken.«

Hier noch ein Brief, von einem der beiden Kapitäne.

»Die Katastrophe, an der ich beteiligt bin und die ich unwillentlich mitverschuldet habe, hat eine tiefe Spur von Leid in mir hinterlassen, ich habe mein Leben überdacht und bin mir der Wahrheit des Evangeliums neu bewußt geworden, denn ich mußte schon zu Lebzeiten Höllenqualen durchstehen – das Gefühl auswegloser Verantwortlichkeit und den Zustand des Verurteiltseins. Ich bitte, mir mein Los zu erleichtern, und wende mich hoffnungsvoll an den Präsidenten Rußlands und seine Vertreter, die Mitglieder der Kommission, die das Vertrauen der Mehrheit des Volkes genießen und frei sind von Rücksichtnahmen, die das Wollen und das Tun einengen ...«

Oh, ganz so frei von Rücksichtnahmen, wie wir gewollt hätten, waren wir nicht. Es hatte zu dem Fall schon vor uns, im April 1991, einen Beschluß der Begnadigungskommission gegeben, in dem es hieß: »Ihr Gnadengesuch ist wegen der außerordentlich schweren Folgen Ihres Verbrechens abgelehnt worden.«

In der Kommission wurde noch ein Brief von Eltern vorgelesen, deren Tochter umgekommen war. Darin werden Einzelheiten der Katastrophe erwähnt, die wir aus den Akten nicht kannten. Zum Beispiel: »Die Bullaugen, durch die später das Wasser in die Kabinen strömte, ließen sich nicht schließen, weil das Schiff eine unzureichende Ventilation hatte und Hitze und Schwüle herrschten …«

Weiter heißt es: »Der Kapitän hörte die drei Sirenentöne des Frachters und kam auf die Brücke, und als erstes beschimpfte er den Rudergänger, darum hatte dieser Angst, ihn nochmals zu rufen, denn er kannte den Jähzorn des Kapitäns … Als der Rudergänger auf Geheiß des Kapitäns das Logbuch holen wollte, fand er den Tod. Ums Leben kamen auch der Erste Offizier und der Leitende Ingenieur, die der Kapitän zur Aufprallstelle geschickt hatte … Der Kapitän rief seine Kommandos, aber wer sollte ihn hören, wo er doch 20 Meter hoch stand und das Schiff 170 Meter lang war, und viele befanden sich in den Kajüten … Ein Matrose lief an der Kajüte eines Odessaer Generals vorbei und rief: ›Wir sinken, Genosse General!‹, worauf der antwortete: ›Dann wird es ja ein Kommando geben!‹ Der General, der seiner Familie nach Noworossisk nachgereist war, starb zusammen mit seinen Angehörigen, nachdem seine Schiffsreise nur 42 Minuten gedauert hatte. 225 der 423 Ertrunkenen waren junge Frauen unter 27. Die Schwimmwesten reichten nicht für alle, und die Rettungsboote waren mit Draht festgezurrt. Der Kapitän des Frachters soll auf die Frage, warum er nicht Anker geworfen habe, um die Fahrt zu verringern (die Tiefe betrug 100 Meter, und die Ankerkette war 250 Meter lang), geantwortet haben, er habe gefürchtet, die Kette werde reißen und der Anker verlorengehen … Nach dem Zusammenstoß konnte der Kapitän des Frachters nicht sehen, wie der Dampfer sank, und der Frachter fuhr nach dem Trägheitsgesetz durch den Bereich, wo noch Menschen um ihr Leben schwammen, und wie viele davon er unter Wasser drückte, läßt sich nicht mehr feststellen ... Die Überlebenden erzählten, daß es ein zusätzliches Grauen im Wasser war. Auch der Hafen war nicht auf Rettungsarbeiten eingerichtet, das übernahmen Grenzer und Seefahrtsschüler ...«

Ich erinnere mich an unseren Touristendampfer »Lew Tolstoi«, ein sehr komfortables Schiff, mit dem sogar westliche Touristen alle möglichen Kreuzfahrten unternahmen, aber auch dort war vieles nicht in Ordnung: Es herrschten ebensolche Hitze und Schwüle, mehr noch, es gab keine Bullaugen, unsere Schriftstellergruppe schlief im vierten Unterdeck in winzigen Blechkästen bei offener Tür; wäre ähnliches passiert, so wäre keiner von uns aus dieser Mausefalle herausgekommen. Die vorgeschriebenen Sicherheitsunterweisungen wurden formell durchgeführt, und es stellte sich heraus, daß auch hier die Schwimmwesten und die Rettungsboote nicht für alle reichten.

Das bringt mich zu dem Schluß, daß »gerufene Kommandos« und offene Bullaugen, mit Draht festgezurrte Boote und fehlende Schwimmwesten die Norm sind und nicht die Ausnahme, sie sind Merkmale des russischen Saustalls, den man immer erst nach einem besonderen Vorkommnis erkennt.

Heute sind statistische Daten zugänglicher geworden, und wir konnten uns überzeugen, daß in diesem Land alles verrottet ist und verurteilt zu Havarien und Katastrophen, von Flugzeugen bis zu Atomkraftwerken.

Verrottet ist auch das Land selbst mit seinem dauernden Drang, sich nur auf »revolutionäre« Weise zu ändern, das heißt mit Gewalt. Wir sind verurteilt zur Selbstzerstörung. Ein Indiz dafür ist, daß die fähigsten Menschen ausreisen. Auch das macht unsere allgemeine Hoffnungslosigkeit noch größer.

Was die beiden Kapitäne betrifft, so hat unsere Kommission sie begnadigt, ungeachtet der protestierenden Anrufe und Telegramme und des vielfältigen Drucks von allen Seiten. Auch Drohungen gab es. Man werde uns in Stücke reißen oder zu Pulver zerreiben, allesamt und einzeln. Und sollten wir zufällig überleben, so würde uns der Präsident aufgrund Tausender Proteste zum Teufel jagen.

Die beiden Kapitäne hatten zu diesem Zeitpunkt je zehn Jahre Haft abgesessen.

In der Akte wurde ein Fakt erwähnt, der sich mir eingeprägt hat: von der Uhr, die stehengeblieben war und so die genaue Zeit des Untergangs anzeigte. Sie war vom Meeresgrund hochgeholt worden. Sie erschien mir wie ein Symbol der stehengebliebenen Zeit dieser beiden Männer.

Die Frau des Ersten Kapitäns schrieb, »die seelischen Qualen, die Selbstverurteilung und die Reue sind das Schlimmste für ihn, und er wird das kaum jemals vergessen können, wird kaum jemals wieder ein seelisch gesunder Mensch werden.« Auch der Zweite Kapitän hatte vor Gericht gesagt, ein qualvollerer Zustand als das Bewußtsein der eigenen Schuld sei nicht vorstellbar.

Der Fall Krawtschenko

Ich bat den Sekretär um die Akten von Hingerichteten, die einem Justizirrtum zum Opfer gefallen waren.

»Einem Justizirrtum?«

»Ja. Sind es viele?«

»Ich sehe gleich mal nach. Wir wissen selber nicht, wie viele es sind, danach hat noch nie jemand gefragt.«

Die Pappdeckel mit den Akten der Todeskandidaten sind von grüner Farbe und »Zum Tode verurteilt« beschriftet. Archiviert aber werden sie in festen gelben Kartonmappen mit einem großen roten Buchstaben mittendrauf. Naiv, wie ich war, fragte ich, was der rote Buchstabe »E« zu bedeuten habe. Ich traute meiner Vermutung nicht. Und bekam zu hören: »Erschießung.«

»›E‹ heißt ›Erschießung‹?« fragte ich ungläubig zurück.

»Was denn sonst?«

»Um es nicht zu verwechseln?«

»Verwechseln ist unmöglich«, hörte ich. »Aber das war schon immer so. Diese Mappen sind von früher.«

Ich schlug den Aktendeckel auf

Alexander Petrowitsch Krawtschenko, geboren 1953, Vater Kolchosbauer, Mutter Putzfrau. Verhaftet 1982 mit der Beschuldigung, die neunjährige Lena Sakotnowa vergewaltigt und ermordet zu haben.

In der Akte liest sich das so:

»Am 22. Dezember gegen 18 Uhr befand sich Krawtschenko in betrunkenem Zustand in der Nähe einer Straßenbahnhaltestelle, als er der minderjährigen Lena Sakotnowa begegnete, die aus der Schule kam. Er zerrte sie zu einer menschenleeren Stelle am Ufer des Flusses Gruschowka, wo er ihr den Hals zudrückte, bis sie keinen Widerstand mehr leistete, dann verband er ihr die Augen mit einem Schal und vergewaltigte sie. Danach brachte er ihr drei Messerstiche im Bauchbereich bei und warf die Leiche in den Fluß ... Die Leiche wurde unter einer Fußgängerbrücke gefunden, sie war bekleidet unter anderem mit einem roten Kapuzenmantel und Filzstiefeln ... Um die Spuren des Verbrechens zu verwischen, warf Krawtschenko auch das

Messer in den Fluß, dann wusch er sich die Hände, ordnete seine Kleider und ging nach Hause. Er kehrte noch einmal zurück, da ihm die Schulmappe eingefallen war, und warf sie unweit seines Hauses in den Fluß. Zu Hause erwarteten ihn seine Frau Galina und deren Freundin Gussakowa.

Krawtschenko gestand seine Schuld nicht ein und sagte aus, er sei am 22. Dezember um 18.15 Uhr von der Arbeit nach Hause gekommen und nicht mehr weggegangen. In der Voruntersuchung hatte er seine Schuld unter dem Einfluß ungesetzlicher Methoden der Milizmitarbeiter gestanden.«

Was für Methoden das waren, wissen wir heute: Zu ihm in die Zelle wurde ein Krimineller gesperrt, der ihn jeden Tag verprügelte. »Methoden« wurden auch gegen seine Frau und ihre Freundin angewendet. Man drohte ihnen, sie einzusperren und ihre Kinder zu mißhandeln. Daraufhin sagten beide Frauen aus, Krawtschenko wäre erst um 19.30 Uhr nach Hause gekommen.

Die Aussagen der Voruntersuchung erachtete das Gericht als glaubwürdig, denn sie paßten zu den gesammelten Beweisen: Es war nicht auszuschließen, daß das sichergestellte Sperma von Krawtschenko stammte; das Blut auf dem Pullover des Beschuldigten stimmte mit der Blutgruppe des Mordopfers überein; und die Pflanzenpartikel auf Krawtschenkos Kleidern stammten nach Meinung des gerichtsbiologischen Gutachtens von den Pflanzen am Tatort.

An dieser Stelle kommt einem der Gedanke, daß man immer die passenden Beweise zusammenbringen kann. Aber was ist dann mit anderen Fällen, in denen wir von Mord und von der Übereinstimmung der Blutgruppe und anderen Beweisen lesen? Regt sich nicht im Herzen der Wurm des Zweifels: Vielleicht liegt auch hier ein Irrtum vor?

Aber dann … ich mache eine unbegreifbare Entdeckung … dann kann jeder Mensch, wer er auch sein mag, unschuldig aufs Schafott kommen.

Der Vorsitzende des Gebietsgerichts (er ist nicht besser und nicht schlechter als andere) behauptete auch in der Folgezeit, er habe damals an der Schuld Krawtschenkos nicht gezweifelt. Krawtschenko wurde vom Rostower Gericht zum Tode verurteilt. Er war 27 Jahre alt.

Krawtschenkos Gnadengesuch ist akkurat mit blauer Tinte geschrieben, die Handschrift ist fast kindlich.

»Mit allen erdenklichen Mitteln hat man mich gezwungen, ein Verbrechen zu gestehen, das ich nicht begangen habe … Wenn es eine Leiche gibt, ist jeder verdächtig, der kein Alibi nachweisen kann. In diesem Falle ist das mir geschehen. Ich bitte Sie nicht um Begnadigung für das Verbrechen, das ich nicht verübt habe, sondern ich möchte, daß Sie, die höchste Instanz, meinen Fall sorgfältig prüfen und über mein Schicksal und mein Leben entscheiden.«

Diese Worte sollten mir noch jahrelang in den Ohren klingen, denn dieser Mann kannte sich besser als seine gebildeten Opponenten in den juristischen Feinheiten unserer Gerichtspraxis aus.

»Ich werde selbst im Angesicht des Todes wissen und sagen, daß ich nicht schuldig bin an diesem Verbrechen. Ich bin kein sozial gefährliches Element, als das man mich hingestellt hat.«

Das ist nicht nur der Aufschrei eines schutzlosen Menschen, das ist eine Anklage gegen uns alle, praktisch schon aus dem Jenseits. Als er diesen letzten Brief schrieb, wußte er, daß es gelungen war, der Öffentlichkeit Sand in die Augen zu streuen, und daß nun ein Mensch geopfert werden mußte. Und er wurde geopfert.

Der letzte Vermerk auf diesem Gnadengesuch stammt vom damaligen Vorsitzenden des Obersten Sowjets. Nebenbei leitete er auch das Begnadigungswesen.

Im übrigen läßt sich denken, daß er den Brief des Todeskandidaten gar nicht gelesen hat. Das besorgte üblicherweise einer seiner Untergebenen, und er als Vertreter der obersten Macht schrieb nur den letzten Beschluß: »In Erwägung, daß Krawtschenko eine Minderjährige vergewaltigte und ermordete, ist das Gesuch abzulehnen. M. Jasnow.«

Die letzte Zeile der Akte:

»Das Urteil gegen Alexander Petrowitsch Krawtschenko wurde am 5. Juli 1983 vollstreckt. Staatsanwalt der RSFSR und Staatsrat der Justiz 1. Klasse B.W. Krawzow.«

1991 besuchte ein Untersuchungsführer der Staatsanwaltschaft das ukrainische Dorf Rasumowka und teilte der Mutter Krawtschenkos mit, daß das Urteil gegen ihren Sohn aufgehoben sei.

»Und er, wo ist er?« fragte die arme Mutter.

Was sollte er ihr antworten?

Er hätte ihr, wenn er gewollt hätte, von dem Rostower Triebtäter Tschikatilo erzählen können. Der Mord an Lena war sein erstes Verbrechen gewesen. Durch das Urteil gegen den unschuldigen Krawtschenko hatte er praktisch grünes Licht bekommen. Zehn Jahre lang brachte Tschikatilo entsetzliches Leid über viele Menschen, die ihre Kinder und Frauen verloren. Mehr als 50 Opfer, hauptsächlich Kinder und Halbwüchsige, hat dieser Justizirrtum gekostet.

Ein amerikanischer Film: In einer Schule versucht eine naive junge Lehrerin, den Kindern die Prinzipien des Guten anzuerziehen. Gegen Ende des Films folgende Szene: Auf einer Treppe, auf der man nur abwärts geht, versucht die Lehrerin irrtümlich nach oben zu gelangen, gegen den machtvollen Strom ihrer herabkommenden Schüler, und sie kämpft sich in panischer Angst durch sie hindurch.

Die Szene ist symbolisch, denn alle ihre Bemühungen, den Kindern Edelmut und Ehrlichkeit beizubringen, enden mit einem tragischen Mißerfolg.

An diese unglückliche Lehrerin fühle ich mich oft erinnert, wenn ich an unsere Arbeit in der Kommission denke. Sie kommt mir so vor wie der vergebliche Versuch, eine Treppe hinaufzulaufen, die nur hinunterführt.

Auf der einen Seite ein winziges Häuflein von anderthalb Dutzend Menschen, die den ewigen und hoffnungslosen Versuch machen, ihrem Volk zu dienen, und auf der anderen Seite das Volk, die Gesellschaft, Rußland, das nichts wissen will von Barmherzigkeit, sondern nur von Einsperren, Strafen, Demütigen.

Und Hinrichten.

Zwei Gnadengesuche

Wassili Barmin, 21, Russe, ledig, Transportarbeiter, nicht vorbestraft.

Maxim Sergejew, 20, Russe, geschieden, Tischler, später Lastträger. Einmal vorbestraft wegen Diebstahls persönlichen Eigentums.

Beide wurden zum Tode verurteilt wegen vorsätzlichen Raubmords an drei Personen.

Barmin und Sergejew drangen in Sankt Petersburg gegen 21 Uhr in die Wohnung des Rentners und ehemaligen Schusters Schewzow ein, um ihn zu berauben. Sie schlugen und traten ihn, erdrosselten ihn dann mit einem Elektrokabel, ertränkten den Leichnam sicherheitshalber in der Badewanne und eigneten sich Sachen von ihm an. Barmin nahm sich ein Hemd und einen Pullover. Um das Verbrechen zu vertuschen, setzten sie die Wohnung in Brand.

Dieselben zwei Männer folgten dem nach Hause gehenden Soldatenko, 45, in den Hausflur, weil sie, wie es in der Akte heißt, Geld bei ihm vermuteten, fielen dort über ihn her, fügten ihm mit Fäusten und Füßen zahlreiche Schläge gegen den Kopf und den Körper zu. Barmin sprang dem am Boden Liegenden auf den Brustkorb und trampelte auf ihm herum. Dann zerrten sie den Mann in den Keller, nahmen sein Geld und seine Wertsachen an sich und stießen ihm ein Messer in die Brust.

Eine Woche später, kurz vor dem russischen Weihnachtsfest, am 6. Januar, saßen sie mit dem Ehepaar Sajenz zusammen und tranken. Frau Sajenz erzählte von einer Bekannten ihres Vaters, Frau Belobrowa, Abteilungsleiterin im Feinkostladen »Petrowski«, die allein lebe und wohlhabend sei. Um 23 Uhr suchten sie die Wohnung der Belobrowa auf. Sie öffnete die Tür. Barmin schlug ihr mit der Faust ins Gesicht, und Sergejew stieß ihr das Messer zweimal in die Brust, dann gab er das Messer Barmin und machte sich auf die Suche nach Wertsachen. Barmin strangulierte die Frau mit dem Riemen einer Tasche, dann tötete er sie mit einem Messerstich in die Brust und nahm ihr ein Goldkettchen vom Hals. Die beiden Männer entwendeten Gegenstände und verließen die Wohnung, indem sie vom Balkon sprangen, dabei verletzten sie sich und wurden festgenommen.

In den Hunderten von Fällen, deren Akten ich lesen muß,

verblüfft mich vor allem die Einstellung der jugendlichen Täter zu dem Eigentum anderer Menschen. Sie haben nur das Ziel, sich dieses Eigentums zu bemächtigen, ob das nun ein Hemd ist oder ein Goldkettchen vom Hals einer Ermordeten. Oder ein Bügeleisen. Die meisten Fälle beginnen damit, daß ein paar junge Leute erfahren, daß in der und der Wohnung etwas zu holen ist. Solche Dinge mit eigener Arbeit zu verdienen, auf den Gedanken kommen sie gar nicht. Meine persönliche Statistik, die ich für mich führe, um mein Volk besser zu verstehen, besagt, daß mehr als die Hälfte der arbeitsfähigen russischen Bevölkerung (Schüler und Rentner nicht gerechnet) noch nie gearbeitet hat. Das sind Angaben der Miliz, genauere gibt es nicht. Und etwa die Hälfte der anderen Hälfte arbeitet auch nur gelegentlich: als Hilfskraft, Lastträger, Wächter im Kindergarten. Die Arbeitenden sind hauptsächlich Frauen. Nach meinen Berechnungen beträgt die Gesamtzahl derer, die mehr oder weniger regelmäßig arbeiten, höchstens 20 Prozent.

Aber wie leben die übrigen?

Sie stehlen. Das ist kein Geheimnis. Sie leben von dem Eigentum anderer.

Zuerst berauben sie ihre Nächsten – warum soll man nicht die eigene Familie, die Frau, die Kinder, die entfernten Verwandten, die Nachbarn bestehlen? Und Rentner auszuplündern ist besonders einfach. Danach sind alle anderen dran, von denen man weiß, daß sie etwas haben. Und da gelten keine Moralgesetze, sondern gilt nur noch das Wolfsgesetz. Man nimmt Waisenhauskindern das letzte Stück Brot weg, reißt einem Toten auf dem Friedhof mit der Zange die Goldzähne heraus und verbrennt einen Rentner, der einen Hunderter für die eigene Beerdigung zurückgelegt hat, bei lebendigem Leib in dessen eigenem Haus.

Dazu gehören die von Barmin und Sergejew verübten Verbrechen. Ich hätte nicht darüber geschrieben, wären da nicht die Gnadengesuche der beiden Täter, die zur Erschießung verurteilt worden waren.

Das Gnadengesuch Barmins:

»Ich, Wassili Anatoljewitsch Barmin, habe Verbrechen begangen und mich gegen Gott und die Menschen versündigt, was ich jetzt von ganzem Herzen bereue. In der Zeit, als ich meine Verbrechen verübte, war ich wie blind; ich war mir nicht bewußt, daß ich Böses tue, und dachte überhaupt nicht an die Folgen. Ich lebte nur dem Augenblick, dachte nur an mein Wohl, an die Zukunft zu denken gehörte nicht zu meinen Regeln, und im Ergebnis bin ich hier. Auch im Gefängnis habe ich mir anfangs das, was ich angerichtet hatte, nicht bewußt gemacht ... Damals sah ich in allem nur das Böse und wollte selbst mit allen Kräften nur das Böse, ohne zu begreifen, daß das zum Untergang führte. Für Gott aber gibt es keine verlorenen Menschen. Er nimmt jeden an, der zu ihm kommt. Einmal geriet mir in der Zelle die Bibel in die Hand. Anfangs las ich nur aus müßiger Neugier darin. Die Lektüre nahm mich gefangen und zwang mich, über den Sinn des Lebens nachzudenken. Ich warf einen kritischen Blick auf mein früheres Leben und war entsetzt. Mein ganzes Leben hatte aus Sünde bestanden. Und ich erkannte, daß ich am Rande des Abgrunds stand. Der einzige Weg zur Rettung war, mich zu Jesus Christus zu bekennen, und ich bekannte mich zu ihm. Ich sage nicht, daß mir der Entschluß leichtfiel, aber ich machte den Schritt zu meiner Rettung.

Möglicherweise hat Gott mir nur noch sehr wenig Zeit zugemessen, aber ich verpflichte mich, alle meine Tage dem Kampf gegen die Sünde zu widmen und Gutes zu tun, soweit das in diesen Mauern möglich ist. So wie jedes vernunftbegabte Wesen möchte ich leben, und sollte mir das Leben geschenkt werden, so will ich alle meine Kräfte aufbieten, um die Folgen meiner Verbrechen wenigstens teilweise wiedergutzumachen. Ich weiß nicht, ob mein Gnadengesuch Erfolg haben wird, aber ich danke Gott in jedem Falle für alles, was er an mir getan hat. Ich danke Gott dafür, daß ich hierhergeraten bin, denn erst hier habe ich erfahren, was wirkliches Leben ist. Jetzt suche ich in allem das Gute und finde es selbst hier im Gefängnis. Als Christ bitte ich alle Menschen um Vergebung für meine Sünden und vergebe selber jedem, der vor mir schuldig ist. Gott beschütze alle Menschen. W. A. Barmin.«

Das Gnadengesuch Sergejews:

»Ich, der oben Genannte, habe besonders schwere Verbrechen begangen und bin zum Tode verurteilt worden von einem Machtorgan, das ich nicht gewählt habe, und ich bitte Sie:

1. dieses Gesuch nicht als Gnadengesuch zu betrachten;
2. mich als reuelos zu betrachten, da die Macht, die mich verurteilt hat, weit mehr Verbrechen verübte, wohlgemerkt, nicht vor der Gesellschaft, sondern vor dem ganzen Volk;
3. ich habe nicht den Wunsch, das Gute, das noch in mir schlummert, der Vernichtung auszusetzen, was im Falle einer lebenslangen Haft unvermeidlich wäre;
4. mich als eindeutigen Gegner der heute im Lande bestehenden Gesellschaftsordnung zu betrachten, die mit ihren zufälligen Reformen den Menschen erst zum Verbrechen treibt und ihn dann bestraft, ohne dazu ein moralisches Recht zu haben;
5. mit allen Mitteln die Vollstreckung des gegen mich ausgesprochenen Urteils zu betreiben und damit höchste Huma-

nität in bezug auf mich zu beweisen, denn nur so kann ich als Mensch sterben, nicht als ein zum Idioten degradiertes Wesen;

6. zu berücksichtigen, daß ich keine mittlere Schulbildung besitze und dies geschrieben habe, indem ich mit meinem kümmerlichen Verstand zur Lösung der Lebensprobleme dieses eitlen Daseins gelangte.

Aufgrund des Dargelegten bitte ich, mich mit Ihren Almosen in Form von lebenslanger Haft zu verschonen und die Vollstreckung des Urteils zu sanktionieren.

Mit Achtung vor dem literarischen Talent der Kommissionsmitglieder, nicht aber vor den Ämtern, die sie bekleiden.

Ich hoffe, daß mein leiser Seelenschrei Ihr feines Gehör und Ihr Verständnis für meine existentiellen Probleme erreicht. M. W. Sergejew.«

Wir setzten uns sowohl für Barmin als auch für Sergejew ein. Beide hatten in Erwartung ihrer Hinrichtung fünf Jahre in der Todeszelle gesessen. Beide, der reuige und der nicht reuige Mörder, wurden begnadigt: Die Todesstrafe wurde durch lebenslange Haft ersetzt.

ZWEITES KAPITEL

Alltagskriminalität

Ihr wartet auf die Apokalypse?

Ein Schriftstellerkollege erzählte mir von einem chinesischen Professor der Russistik, der sein Leben lang davon träumte, unser Land zu besuchen, und für diese Liebe bitter bezahlen mußte: Er wurde unter Mao für zehn Jahre aufs Land verbannt, »zur Umerziehung«, und mußte auf den Reisfeldern arbeiten. Aber die Zeiten änderten sich bei ihnen und bei uns, er konnte endlich in das lang ersehnte Moskau reisen – und wurde unweit seines Hotels zusammengeschlagen und ausgeraubt.

Mein Kollege besuchte ihn im Krankenhaus. Der Professor sagte verstört, er könne, wenn auch mühsam, verstehen, daß sie ihn für einen reichen Japaner gehalten hatten und ihm sein Geld wegnehmen wollten, aber warum hatten die Halbstarken weiter auf ihn eingeschlagen, nachdem er ihnen sein Geld gegeben hatte?

Wer soll diese Frage beantworten?

»Ich habe Rußland mein Leben lang aus der Ferne geliebt, aber jetzt kann ich es wohl nicht mehr lieben«, sagte der Professor bei seiner Abreise.

Wir können nicht abreisen aus Rußland, wir sind lebenslang darin gefangen wie in einem Straflager. Wir sind verurteilt zu einer Liebe, die je länger, desto lebensgefährlicher wird.

Vor kurzem hatte ich das Glück, Kafkas »Verwandlung« in der Inszenierung von Valeri Fokin zu sehen. Die Handlung dauert nur etwas über eine Stunde, aber man ist wie gelähmt, und die Luft bleibt einem weg, wenn man das ungeheure Ungeziefer vor sich sieht (gespielt von dem brillanten Kostja Raikin), in das sich durch ein Unglück ein gewöhnlicher Mensch verwandelt hat, der im Kreis der geliebten Familie lebt. Und merkwürdig: Das Ungeheuer gewinnt immer mehr Züge von Menschlichkeit, während seine menschenähnlichen und äußerlich respektablen Angehörigen – Vater, Mutter und vor allem die bislang liebevolle Schwester – sich in wirkliche Ungeheuer verwandeln, die letztlich um des eigenen Wohlergehens willen das verfluchte Insekt umbringen, den Sohn, den Bruder.

Das Stück zwingt uns, einen Blick in unser Inneres zu werfen.

Wir Russen mögen die Dunkelhaarigen nicht, weil sie wie Tschetschenen aussehen, die Schlitzäugigen nicht, weil sie Fremdstämmige und Flüchtlinge sind, die Unternehmungslustigen nicht, weil sie aktiv und erfolgreich sind, die alten Leute nicht, weil sie murren und uns beim Leben stören, und die Jungen nicht, weil sie laut und aufmüpfig sind. Und gefährlich, denn unter ihnen sind viele Drogensüchtige.

Und die Verbrecher, so die allgemeine Meinung, gehörten sowieso alle eingesperrt, möglichst lange und weit weg; sie und die Tschetschenen (manchmal werden sie gleichgesetzt) wären an allem schuld, was bei uns passiert (früher waren es die Juden, doch die sind leider fast alle emigriert): Diebstahl, wachsende Kriminalität und ökonomische Mißstände.

Für uns ist immer wichtig, einen Schuldigen zu finden. Dann wird uns leichter.

Dabei kommt man nicht umhin, eine allgemeine Erbitterung aller gegen alle zu spüren. Diese Atmosphäre der Feindseligkeit und Mißgunst hüllt uns alle ein, so wie der schwarze

Smog die Stadt Moskau. Besonders anschaulich zeigt sich das in den Kriminalfällen, die wie ein Spiegel den derzeitigen Zustand Rußlands reflektieren.

Ich glaube, es war Stalins Volkskommissar Jeshow, der behauptet hat, die Menschen in unserm Land teilten sich in zwei Hälften: diejenige, die sitzt, und diejenige, die observiert wird.

Ich möchte behaupten, daß unsere Bevölkerung auch jetzt in zwei ungleiche Teile zerfällt, die durch Stacheldraht voneinander getrennt sind. Auf der einen Seite sind die Häftlinge; sie und ihre Angehörigen appellieren an die Barmherzigkeit, belagern die Behörden, schreiben weinerliche Briefe; auf der anderen Seite sind die Freien, die, von ihrer trügerischen Freiheit eingeschläfert, Barmherzigkeit wütend ablehnen und rigide Abrechnung fordern, am besten gleich die Hinrichtung.

Zwischen den beiden Gruppen gibt es keine feste Grenze, und einer, der frei ist und für die Unversöhnlichkeit gegenüber den Verbrechern ficht, kann schnell im Gefängnis landen, während ein anderer, der seine Zeit abgesessen hat, plötzlich in Freiheit ist. Aber an der Einstellung zu den Lagerhäftlingen ändert das nichts. Die werden gehaßt, gefürchtet und möglichst vergessen. Und die Abneigung gegen sie überträgt sich auf die Menschen, die versuchen, an die Unglücklichen in den Gefängnissen zu erinnern.

»Der Vorsitzende und mit ihm die ganze Kommission begnadigen Mörder und Vergewaltiger«, schreibt einer meiner Opponenten. »Daher die wachsende Kriminalität. Er sitzt behaglich in seinem warmen Arbeitszimmer und ist vor jeglichem Gesindel geschützt. Wer einen Menschen umgebracht hat, ist ein Tier, schlimmer als ein Tier, und muß das gleiche erleiden, was er einem andern angetan hat. Keine Gnade! Einstweilen muß unser Land durch Grausamkeit von der Grausamkeit gesäubert werden. Ich war Lagerhäftling und weiß: Die Höchststrafe ist das Unterpfand des Erfolgs im Kampf gegen das Böse.«

Ich nehme an, daß dieser »Ehemalige«, der die Grausamkeit im Lager kennengelernt und als Prinzip des Lebens begriffen hat, auch schon dort seine Ordnung unter den Häftlingen durchgesetzt hat. Die »Ehemaligen« sind oft besonders grausam, aber verzerrte Begriffe von Gut und Böse finden sich auch bei Leuten, die nie gesessen haben. Und die Formel »Die wachsende Kriminalität kommt von der Barmherzigkeit« ist ein allgegenwärtiger Irrtum, der nicht nur in der Bevölkerung verbreitet ist, sondern auch bei den Rechtspflegern.

Ich werde mitunter gefragt, wie sich die Arbeit in der Begnadigungskommission auf meinen Charakter ausgewirkt hat. Meine Antwort: schlecht. Ich denke seither schlechter über die Menschen und die große russische Nation, zu der ich gehöre.

Schon 1921 klagte der Schriftsteller Sokolow-Mikitow in einem Artikel die Bolschewiken an. »Ihr seid schuld«, schrieb er, »daß das Volk im höchsten Maße erschöpft und mutlos ist. Ihr seid schuld, daß im Volk das Gefühl der Einheit und Gemeinschaft vernichtet ist und die Menschen mit Haß und Intoleranz gegenüber dem Nächsten vergiftet sind. Von wem wollt ihr Hilfe erwarten, wenn ihr den Menschen beigebracht habt, einander als Feinde anzusehen und sich über das Unglück des anderen zu freuen?«

75 Jahre später sind die erworbenen Eigenschaften wie Haß, Intoleranz gegenüber dem Nächsten und Feindschaft gegeneinander zur nationalen Mentalität geworden und überwiegen alle anderen Eigenschaften.

»Der Mensch ist des Menschen Freund, Bruder und Genosse, kapierst du das, du Vieh?« sagt eine Gestalt des bulgarischen satirischen Autors Radoi Ralin. Ein anonymer Autor aus Rußland sagt es so: Bei uns ist der Mensch nicht des Menschen Wolf, sondern des Menschen Genosse Wolf!

An einem habe ich meine Zweifel: Waren nur die Bolschewiken daran schuld, daß eine ganze Nation korrumpiert wurde und dem Suff verfiel, daß sich Menschen in stummes Vieh verwandelten? Wer hat denn die Bombe auf Zar Alexander geworfen, wer hat am Blutsonntag Unbewaffnete niedergeschossen, wer hat mit Bajonetten die Kinder der Zarenfamilie im Ipatjew-Haus erstochen?

Auch wenn man kein Fachmann auf dem Gebiet der Eugenik (Wissenschaft von den menschlichen Erbeigenschaften) ist, kann man bei der Bevölkerung derzeit Züge von Persönlichkeitsveränderung beobachten, die sie gleichgültig machen gegenüber dem eigenen Leben und dem ihrer Nächsten.

Besonders charakteristisch sind Grausamkeit, Verlogenheit und Fertigkeiten, sich ohne Arbeit Geld zu beschaffen (nicht zum Leben, sondern zum Saufen), sowie eine rohe, zynische Einstellung zu Frauen und Kindern. Es wird behauptet, in unserm Land würden bei Auseinandersetzungen im Suff jährlich sechzehntausend Frauen von ihren Männern getötet.

Auch viele Kinder werden Opfer von Gewalt. Etwa zwei Millionen Kinder wurden von den Eltern ihrem Schicksal überlassen.

Im übrigen sind die Frauen, die das alles zulassen, manchmal schlimmer als die Männer, wie die kriminelle Praxis zeigt. Das betrifft auch den Alkoholmißbrauch. Mehr als achtzig Prozent aller Verbrechen werden im Suff verübt: Der Sohn erschlägt den Vater, die Tochter erwürgt ihre Mutter, der Bruder tötet seinen Bruder.

Alles beginnt mit der Flasche.

Mann und Frau sitzen zu Hause und trinken, und zum Schluß streiten sie sich um den letzten Schluck in der Flasche. Aus dem Streit wird eine Schlägerei, der Mann haut der Frau das Beil auf den Kopf. Den letzten Schluck trinkt er. Danach legt er sich hin und schläft bis zum Morgen, und ihn plagen keine Gewissensbisse.

Das ist einer von Tausenden von Fällen, die das heutige Leben in Rußland charakterisieren. Wäre nur hinzuzufügen, daß der erwähnte Mörder zuvor nie straffällig geworden ist, daß er mit seiner Frau 40 Jahre gelebt und Kinder aufgezogen hat.

Was ist mit ihm und mit uns allen geschehen?

In der Schule haben wir gelernt: In einem Literaturwerk gibt es die Schürzung des Knotens, die Handlung, die Kulmination, die Lösung des Knotens. Prolog, Epilog.

Praktisch jeder Fall ist nach allen Regeln der Klassik aufgebaut: Suff (Prolog), Zank (Schürzung des Knotens), Schlägerei (Kulmination), Totschlag, Gefängnis (Lösung). Der Epilog ist mit dem Prolog identisch, und alles beginnt wieder von vorn. Nur der Flascheninhalt wechselt – das kann Bremsflüssigkeit sein, Eau de Cologne, minderwertiger Wein, selbstgebrannter Schnaps …

Nicht gedungene Killer, nicht Paten, über die soviel in der Presse steht, daß man sie schon als ganze Armee sieht, sondern wir selbst sind es, die in unseren vier Wänden, in friedlicher häuslicher Umgebung, ohne Schüsse und ohne überflüssigen Lärm das größte Massenverbrechen im Lande verüben:

Wir verhöhnen, verkrüppeln, stechen, prügeln, töten. Und nicht Fremde, sondern unsere Nächsten, unsere liebsten Menschen.

Die organisierte Kriminalität kann man, wenn man will, sicherlich bezwingen. Selbst mit der heutigen korrupten Miliz läßt sich fertig werden. Aber was macht man mit einem ganzen wodkasüchtigen Volk? Vielleicht säuft es ja, weil es spürt, daß es von niemandem in diesem Lande gebraucht wird?

Bei uns gibt es den Begriff Alltagskriminalität: Verbrechen, die unser Alltag geworden sind. In der Kriminalistik des Auslands gibt es dieses Wort nicht. Die Ehefrau verprügeln, die Nächsten, auch die Kinder, mißhandeln – was soll daran Sünde sein? Er schlägt sie, also liebt er sie, sagt eine russische Redensart. Nur von Zeit zu Zeit zuckt das Land vor Entsetzen zusammen, wenn es wieder einmal von furchtbaren Grausamkeiten in unserer Mitte erfährt.

Wir töten einen Priester, einen Mann, den seine Kutte und sein Gottesglauben schützen sollten: Den Glauben haben wir längst vergessen, verraten und verkauft. Wir töten eine Journalistin, denn vielleicht findet sie etwas heraus, was irgendwem (oben) nicht in den Kram paßt. Wir zünden auf dem unantastbarsten Platz, den die Volkstradition behütet, dem Friedhof, eine Bombe, um irgendwen aus dem Weg zu räumen.

Im Mittelalter, das fraglos eine grausame Zeit war, haben die Feinde, wer immer das war, Kirchen, Friedhöfe, Bettler, Mönche, heilige Männer nicht angerührt. Wie tief sind wir gesunken, wenn wir die Gräber unserer Vorfahren und ihr Vermächtnis beschmutzen?

Irrsinn – so muß man das nennen.

Ihr wartet auf die Apokalypse? Ihr habt Angst vor ihr?

Sie ist längst da.

»Ein großer Stern, der wie eine Fackel brannte, stürzte vom Himmel. Er fiel auf ein Drittel der Flüsse und Quellen. Der Stern heißt ›Bitterkeit‹. Ein Drittel des Wassers wurde bitter. Viele Menschen starben an diesem Wasser, weil es vergiftet war.«

Und dann: »Das Licht verlor ein Drittel seiner Helligkeit ... Aus dem Rauch kamen Heuschrecken, denen die Kraft von Skorpionen gegeben war ... Während dieser Monate werden die Menschen den Tod suchen, ihn aber nicht finden.«

Sind das nicht wohlbekannte Bilder?

Besonders dies: »Aber die Menschen, die nicht bei diesen Katastrophen getötet wurden, änderten sich nicht. Sie hörten nicht auf, die Dämonen und Götzen aus Gold ... anzubeten. Sie hörten nicht auf zu morden, Zauberei und Unzucht zu treiben und zu stehlen.« (Offenbarung 8/9)

Das bezieht sich nicht auf Sträflinge.

Das bezieht sich auf uns alle.

Amüsante Mathematik – so hieß ein wunderbares Büchlein meiner Kindheit, in dem mit Hilfe von Zahlen die unglaublichsten Dinge bewiesen wurden. So zum Beispiel, daß ein halblebendiger und ein halbtoter Mensch dasselbe sind. Mathematisch würde das so aussehen: 0,5 lebendiger Mensch = 0,5 toter Mensch. Die Zahlen (je 0,5) lassen sich natürlich kürzen, und das Ergebnis: ein lebendiger Mensch = ein toter Mensch.

Unsere Mathematik geht auch ungefähr so: Lebende, die später Nichtlebende werden, nur daß die Zahlen bei uns nicht abstrakt, sondern ganz real sind.

Es ist zum Beispiel bekannt, daß in Rußland immer die Tötungen aus Alltagsmotiven überwogen; noch vor etwa zehn Jahren nahmen sie in der Kriminalstatistik mit zirka 40 Prozent den ersten Platz ein. Tötungen in Verbindung mit Raub, Vergewaltigung und Rowdytum machten insgesamt knapp zwei Prozent aus, und so ist das Verhältnis wohl heute noch.

Ein Bekannter von mir pflegte zu sagen: Die Regierungen kommen und gehen, aber die Wasserhähne tropfen immer.

Und er fügte hinzu: Die Nachbarn leiden an den Nachbarn, und sie alle tragen schwer an den Alltagsproblemen, die in Rußland häufig Auslöser krimineller Handlungen werden.

Der Schriftsteller Iwan Bunin schrieb: »Die Kriminalanthropologie wählt zufällige Verbrecher aus, ›gewöhnliche Leute‹, die zufällig vom Leben schlecht behandelt wurden und zufällig ein Verbrechen begingen: Sie werden niemals rückfällig, und antisoziale Instinkte sind ihnen fremd. Etwas ganz anderes sind die ›instinktiven‹ Verbrecher, die geisteskranken Verbrecher. Ihr wichtigstes Merkmal, ihr grundlegender Wesenszug, ist die Zerstörungswut, das antisoziale Verhalten. In friedlichen Zeiten vergessen wir irgendwie, daß die Welt nur so wimmelt von diesen Ausgeburten, atavistischen Naturen, die zum großen Teil in den Gefängnissen und Irrenhäusern sitzen. Aber dann kommt eine Zeit« (wie unsere Perestroika. A. P.), » in der das ›mächtige Volk‹ triumphiert. Die Türen der Gefängnisse und Irrenhäuser öffnen sich weit, die Archive der Fahndungsabteilungen werden verbrannt, und das Bacchanal beginnt. Das russische Bacchanal übertraf bekanntlich alles bisher Gewesene und verblüffte und betrübte sogar jene, die zum Stenka-Felsen riefen, um zu hören, was ›Stepan Rasin dachte‹. Rasin war der ›geborene Verbrecher‹, wie die Kriminalanthropologie es nennt.«

In den letzten Jahren ging die Alltagskriminalität scheinbar zurück (25 Prozent), obwohl das aus den Akten, die wir studieren, nicht so deutlich wird. In den Vordergrund treten Auftragsmorde, von Fachleuten »Mord gegen Honorar« genannt.

Da gibt es nur eine Merkwürdigkeit, von der die Bevölkerung nichts weiß und von der die Vertreter des Innenministeriums lieber schweigen: Unter den mehr als 1000 Todeskandidaten, deren Fälle wir untersuchten, war kein einziger Killer, da waren nur Alltagsverbrecher, Rowdys, Vergewaltiger ... Und sexuelle Triebtäter, die sich an den Fingern herzählen lassen. Aber unsere Presse berichtet dermaßen ausführlich über sie, daß sie nachgerade zu Nationalhelden werden und man denken könnte, es wären Hunderte.

Und so ergibt sich, daß unsere ruhmreichen Milizionäre mit den Todesstrafen gegen alle möglichen Alltagsräuber die tatsächliche Kriminalität vertuschen, unter der wir heute leiden. Auf solche amüsante Mathematik wäre selbst Perelman neidisch.

Zwei tranken

»Zwei tranken. Im Lauf des Abends und der Nacht zerstritten sie sich und begannen eine Schlägerei. Der eine stieß dem anderen ein Messer in die Brust und tötete ihn.«

So beginnen Hunderte, wenn nicht Tausende von Kriminalfällen. Sie sind einander so ähnlich, daß man einen »typischen Fall« konstruieren und in die freigelassenen Stellen die fehlenden Details einsetzen könnte.

Wer trinkt? Praktisch alle. Der Mann mit seiner Frau, der Bruder mit seinem Bruder, der Sohn mit seinem Vater.

Was das soziale Milieu angeht, so sind es meistens Leute mit geringer Qualifikation. Klempner, Reparateure aller Art, Melker, Hirten (gewöhnlich kinderreich), Heizer, Wächter, Traktoristen, Lastträger, Kraftfahrer. Besonders häufig Straßenbauer. Und natürlich viele Obdachlose und Rentner.

Es ergibt sich das verallgemeinerte Bild eines alten Mannes, Zeitgenossen der Sowjetmacht, von ihr übervorteilt, ausgebeutet auf den Großbaustellen des Kommunismus, mit zahlreichen Krankheiten behaftet und, da nicht mehr gebraucht, ausrangiert. Die Schulbildung ist in der Regel niedrig: drei oder vier Klassen. Er lebt ärmlich, trinkt viel, ist ohne geistiges Leben, aber aggressiv und bereit, bei jedem Zank zuzuschlagen: den Nachbarn, die Ehefrau, die eigenen Kinder, wenn sie ihn reizen.

Man verknackt so einen Mann zu drei bis vier Jahren, aber was erwartet ihn danach vor den Toren des Gefängnisses, das ihn wahnsinnig gemacht hat mit seinem für ihn unbegreiflichen Leben?

Wo wird getrunken?

Überall. Zu Hause, auf der Arbeit sowieso, unterwegs, auf dem Feld, im Wald, am Ufer eines Flusses oder Sees, auf dem Bahnhof, im Auto, im Laden ...

Was wird getrunken?

Alles nur Denkbare. Eine Aufzählung macht keinen Sinn, sie wäre in jedem Falle unvollständig. Man wundert sich nur über die Zählebigkeit und Unempfindlichkeit eines Organismus gegenüber Säuren und Lösungsmitteln, die Stein und Glas zersetzen, aber dem Inneren eines russischen Alkoholikers nichts anhaben können.

Ein Beispiel: »Zwei Arbeiter tranken an ihrem Arbeitsplatz Bakelit-Phenol-Leim.«

Oder: »Kruglow und seine Geliebte tranken im Wochenendhaus die ganze Nacht Glasreinigungsmittel.«

Oder: »Sweshuchin und Borissowa tranken im Werkzeugraum der Heizung ein flüssiges Mittel zur Wanzenvernichtung.«

Einem Alkoholiker gab man, um ihn zu ermorden, ein giftiges Gemisch aus Wodka und Dichloräthan, aber das hatte keine Wirkung auf ihn, und man »mußte ihn erwürgen«.

Wie lange dauert das Trinken?

Gewöhnlich einen Tag (natürlich Arbeitstag) oder eine Nacht. Aber es gibt Ausnahmen. Ein Rentner hatte für seine ganze Rente 25 Flaschen Wodka gekauft; er trank mit seiner Bekannten eine Woche lang und erschlug sie dann, weil sie von den 25 Flaschen mehr getrunken hatte als er.

Weswegen zerstreiten sich die Trinker?

Aus einer Million Gründen. Und sie alle sind kaum erklärlich: zuwenig eingeschenkt, zuviel eingeschenkt, oder einer hat es abgelehnt mitzutrinken.

Dies reicht aus für einen Mord.

In einem Fall heißt es: »Der Fahrgast bedrohte den anderen mit dem Messer, um ihn zu zwingen, mit ihm in der Zugtoilette Wodka zu trinken.«

In Rußland wird möglichst zu zweien oder dreien getrunken, und eine geöffnete Flasche muß leer werden. Eine Weigerung kommt einer Beleidigung der Saufkumpane gleich. Während des Saufens zuzuschlagen, mit dem Messer zuzustechen oder jemanden zu beleidigen gilt nicht als verwerflich.

Zwei tranken, ein gewisser Gerassimow, 50, und sein Kumpel. Als dieser nicht mehr trinken wollte, stand er auf und ging. Gerassimow war beleidigt, stieß ihm ein Messer in den Rücken und verletzte ihn schwer, worauf er sein Glas austrank und dann den Kumpel ins Krankenhaus brachte.

Das ist sie also, die geheimnisvolle Seele des Russen. In der Kommission fügte einer hinzu: »Und sein Körper.«

Hierzu bemerkte der Schriftsteller Juri Dawydow einmal: »Es wird oft über den Preis der Wurst geredet, der fast kostenlosen Beigabe zu einer Halbliterflasche. Vom Preis des Lebens hört man nichts.«

Zwei tranken, einer klagte über das Leben, der andere tätschelte ihn aus Mitgefühl. Das mißfiel dem ersten, er nahm ein Kleinkalibergewehr und erschoß den Tröster.

Aber oft ist es auch so: »Sie saßen in der Wurstfabrik und tranken, und plötzlich schlug Kusmitschew ohne ersichtlichen Anlaß auf Schipkow ein ... und erschlug ihn.«

Dieses »ohne ersichtlichen Anlaß« kommt in dieser oder jener Form in vielen Fällen vor.

Womit wird jemand erschlagen?

Mit allem, was just zur Hand ist: Küchenmesser, Flasche, Axt, Stiefel, Wäscheleine, Bügeleisen, Fleischwolf, Klauenhammer, Schürstange, Holzscheit, Antenne, Riemen, Meißel, Schraubenzieher (fast eine kalte Waffe), Hundeleine, Klodeckel und so weiter.

Es kommen auch ganz exotische Mordwaffen vor wie Nuntschak[1], Pike und sogar Streitkolben! Übrigens diskutierten die Milizionäre lange, bis sie den Streitkolben den kalten Waffen zuordneten.

Unlängst lasen wir von einem Mord mit Hilfe eines – Hausschuhs! Man hätte rufen mögen: Welch sanfter Tod!

Oft machen sich die Leute nicht die Mühe, nach einem Mordwerkzeug zu suchen, und schlagen mit Händen und Füßen aufeinander ein. Um die Wirkung zu verstärken, werfen sie ihren Widersacher zu Boden und springen auf ihn, etwa vom Bett.

Beliebt ist bei uns auch das Hinunterwerfen vom Balkon, vorzugsweise aus den oberen Etagen. Mit moderner Technik, die für wertvolle Arbeit gedacht ist, geschieht Sonder-

1 Würgewaffe: zwei kurze Stöcke, durch eine Kette verbunden. D.Ü.

bares: Sie wird zum zeitgemäßen und bequemen Mordinstrument.

Ein gewisser Pudowkin wollte seine Freundin für ihre Weigerung, mit ihm zusammenzuziehen, bestrafen und schlug ihr mit der Faust ins Gesicht, dann überfuhr er sie mit seinem Pkw. Die Räder überrollten den Körper, der Wagen schleifte sie 15 Meter weit mit, dann wollte der Mann sie im Rückwärtsgang nochmals überfahren, aber ihr Körper steckte unter dem Wagenboden fest. Der Motor ging aus, der Fahrer suchte das Weite. Das Finale der Geschichte ist ungewöhnlich: Die Frau blieb am Leben. Die weiteren Ereignisse lassen sich aus ähnlichen Fällen erahnen: Sie machte den geliebten Mann ausfindig und leerte mit ihm zum Zeichen der Versöhnung wieder eine Flasche.

Ja, es wird weiter getrunken und weiter getötet.

Ein findiger Rentner, ein richtiger Blaubart, brachte es fertig, im Lauf mehrerer Jahre drei Ehefrauen im Keller verschwinden zu lassen.

In einem Fall wurde das Opfer in 23 Stücke zerlegt (man hat sie gezählt), diese wurden in Koffern in eine andere Stadt gebracht und auf einer Müllkippe abgelegt.

Als Bestattungsorte dienen häufig Mülltonnen, Abflußrohre, Klärbecken, Öltanks, Müllkippen und so weiter. Oft wird der Leichnam in einem Fluß, See, Kanal versenkt. Oder in einer Schonung mit Benzin übergossen und verbrannt.

Ein Serienmörder pflegte seinen Opfern den Kopf abzuschneiden und in den Müllschlucker zu werfen. Das habe ihm Spaß gemacht, erklärte er vor Gericht.

Im Wachsfigurenkabinett der Madame Tussaud werden solche Verbrecher zur Schau gestellt.

Bei uns wurden 1994 im Suff 600 000 Verbrechen begangen, und mehr als 50 000 Menschen vergifteten sich mit Surrogaten. Und es wird nicht als nationale Tragödie empfunden.

Eine gewisse Nadenka P., 30, lebte mit ihrer Tochter zusammen. Zu ihr kam in angetrunkenem Zustand Wolobujew, der sie schon mehrmals in zynischer Weise belästigt hatte. Nachdem er mit der Hausfrau die mitgebrachte Flasche geleert hatte, bot er ihr Geschlechtsverkehr an, zog sich aus, legte sich ins Bett … und schlief ein. Sogenannter Russensex. Nadenka war zunächst enttäuscht, dann begriff sie plötzlich, was zu tun war. Sie nahm die Axt und schlug sie ihrem Anbeter in den Hals, dann schleppte sie den Toten mit Hilfe des – ebenfalls angetrunkenen – Nachbarn auf den Dachboden. Tags darauf trennte sie ihm den Kopf ab, verwahrte ihn in einer Nylontüte und legte ihn in den Kühlschrank des Nachbarn. Aber nun war nicht mehr genug Platz für die Lebensmittel; nach einer gewissen Zeit wurde der Kopf in einer Einkaufstasche aus der Stadt getragen und vergraben. Von dem Rumpf steht nichts in der Akte.

Wissenschaftler versichern, ein »Mondstich« könne jedem Menschen widerfahren und den Anständigsten zum Verbrecher machen. Der Mond, so behaupten sie, reguliere unsere Stimmung, erzeuge Niedergeschlagenheit und Aggression.

Zauberei, Beschwörungen, Behexungen, die Position der Planeten – all das gibt es vielleicht. Aber ich meine, daß ein Großteil der sinnlosen, unlogischen Verbrechen in einem Moment der Schwächung von Seele und Körper, wie er nach starkem Suff eintritt, begangen werden.

Jeder weiß, daß sich in jedem von uns über Tage, manchmal

auch Jahre Wut, Gereiztheit, negative Emotionen ansammeln. Von der Angst niedergehalten, können sie nicht heraus, sondern bleiben im Körper, sammeln sich als Gift auf dem Grund der Seele, zerfressen sie von innen, suchen schließlich einen Ausweg. Anders wäre das Überleben wohl nicht möglich.

Und er kommt, dieser Moment. Wie ein Bekannter von mir, ein ehemaliger Häftling, sagte: »Die Bremsen sind gelöst, alles drängt nach außen.«

Die niederträchtige Einstellung der Behörden zu deinem Leben wird nur mittelbar wahrgenommen. Aber die Nähe der konkreten Reizerreger – der Menschen, die nebenan leben, Verwandte, Freunde – kann zum Zünder werden, der den in Jahren angesammelten Sprengstoff in die Luft jagt.

Kein Zufall, daß nach vollbrachter Tat – die Verbrecher sprechen selber davon – Ruhe eintritt, Müdigkeit, ja Entspannung.

Darum schlagen und zerstören sie, ohne zu überlegen, gleichsam mechanisch, quälen und verstümmeln ihre Opfer, verhöhnen sogar noch den Leichnam und empfinden nichts dabei. Wenn sie dann wieder abgekühlt und zu sich gekommen sind, verstehen, ja erinnern sie nicht, was sie angerichtet haben.

Die Handlung ist einmalig. Genauso hätte dieser Mensch in einer anderen Situation eine Heldentat begehen, das heißt seinen gerechten Zorn gegen einen Feind richten, sich mit der Brust vor eine Schießscharte werfen können.

Das Verhalten der Afghanistankämpfer ist dafür ein Beispiel: Dort, im fremden Land, waren sie Helden, obwohl sie töteten, und nach der Rückkehr werden sie für die gleichen Taten verurteilt und eingesperrt.

Der Anschaulichkeit halber noch ein paar Fälle, wie wir sie jede Woche zu lesen bekommen.

»Zwei Brüder tranken. Der eine erstach den anderen mit einem Messer und schrieb mit Blut auf den Fußboden: ›Ich habe einen Dummkopf getötet.‹« (Acht Jahre Haft)

»Zwei besuchten einen Kumpel im Kesselhaus, um mit ihm zu trinken, aber er wollte nicht. Da verprügelten sie ihn und schoben ihn lebendig in die Feuerung, wo er verbrannte.« (15 Jahre)

»Zwei tranken ... der Traktorist Semjonow und seine Frau. Als er aufwachte, war sie nicht da. Abends kam sie zurück, und sie tranken wieder. Aber plötzlich packte ihn die Eifersucht, und er verprügelte seine Frau mit einem Traktortreibriemen ... und schlug sie tot.«

»Zwei tranken ... Eine gewisse Ljuba Trubatschowa zerstritt sich mit ihrem Mann, und als er eingeschlafen war, übergoß sie ihn mit Benzin und zündete ihn an.«

»Zwei tranken ... Mann und Frau (beide 50, erwachsene Kinder). Der Mann verlangte hartnäckig Intimverkehr, die Frau weigerte sich. Da tötete er sie mit einem Messerstich in die Brust.«

»Zwei tranken ... Ein gewisser Dudorin warf seiner Lebensgefährtin vor, sie kümmere sich mehr um den Kumpel, der zuvor mit ihnen getrunken hatte, als um ihn. Sie forderte ihn auf, sich aus ihrem Hause zu scheren. Er stieß ihr ein Messer in den Rücken, doch dann wusch und verband er die Wunde, und sie tranken weiter. Aber das war noch nicht das Ende. Beim Trinken gerieten sie wieder in Streit, und da erwürgte er sie aus Eifersucht.«

»Zwei tranken ... Ein gewisser Murin tötete seine Geliebte, weil sie ihn während des Aktes in sein Geschlechtsteil gebissen hatte. Er strangulierte sie mit ihrem Hemd.«

»Zwei tranken ... Der Traktorist Patrikejew leerte mit einem

Kumpel zu Hause drei Flaschen Kognak. Am Morgen nahm er einen Katerschluck (wieviel ist nicht bekannt) und ging zur Arbeit, wo er mit dem Kumpel einen Traktor reparierte. Während der Arbeit tranken sie Kognak, den sie von zu Hause mitgebracht hatten. Gegen 14 Uhr beendeten sie die Arbeit (man kann sich vorstellen, was sie da gearbeitet hatten!) und gingen nach Hause. Aber bald stellte sich der Kumpel wieder bei Patrikejew ein, und sie tranken. Dabei kamen sie auf die Frauen zu sprechen, und der Kumpel erklärte, eine intime Beziehung zu Patrikejews Frau zu haben. Dieser nahm ein Messer und tötete ihn.«

»Zwei tranken ... Der Mann äußerte sich unzufrieden über das von ihr bereitete Essen. Sie nahm ein Küchenmesser und tötete ihn.« (Drei Jahre)

»Zwei tranken ... Der eine kritisierte die Lebensweise seines Kumpels. Der war beleidigt und erwürgte ihn mit bloßen Händen.«

»Zwei tranken: Konowalow und Beskrowny. Der erste stellte dem anderen in Aussicht, ihm den Kopf abzuhacken. Beskrowny holte eine Axt und hielt sie Konowalow hin, dann legte er den Kopf auf den Hauklotz und sagte: ›Hau zu!‹ Konowalow nahm die Axt und schlug ihm seinen blöden Kopf ab.«

»Zwei tranken ... ein Mann und seine Lebensgefährtin, worauf er wie üblich einschlief. Sie nahm ihm übel, daß er trank und auch sie zum Trinken verleitet hatte, und stieß ihm ein Küchenmesser in den Bauch.«

»Zwei tranken ... ein gewisser Kusnezow und sein Kumpel. Kusnezow fiel ein, daß der andere ihm noch nicht das Geld für eine Jacke gegeben hatte. Im Streit riß er dem Kumpel eine Hosentasche ab und stopfte sie ihm in den Mund, so daß der Mann erstickte.«

»Zwei tranken ... Vater und Sohn, und sie kamen ins Streiten darüber, wie ein Heuschober aufzuschichten sei. Der Vater nahm ein Messer vom Tisch und stieß es dem Sohn in den Bauch, der Sohn starb, der Vater behielt recht.«

Diese Liste ließe sich unendlich fortsetzen. Sie ist so lang wie die Milchstraße, wo jedes winzige Sternlein ein eigenes Schicksal ist.

Mir hat sich nicht selten die Frage gestellt, wann diese Leute eigentlich arbeiten, wenn sie in einer Tour nur saufen. Es erwies sich: Jeder vierte, später jeder dritte und in den letzten Mappen sogar jeder zweite Straffällige hatte noch nie gearbeitet. Dabei hatten viele von ihnen kleine Kinder, alte Eltern.

Wo sie das Geld zum Saufen hernehmen, ist unbegreiflich. Wahrscheinlich vertrinken sie das, was ihre Frauen erarbeiten, und es gab einen Fall, wo ein Mann von seiner Frau Geld zum Saufen verlangte, doch sie weigerte sich (sie hatten drei Kinder), dann aber, unter Zwang, gab sie ihm einen Zehnerschein, behielt aber einen Dreier, sie war ja eine Mutter! Und wegen dieser drei Rubel hat er vor den Augen seiner Kinder die Frau erschlagen.

Ein gewisser Jugow, 25, kam ins Haus seiner Tante und wollte Geld zum Trinken. Die Tante machte ihm Vorhaltungen, er sei doch noch jung und gehe schon betteln, und wies ihm die Tür. Jugow war beleidigt, er warf die Tante mit einem Faustschlag zu Boden, dann packte er sie am Hals und erwürgte sie. Die Leiche warf er in den Keller, aber vorher hatte er sie durchsucht und eine Geldbörse mit 72 Rubel gefunden, die er vertrank.

Ein gewisser Djatschkow war empört, als er sah, daß seine Frau das hausgebraute Bier mit Wasser verdünnte, und tötete sie durch Faustschläge und Fußtritte.

Ein gewisser Banstschikow leerte im Verlauf eines Tages (Arbeitstages natürlich) mit einem Kumpan fünf Flaschen Wodka und konnte sich später nicht erinnern, daß er seine Lebensgefährtin totgeschlagen hatte.

Die Jagd nach der Flasche versetzt die Leute in einen Zustand, der dem Wahnsinn nahekommt.

In einem Fall ist die Rede von einem Lastwagen, der für eine Verkaufsstelle Wodka transportierte und auf einer Brücke stekkenblieb. Die Kunde verbreitete sich im Dorf, und alle stürmten zu dem Laster. Keineswegs aber kam es einem der Leute in den Sinn, den Wagen wieder flottmachen zu helfen. Mehr als zwanzig Personen eilten mit allen möglichen Transportmitteln zu der Brücke und verlangten vom Fahrer die Herausgabe von Wodka. Weiter steht in der Akte: »Der Fahrer und zwei Beifahrer, aus Furcht vor einem Übergriff, gaben ihnen einen Teil des Wodkas.« Wieviel das war, ist nicht bekannt, aber ein paar Kisten dürften es gewesen sein. Nach einiger Zeit kehrte eine Gruppe von sechs Mann, nachdem sie die Beute niedergemacht hatte, zu der Brücke zurück und verlangte den Rest. Die Männer durchsuchten das Fahrerhaus, schlugen dem Fahrer ins Gesicht, droschen mit Knüppeln auf das Fahrerhaus und drohten, den Wagen anzuzünden. Nachdem sie in der Nähe des Lasters noch zwei Flaschen entdeckt hatten, leerten sie sie, beruhigten sich und fuhren wieder ab.

In der Presse wurde berichtet, daß eine Blutspendezentrale im Ural für 300 Gramm Blut 180 Gramm Wodka ausgab, und es bildete sich eine Schlange von Interessenten aus dem nahen Werk, bereit, notfalls alles Blut zu spenden, nur um Wodka zu bekommen.

Das gleiche Bild in Tschetschenien. Tschetschenen (sie trinken keinen Alkohol) erzählten, für zwei Kisten Wodka hätten sie von unseren russischen Soldaten einen nagelneuen Schützenpanzerwagen erhalten, hätten allerdings versprechen müssen, in der nächsten Woche nicht zu schießen. Aber nach Ablauf der Woche wurde wieder geschossen und getötet.

Einen Lastwagen oder Traktor gegen Wodka zu tauschen galt in Rußland nie als Sünde. Und wenn man einem Arbeiter sagte, der Preis für Wodka werde steigen, winkte er nur lächelnd ab und sagte, ein gestohlener Akkumulator sei der Preis für eine Flasche, und daran werde sich nichts ändern. Keine Valuta ist so sicher wie eine Flasche!

Ich habe etwa 50 Mappen durchgearbeitet, jede mit mehr als 100 Fällen, und aus allen ging hervor, daß die Hälfte der Männer im aktivsten Alter, zwischen 25 und 50, nicht arbeitete. Von dieser Hälfte wiederum war mindestens die Hälfte alkoholabhängig. Etwa die gleiche Zahl nennen unsere Drogenforscher, und sie behaupten, das Land verliere durch die verbreitete Trunksucht etwa ein Viertel des Produktionspotentials.

Man kann behaupten, daß in Rußland weniger als die Hälfte der arbeitsfähigen Bevölkerung arbeitet, die übrigen Bürger führen ein Schmarotzerleben und trinken auf Kosten der Arbeitenden.

Diese Geringschätzung, ja dieser Haß gegenüber der Arbeit ist nicht erst in der Zeit der sowjetischen Sklaverei entstanden, ist aber in dieser Zeit erstarkt und zur nationalen Mentalität geworden, ebenso wie der Suff. Und das Stehlen.

Diese drei Grundgewohnheiten verknüpfen sich zu einem festen Knoten. Die Nichtarbeitenden wollen auf ungesetzliche Weise das von anderen Erworbene zu ihren Gunsten neu verteilen, einfacher gesagt, etwas stehlen, um es dann wieder zu versaufen.

Ziehen wir die Bilanz: Vor dem Hintergrund aller übrigen Verbrechen – Mafiakämpfe, Auftragsmorde, terroristische Akte und so weiter – erweist sich als der schlimmste Verbrecher das Volk, das sich selbst umzubringen droht. Die zahllosen Verbrechen, die sich innerhalb der eigenen vier Wände abspielen, die Gesellschaft aber gleichgültig lassen, sind die größte Gefahr für uns alle.

Daher ist es kein Zufall, daß ich in meinem Buch dieses Problem vor allen anderen darstelle.

Frau Zibinogowa und ihr Ehemann

Ich habe diesem Fall ein Extrakapitel gewidmet, weil er in meinem Leben einen besonderen Platz einnahm.

Nachdem ich die Akte gelesen hatte, war ich nicht bedrückt noch erschüttert, auch nicht traumatisiert, ich war wie erschlagen.

Die mir unbekannte Zibinogowa hat mit ihrem Verbrechen etwas in meinem Leben verändert.

Etwas ist in mir zerbrochen. Das hat diese Frau bewirkt, wenn man sie überhaupt als Frau ansehen kann. Seit ich ihren Fall kenne, sind mir Zweifel an der hohen Bestimmung der Frau als Mutter gekommen. Bei aller Verehrung für die Frauen nagt in mir der Gedanke, daß es da auch eine Zibinogowa gibt, die ihre Ninotschka auf dem Gewissen hat.

Vera Alexejewna Zibinogowa, 1954 geboren, war verheiratet. Ihr Mann wurde in der gleichen Sache verurteilt. Sie hat eine hochbetagte Mutter und zwei Töchter, neun und 15 Jahre alt, die eine Internatsschule besuchen. Sie war Direktorin eines Kulturhauses, nicht vorbestraft.

Zibinogowa und ihr Mann heirateten am 4. März 1981; vorher hatten sie ehelos zusammengelebt. Bald nach der Eheschließung kam die Tochter Nina zur Welt. Die Eltern des Mannes waren gegen die Ehe gewesen und verhielten sich feindselig gegen Zibinogowa. Sie zogen sogar in einen anderen Bezirk. Aber die Atmosphäre in der Familie normalisierte sich nicht. Zibinogowa und ihr Mann glaubten, die Tochter Nina sei die Ursache ihrer Zwistigkeiten, und – so steht es in der Akte – begannen, sie zu hassen.

Einmal kam die Zibinogowa von der Arbeit und sah, daß ihre zweijährige Tochter im Eimer ihre Strumpfhose spülte. Ihr Mann schrie: »Schaff das Dreckding weg, sonst schlag ich's tot.«

Er war bedeutend jünger als seine Frau, und es war wohl seine Einstellung, die das Schicksal Ninotschkas besiegelte. Aus irgendwelchen Gründen bildete er sich ein, das Kind wäre von seinem Schwiegervater gezeugt.

Zibinogowa und ihr Mann verprügelten Ninotschka aus den nichtigsten Anlässen und auch ohne Anlaß.

Sie stellten das Kind stundenlang in die Ecke, schnürten ihm die Hände auf dem Rücken zusammen, gaben ihm nur wenig zu essen und zu trinken, wiesen ihm zur Strafe einen Winkel zwischen Schrank und Ofen zu, eine Art Karzer, wo sie es lange Zeit allein ließen.

Reicht das nicht schon, um solch eine Mutter zu erschießen? Oder im Zoo in einen Käfig zu sperren, zusammen mit Hyänen? Aber Hyänen machen so etwas nicht mit ihren Jungen.

Im Februar 1983 (Ninotschka war knapp zwei Jahre alt) schlug Zibinogowa ihrer Tochter die Lippe blutig, weil das Kind sich nicht allein anziehen konnte.

Anfang Mai schlug Zibinogowa mit einem Knüppel dermaßen auf ihre Tochter ein, daß auf deren Rücken, wie es im Urteil heißt, »Spuren wie ein Fischgrätenmuster« zurückblieben. Im November mißhandelte der betrunkene Mann Nina und verletzte ihr ein Ohr, das bis zu ihren letzten Lebenstagen nicht mehr verheilte.

Im Sommer 1985 (Ninotschka war vier Jahre alt) ließen die Eltern ihre Kinder öfters allein, dann wurde Ninotschka gefesselt. Schlafen mußte sie in einem Trog auf alten Wattejacken. Mitte Dezember 1985 schlug die Zibinogowa im Beisein ihres Mannes Ninotschka mit einem glühenden Schüreisen gegen die Beine. Der Mann, von der Frau angespornt, packte den Trog und warf ihn mitsamt dem darin liegenden Mädchen zu Boden.

Man kann sich kaum vorstellen, was dieses Kind hat durchmachen müssen. Und was es überhaupt begriffen hat von dieser Welt, in der so etwas möglich war.

Aber vielleicht hat das Mädchen auch alles begriffen und im Weggehen ein Bild der irdischen Hölle mitgenommen, in der es nur Grausamkeit gibt, in der die übermächtigen Erwachsenen täglich, stündlich den Körper eines Kindes martern wie in der richtigen Hölle ... und in der kein Platz ist für solche Kinder wie sie, Nina.

Am 28. Dezember, als Ihre Kinder die Tanne putzten, sich auf die Geschenke freuten und verzaubert auf die Eisblumen am Fenster blickten, wobei sie an Väterchen Frost dachten, der die geheimsten Wünsche erraten würde, an diesem Tag wurde Ninotschka wegen eines gemausten Stückchens Brot nackt ausgezogen und mit Fußtritten hinaus auf die Straße gestoßen. In den Frost. Und als sie, steifgefroren, bat, ins Haus gelassen zu werden, wurde sie gepackt und mit den Worten: »Dir ist kalt, gleich wird dir warm« auf die heiße Herdplatte gesetzt, so daß sie starke Verbrennungen erlitt.

Tags darauf band man ihr die Hände mit einer Schnur zusammen und hängte sie mit den Händen an einen Nagel.

Am 3. Januar 1986 verprügelte Zibinogowa im Beisein ihrer anderen Töchter und ihres Mannes Ninotschka mit einem Riemen und gab ihr nichts mehr zu essen und zu trinken. Am 6. Januar, dem lichten Fest der russischen Weihnacht, sperrte sie das Kind den ganzen Tag in den eisigen Keller. Dann holte sie es wieder heraus, band es an einen Schrank und verprügelte es erneut.

Ich zitiere aus der Akte: »Am 7. Januar wurde das Mädchen in schwerkrankem Zustand in die Chirurgie des Morschansker Krankenhauses eingeliefert« (wer mag der Barmherzige gewesen sein, der die Ärzte rief?), »wo es an Entkräftung und an den zahlreichen Verletzungen am Kopf und am Körper, die Zibinogowa und ihr Mann ihm zugefügt hatten, verstarb.«

Es fiel mir schwer, die Akte zu Ende zu lesen. Darin war eine positive Beurteilung der Zibinogowa: Sie habe gewissenhaft gearbeitet, sich aktiv an einem Laienzirkel beteiligt …

Sie wurde zu zehn Jahren verurteilt. Nachdem sie acht Jahre

abgesessen hatte, meinte die Administration, sie habe »ihre Besserung bewiesen«.

Ungeachtet dieser Empfehlung lehnten wir ihre Bitte um Begnadigung einstimmig ab.

Aber die Geschichte war damit noch nicht beendet. Ein halbes Jahr nach der Beratung in der Kommission erschien ein Zeitungsartikel, der über Mörderinnen in einer Strafkolonie berichtete, unter anderem über Zibinogowa, von der auch ein Foto gebracht wurde. Ich hatte schon früher versucht, sie mir vorzustellen, doch es war mir nicht gelungen.

Meine Augen saugten sich förmlich fest an dem Foto, und plötzlich begriff ich, daß ich sie kannte.

Nein, nicht persönlich, und es ist auch keine Mystik dabei. Nur habe ich in meiner unbehausten Vagabundenkindheit oftmals solche Hundevisagen wie ihre gesehen: gerader, selbstbewußter Blick, böse eingekniffene Augen, von denen es einen kalt überläuft. Solche Leute packten uns und schlugen uns auf den Kopf, wenn wir uns auf dem Markt erwischen ließen; solche saßen irgendwo in den höheren Sphären und schickten uns in den Kaukasus, in den Kugelhagel, solche bestahlen uns.

Wie soll ich den lahmen Waisenhausdirektor Baschmakow vergessen, der uns mit Hunger quälte!

Sie alle waren Zibinogowas, wie sie auch heißen mochten.

Die Zibinogowa hat mich in meine verfluchte Kindheit zurückversetzt, und mir fallen unwillkürlich die alten Kränkungen ein. Ich muß an Ninotschka denken und bin traurig.

In dem Artikel wird erwähnt, daß Zibinogowa mittlere Schulbildung hat, sich gut ausdrücken kann und in der Strafkolonie für die Wandzeitung Gedichte über Kinder und die Kindheit schreibt. Sie beruft sich auf die Grausamkeit ihres Mannes und auf ihre Überlastung und behauptet, sie habe gehört, wie die Tochter vor ihrem Tode nach ihr gerufen habe. Seitdem höre sie immer wieder deren Stimme.

Ninotschka soll sie gerufen haben? Wozu? Was außer Verwünschungen konnte das Kind seiner Mörderin zurufen? Zibinogowa hat sich sogar bei Valentina Tereschkowa[1] beschwert, aber keine Antwort bekommen.

Genau ein Jahr darauf war die Kommission wieder mit einem Gnadengesuch der Zibinogowa befaßt. Wieder gab es sehr gute Beurteilungen und den Hinweis, sie unterstütze aktiv die Gefängnisadministration und betätige sich in der Laienkunst.

»Meine Schuld«, schreibt sie, »gestehe ich vollständig ein, und ich bereue tief. Ich stehe kritisch zu mir und meiner Tat, und ich weiß, daß ich den Tod meiner Tochter bis ans Ende meiner Tage nicht sühnen kann.«

Sie bittet um ihrer beiden anderen Kinder willen: »Sie brauchen mich und warten auf mich …«

Kann man ihr verzeihen? Ich nicht. Obwohl das empfindsame Herz der Kommission angerührt war. Zumal es in der Akte ein weiteres Dokument gab, das wir sehr ernst nehmen mußten, einen Brief ihrer beiden Töchter.

»Unsere Mama«, schreiben sie, »hat uns sehr lieb und wir sie auch. Man beschuldigt Mama, unsere Schwester Ninotschka umgebracht zu haben, aber das stimmt nicht. Papa hat Ninotschka geschlagen, aber uns hat er auch geschlagen, und als Mama uns schützen wollte, hat er sie so heftig geschlagen, daß sie bewußtlos ins Krankenhaus gebracht wurde.«

1 Geb. 1937, flog 1963 als erste Frau ins Weltall. Bekleidet seitdem einflußreiche Posten. D.Ü.

Einmal im Leben habe ich auch solch einen Brief geschrieben, nach dem Diktat von Tante Polja, adressiert an Väterchen Stalin. Und sie diktierte mir möglichst klägliche Worte. Zwar entsprach alles in dem Brief der Wahrheit – daß ich Waise war und hungerte –, doch erfüllt es mich noch heute mit Scham, daß ich nach Diktat geschrieben hatte, daß die Worte nicht von mir waren.

Aber was die beiden auch geschrieben haben, sie haben eine Mutter, und um der Kinder willen sollte vielleicht doch alles vergessen sein – die Schläge, die Kälte, die Herdplatte ...

Wir lasen die Akte noch einmal, um das Gefühl zu bestärken: Verzeihung war in diesem Fall unmöglich. Zehn Jahre waren nicht zuviel, und die sollte sie absitzen. Und was für eine Mutter sie in Freiheit sein würde, wußte niemand.

»Da ist noch etwas«, sagte unser Psychologe. »Sie hat das eine Kind immer wieder geschlagen, die anderen nicht. Das ist eine Form von Sadismus, ein Opfer auszuwählen, eines von dreien.«

Nach langen Diskussionen lehnten wir wieder ab.

In der Akte ist eine Notiz über den Ehemann: Er war zu zwölf Jahren Freiheitsentzug verurteilt worden, kam jedoch im Juli 1992 am Haftort zu Tode.

Einzelheiten fehlen. Aber wir wissen, daß die Lagerleitung über manche Häftlinge etwas durchsickern läßt, und vielleicht haben die Mithäftlinge ihn erschlagen. Oder ein gefällter Baum ist zufällig in die falsche Richtung gestürzt ... Und die Zibinogowa ... Vielleicht stellte sie sich deshalb gut mit der Administration, weil sie ähnliches befürchtete.

Der Ehemann sei, so die Administration, ein feinfühliger Mensch gewesen, der aus eigener Initiative den Klub mit Lichteffekten zur Musik ausstattete.

DRITTES KAPITEL

Wirtschaftsverbrechen

Wie der sowjetische Jelissejew getötet wurde

Der Fall hat seinerzeit viel Staub aufgewirbelt und ist bis heute nicht vergessen. Der Anwalt A. A. Sarumow, der Sokolow verteidigte, hatte sein Schreiben an den Präsidenten auch so betitelt: »Wie der sowjetische Jelissejew getötet wurde.« Sarumow hatte 30 Jahre in der Staatsanwaltschaft gearbeitet. Er wurde später selber zur Verantwortung gezogen wegen Verleumdung und Beleidigung des Richters Demidow, der Sokolow verurteilt hatte.

Zunächst kurz über sein Leben.

Juri Konstantinowitsch Sokolow, aus Moskau gebürtig, meldete sich mit knapp 17 Jahren an die Front, war Geschützführer, wurde verwundet. Nach der Demobilisierung arbeitete er als Kraftfahrer, absolvierte das Plechanow-Institut, war verheiratet, hatte eine erwachsene Tochter. Die letzten Jahre war er Direktor des Feinkostladens »Jelissejew«. Es gelang ihm, den Jahresumsatz zu verdreifachen.

In der Anklageschrift heißt es: »Unter Ausnutzung seiner verantwortungsvollen Position kassierte Sokolow zu eigennützigen Zwecken von Januar 1972 bis Oktober 1982 systematisch Schmiergelder von seinen Untergebenen dafür, daß er mit Hilfe übergeordneter Handelsorganisationen für eine reibungslose Belieferung seines Ladens mit Lebensmitteln sorgte, woraus die Schmiergeldgeber wiederum ihren Vorteil zogen. Mehr als einmal zahlte er seinerseits Schmiergelder an Leiter des Handels.«

Ich verstehe nichts vom Handel, und doch möchte ich fragen: Wieso soll die reibungslose Belieferung eines Ladens mit Lebensmitteln ein Verbrechen sein, und würde denn Sokolow Schmiergelder nach oben gereicht haben, wenn die Waren auch so reibungslos angeliefert worden wären?

In der Akte kommt ein sonderbares Faktum zur Sprache: Die Mitarbeiter eines Werkes für Registrierkassen verweigerten – unter Berufung auf den tatsächlich existierenden Ersatzteilmangel – die Instandsetzung der technischen Ausrüstung des Ladens, wenn sie nicht Belohnungen bekämen: Geld, Lebensmittel, alkoholische Getränke und so weiter.

Es werden auch die Summen genannt, die Sokolow von seinen Untergebenen bekam und an seine Vorgesetzten weiterreichte, sie sind etwa gleich. Was er nahm, gab er weiter. Und er gab, nur um normal arbeiten zu können. Das Werk für Registrierkassen ist ja nur ein Beispiel. Es gab gewiß auch andere.

Sokolow schreibt in seinem Gnadengesuch, er habe keine Verbrechen organisiert, denn das Schmiergeldsystem im Handel habe schon lange vor seiner Ernennung zum Direktor existiert. Er bitte, zu berücksichtigen, daß er den Ermittlungsbehörden *eine große Gruppe von leitenden Handelsfunktionären, die über zwanzig Jahre lang Schmiergelder nahmen, angezeigt und so den Ermittlungsbehörden aktiv geholfen habe, diese Cliquenwirtschaft zu zerstören.*

Ich habe diese Textstelle hervorgehoben, denn hier liegt der Schlüssel für die schnelle und harte Entscheidung der Richter, Sokolow hinzurichten. Er konnte ja auch noch weitere leitende Funktionäre nennen, die den ersten Feinkostladen von Moskau als bequeme Futterkrippe nutzten. Die Cliquenwirtschaft durfte nicht zerstört werden. Vielleicht hatte er ja auch noch andere genannt.

Aus dem Plädoyer der Staatsanwaltschaft: »Des weiteren sagte Sokolow aus, daß Borissow, der vor ihm Direktor des Ladens war, vor seinem Wechsel an eine andere Arbeitsstelle ihm erzählt habe, welchem der vorgesetzten Handelsfunktionäre er monatlich wieviel zukommen lassen müsse und wieviel die Abteilungsleiter des Ladens ihm, Sokolow, zu zahlen hätten. Vor Gericht äußerte Sokolow die Vermutung, daß auch Borissow Schmiergelder gegeben und genommen habe.«

Man braucht kein Richter oder Staatsanwalt zu sein, um zu begreifen, daß dieses System schon lange vor Borissow existierte, seit den ersten Jahren der Sowjetmacht, als man die Jelissejews, Semjonows und sonstigen Kapitalisten liquidierte und statt ihrer das berüchtigte Staatshandelskontor etablierte.

Das aber hinderte die Richter nicht daran, während der Gerichtsverhandlung die heilige Einfalt zu spielen und so zu tun, als sähen sie zum erstenmal im Leben einen sowjetischen Schmiergeldnehmer und könnten nicht begreifen, wie es möglich sei, im Land des siegreichen Sozialismus Schmiergeld zu nehmen. Dabei erzählten sie in ihren Arbeitszimmern unter vier Augen Witze wie: Muß ein Kommunist auf seine Schmiergeldeinnahmen Parteibeitrag zahlen? Antwort: Er muß, wenn er ein richtiger Kommunist ist.

Eine Frau Swertschkowa, die ihren Sohn im Lager besucht hatte, schrieb mir: »Die Sachen, die ich für meinen Sohn mitgebracht hatte, Lebensmittel und Kleidungsstücke, wurden mir abgenommen und ins Lager gebracht, aber mein Sohn bekam sie nicht. Ich hatte den Begleitposten keine Zigaretten gegeben. Aber das sind Kleinigkeiten, verglichen mit anderen Schmiergelderpressungen. Ich bin es schon gewohnt, daß mein Sohn von jedem Lebensmittelpaket nur die Hälfte erhält und die andere Hälfte sonstwo landet. Wenn man es wagt, etwas dagegen zu sagen, bekommt er Prügel, wird in die Strafisolierzelle gesperrt ... Mein Sohn sagt, eine vorfristige Entlassung auf Bewährung kostet soviel wie ein Auto, eine positive Beurteilung für die Begnadigung einen Videorecorder oder einen Farbfernseher. Man kann auch mit anderen Waren bezahlen. Die Erlaubnis zur freien Ansiedlung ist etwas billiger. Es gibt Tarifpreise für Lebensmittelpakete von den Angehörigen über die erlaubte Menge hinaus, für eine Besuchserlaubnis und so weiter. Akzeptiert werden Zigaretten, Parfüm, Lebensmittel ... Ich bin eine alleinstehende kinderreiche (sieben Kinder) Mutter, Invalidenrentnerin, wo soll ich Geld für derartige Bestechungen hernehmen?«

Was die Beurteilungen für die Begnadigung angeht, die wir gewöhnlich zur Vervollständigung der Akte anfordern, so schildert die Briefschreiberin die Umstände im Straflager folgendermaßen: »Wenn Sie wüßten, wie das System der Arbeits- und Besserungslager funktioniert und wie dort die Entscheidungen getroffen werden, würde sich vielleicht etwas ändern. Aber Sie kennen das System nicht, darum herrschen Gesetzlosigkeit und Überspitzungen. Bevor eine Beurteilung für die Begnadigung abgeschickt wird, müssen im Lager mindestens zwei (Schmiergeld fordernde) Kommissionen durchlaufen werden. Das dauert jeweils ein halbes Jahr. (Verhüte Gott, daß einer der Erpresser nicht das Seine bekommt.) Darum bleiben mittellose Häftlinge auf der Strecke. Es ist eine Mafia-Organisation, in der Ihre Kommission versinkt wie in Dreck.«

Nach dem Brief von Frau Swertschkowa veranlaßte ich eine Überprüfung, aber das war verlorene Liebesmüh. Mir wurde mitgeteilt, daß die Informationen aus dem Brief sich nicht bestätigt hätten.

Später bekam ich von Frau Swertschkowa noch einen Brief. Sie schrieb: »Es liegt mir schwer auf der Seele, daß ich Ihnen mit solcher Offenheit geschrieben habe. Ich mißtraue Ihnen nicht, aber den Brief könnte ja auch ein anderer lesen und ihn weiterleiten an die Instanz, die das überprüft und Maßnahmen ergreift. Wenn das geschieht, wird es meinem Sohn und mir schlecht ergehen.

Bestechung und Erpressung sind immer schwer zu beweisen. Ich wollte, daß Sie eines wissen: Im Lager wird nicht erzogen, dort werden die Häftlinge und ihre Familien zugrunde gerichtet. Die 10 000 Rubel« (damals der Preis für ein Auto. A. P.) »haben wir noch nicht beisammen ... Glauben Sie mir, ich verstehe, daß Ihre Kommission sicher sein muß, daß ein Verurteilter seine Schuld sühnt und sich bessert. Aber der GULAG bessert die Menschen nicht, das wissen alle.

Seit ich Ihnen von den Bestechungen schrieb, haben die dort meinen Sohn als Geisel. Im Lager gibt es immer Häftlinge, die den Natschalniks gefällig sein wollen und alles machen, sogar töten. Darum vernichten Sie bitte den Brief, den ich Ihnen dummerweise über die Bestechungen geschrieben habe.«

Aber zurück zu dem Fall Sokolow, über den es im Urteil heißt: »Er wurde ohne die notwendige Überprüfung seiner moralischen Qualitäten zum Direktor ernannt.«

Ach Gottchen, die wußten doch alles, und Sokolows persönliche Qualitäten interessierten sie nicht – außer einer: daß er sich nicht erwischen ließ, und wenn doch, daß er niemanden verriet!

»In seiner verantwortungsvollen Position als Direktor eines

Handelsbetriebs im Zentrum von Moskau« (in der damaligen Gorki- und heutigen Twerskaja-Straße) »war Sokolow verpflichtet, dafür zu sorgen, daß in dem Laden ständig ein breites Sortiment von Waren in der gehörigen Qualität zum Verkauf an die Bevölkerung vorhanden war.«

Wie sollte er bei der allgemeinen Warenknappheit im Lande auf ehrliche Weise hochwertige Lebensmittel aus einem Warenlager bekommen, die es dort überhaupt nicht gab? Für die Bevölkerung nicht gab, versteht sich.

Jelissejew, der ehemalige Besitzer des berühmten Feinkostladens, war keinem verpflichtet gewesen, er hatte ohne Bestechung für »ein breites Sortiment in der gehörigen Qualität« gesorgt, nur daß er dieses Wort nicht kannte. Eine »nicht gehörige Qualität« gibt es ebensowenig wie Stör im zweiten Frischegrad.

Die Behörde, die Sokolow auf diesen lukrativen Posten gesetzt hatte, war außerstande, für »Sortiment« und »Qualität« zu sorgen. Und sie wußte das, und er wußte es, und die Richter wußten es erst recht.

Aus den Materialien des Gerichts geht hervor, daß in allen Abteilungen des Ladens Möglichkeiten zur Bereicherung genutzt wurden, als da waren: Umsortierung, Verstöße gegen die Vorschriften beim Zerteilen von Fisch und Fleisch, natürlicher Schwund und ein Defizit in der Bestellabteilung, die für Betriebe und Organisationen, Kriegsveteranen und so weiter eingerichtet worden war.

Wahrscheinlich bekamen die Betriebe auch dies und jenes, aber auch nicht uneigennützig. Die wichtigsten Kunden jedoch versteckten sich hinter dem »und so weiter«.

Die wurden in einem ganz anderen Papier genannt, das mit dem Stempel »geheim« so gut verborgen war, daß nicht einmal die Richter es zu sehen bekamen, es wird möglicherweise noch heute irgendwo in den Archiven des ehemaligen KGB aufbewahrt.

Der Schriftsteller Anatoli Slobin formulierte dieses Problem in einem seiner Aphorismen so: »Alles ist da, aber nicht für alle.«

Eine gute Bekannte erzählte uns damals treuherzig, daß ihr Erzeuger, ein »hohes Tier« in einer der ZK-Abteilungen, für wenig Geld eine besondere Lebensmittelzuwendung erhalte; diese teile er in vier Teile: Drei davon verkaufe (nicht schenke) er seinen Sprößlingen (nicht sehr teuer, fügte sie hinzu), und ein Viertel reiche seiner Frau und ihm völlig aus.

Der Rechtsanwalt Sarumow schrieb:

»1982 lag Breshnew im Sterben. Es gab einen erbitterten Kampf zwischen Andropow und Grischin um die Nachfolge. Andropow gewann. Er beauftragte das KGB, kompromittierendes Material gegen Grischin zu sammeln. Der Feinkostladen ›Jelissejew‹ hatte ständig Manko, denn dort erschienen regelmäßig die Tochter und der Schwiegersohn von Breshnew und andere Nichtstuer der Nomenklatura, die sich gratis mit Waren eindeckten, Leute vom Stadtparteikomitee, vom Moskauer Stadtsowjet und so weiter.«

Ja, es war bekannt, daß sich an dieser Futterkrippe praktisch der hauptstädtische »Adel« eindeckte, er und nicht die Kriegsinvaliden bekamen die besten Stücke vom Herrentisch. Und irgendwem hatte Sokolow es offenbar nicht recht gemacht.

Nichts ist umsonst, das wissen alle, auch die Richter, und irgendwie mußte Sokolow ja die Mankos abdecken. Das tat er und riskierte dabei seinen Kopf.

Vor Gericht mußte all das zur Sprache kommen, aber Sarumow schreibt: »Der Prozeß war nicht öffentlich. Eine Werst im Umkreis war alles abgesperrt. In den Saal (im Volksgericht des Moskauer Bauman-Bezirks) wurden nur KGB-Mitarbeiter und die Ehefrauen der Angeklagten hineingelassen, sonst niemand. Im Urteil fehlen die Namen derer, von denen Sokolow Schmiergeld genommen hatte, um es an seine Vorgesetzten weiterzureichen. Von wem die Rede ist, läßt sich nur erraten.«

Aber das sind nur die oberen Handelsfunktionäre. Von den erwähnten »Nichtstuern der Nomenklatura« ist gar nicht die Rede. Ihre Namen wären sicherlich bekannt geworden, wenn der Prozeß länger gedauert hätte. Aber er wurde in Rekordzeit durchgezogen: von der Verhaftung bis zur Hinrichtung sieben Monate! Die eigentliche Gerichtsverhandlung dauerte nur ein paar Tage.

Worin sah nun das sowjetische Gericht (der Richter war ein gewisser Demidow, der, wie Sarumow schreibt, »der Verfechter des Todesurteils war«) die Gefahr dieses ungewöhnlichen Verbrechens?

»Die besondere Gefahr«, so heißt es im Urteil, »besteht darin, daß die Autorität des Handelsapparats untergraben, die normale Arbeit der Branche gestört und die neuen Formen des Handels diskreditiert wurden.«

Was für ein Unsinn! Der »Apparat« besaß keinerlei Autorität, und an Formen des Handels gab es nur die eine, die auch Sokolow benutzt hatte.

Weiterhin heißt es, es seien »ernsthafte Versäumnisse beim Einsatz und in der politischen Erziehungsarbeit der Angestellten begangen worden«, doch das war schon für die Parteipresse bestimmt, die den Arbeitern und Angestellten erklären mußte, warum sie nichts zu essen hatten, nämlich wegen solcher Diebe und Gauner wie Sokolow!

Die Seelenruhe der Herrschenden mußte mit einem Leben erkauft werden, und das war ja auch nicht besonders wertvoll.

Das einzige, womit sie nicht gerechnet hatten, war die Aussagebereitschaft ihres Opfers. Aber da sprang das KGB ein. Und obwohl es keine Unterlagen gab, beriet das Kollegium des Ministeriums über diese nichtexistierenden Unterlagen und erarbeitete eine Entschließung »Über zusätzliche Maßnahmen zur verstärkten Sicherung der Lebensmittel«.

Die Weisung des Ministeriums wurde an die entsprechenden Handelsorgane des Landes verschickt, wo ebenfalls solcher Mißbrauch vorgekommen war. Es sei notwendig, »eine strenge Ordnung einzuführen, um die Unantastbarkeit des sozialistischen Eigentums zu gewährleisten«.

Worauf an die 400 Menschen verurteilt wurden.

Und Sokolow?

»Anfangs«, so schreibt er in seinem Gnadengesuch, »habe ich versucht, ehrlich zu arbeiten, doch dann habe ich mich überzeugt, daß man entweder bestechen oder sein Amt aufgeben muß. Ich sehe ein, daß ich ein schweres Verbrechen begangen habe, und ich bin seit langem aufs strengste mit mir ins Gericht gegangen. Ich fürchte den Tod nicht, und nicht die Angst zwingt mich, um Begnadigung nachzusuchen – ich fürchte für meine Angehörigen, die meinen schmählichen und sinnlosen Tod nicht überleben würden. Ich bin schwer krank, meine Frau verliert den Mann, meine Tochter, Studentin, Mutter eines dreijährigen Kindes, den Vater. Ist es denn wirklich notwendig, einem Menschen für die von ihm begangenen Taten das Leben zu nehmen?«

Ja, es war notwendig. Die Seelenruhe der Herrschenden, ich

wiederhole es, und die Ruhigstellung der unteren Schichten mußten mit einem Menschenleben erkauft werden.

Das Gnadengesuch wurde abgelehnt.

Zuerst vom Präsidium des Obersten Sowjets der RSFSR (M. Jasnow), dann auch auf Unionsebene.

In der Akte findet sich, von Jasnow unterschrieben, eine kleine Notiz: »Bescheinigung. Das Urteil gegen Juri Konstantinowitsch Sokolow wurde am 11. Juli 1984 vollstreckt. Staatsanwalt der RSFSR und Staatsrat der Justiz 2. Klasse S. A. Jemeljanow.«

Die letzte Hinrichtung einer Frau

Dieser Fall erinnert äußerlich an den Fall Sokolow. Ins Rollen kam er in demselben Jahr, auch die Gerichtsverhandlung fand im selben Jahr statt, und man kann davon ausgehen, daß er eine reale Fortsetzung der in Moskau begonnenen Kampagne war, die sich nach der Erschießung Sokolows in ganz Rußland ausbreiten mußte.

Vor mir liegt der grüne Aktendeckel mit dem Fall der zum Tode verurteilten Berta Naumowna Borodkina: verwitwet, eine erwachsene Tochter, seit 1946 Kellnerin in Restaurants von Gelendshik, danach Büfettkraft in einem Café, Direktorin einer Kantine, von 1974 bis zu ihrer Verhaftung Leiterin des Restaurant- und Kantinentrusts von Gelendshik.

Die Situation kennen wir aus dem Fall Sokolow.

»In der erwähnten Zeitspanne – in verantwortlicher Position – erhielt sie des öfteren persönlich und über Mittelsmänner in ihrer Wohnung und an ihrem Arbeitsplatz Schmiergelder von zahlreichen Untergebenen. Davon gab Borodkina ihrerseits Schmiergelder an verantwortliche Mitarbeiter der Stadt Gelendshik für erwiesene Unterstützung bei der Arbeit und für andere Gefälligkeiten, die im Trust zu einer verbrecherischen Atmosphäre führten.«

Die Geschichte wiederholt sich; ohne Schmiergelder, Abgaben und Bestechungen war es unmöglich, in dieser Branche zu arbeiten. Der Volksmund sagt: »Wer gut schmiert, der gut fährt.«

Wer mußte geschmiert werden?

Natürlich die örtlichen Bonzen, die genauso wie die Schmarotzer vom Moskauer Stadtsowjet oder Ministerium oder wie der Schwiegersohn Breshnews hier an der Peripherie über Menschenschicksale bestimmten. Und sie aßen gut, kleideten sich gut, bauten sich Häuser – alles auf fremde Kosten.

»So erhielt der Sekretär des Stadtparteikomitees Pogodin in den letzten zwei Jahren Wertsachen, Geld und Lebensmittel im Wert von 15 000 Rubeln.«

Das entsprach damals dem Preis für drei Autos der Marke Shiguli.

Schmiergeld bekamen auch der Chef der Miliz, zu dessen Pflichten die Kontrolle des Handels gehört, der Chef der Kurortverwaltung und andere.

Nach der Verhaftung der Borodkina machte sich der oberste Kommunist von Gelendshik, wie zu erwarten, aus dem Staub, zwei andere Bonzen waren wohl ehrlicher, sie nahmen sich das Leben. Die Borodkina wurde dafür, daß sie die halbe Stadt mit Lebensmitteln und Kleidung versorgt hatte, hingerichtet.

Die Anklageschrift des Gerichts wiederholte die Worte aus der Anklage gegen den »Jelissejew«-Direktor Sokolow: »Die Borodkina untergrub mit ihren verbrecherischen Handlungen die Autorität des Staatsapparats und diskreditierte dessen Arbeit.«

Wenn sie gefaulenzt und rein gar nichts getan hätte, würde niemand etwas gesagt haben. Es saßen ja genug Nichtstuer in leitender Position, die, wenn sie einen Betrieb ruiniert hatten, in einen anderen versetzt wurden. So aber hatte eine tüchtige Frau mit Initiative versucht, aus dem Schlammassel herauszukommen und ökonomische Hebel in Gang zu setzen, die es dem Trust ermöglichten zu arbeiten, und schon war sie eine Verbrecherin.

Zu beachten wäre noch, daß Borodkina wie auch Sokolow von ganz unten kamen (der eine war Kraftfahrer und Frontkämpfer gewesen, die andere Kellnerin, ohne Eltern aufgewachsen), sie hatten es verstanden, sich mit Können und Schuften nach oben zu arbeiten.

Übrigens, die Anklageschrift, die fast wörtlich mit der von Sokolow übereinstimmt, bestätigt, daß die beiden Fälle unmittelbar zusammenhängen. Daher auch das große Interesse der zentralen Parteipresse, die ausführlich aus dem Gerichtssaal berichtete.

Das Volk sollte schließlich wissen, wer an seinen Leiden schuld war.

In der Presse der Hauptstadt und in der örtlichen Zeitung »Der sowjetische Kuban« wurde im April 1984 betont, daß »das Todesurteil von den Anwesenden im Gerichtssaal beifällig aufgenommen wurde«.

Borodkina weigerte sich, wie es in der Akte heißt, »ohne Begründung«, ein Gnadengesuch einzureichen.

Ihre Tochter bat, die Mutter am Leben zu lassen, und berief sich darauf, daß diese schon grausam genug gestraft sei und sich im Zustand psychischer Zerrüttung befinde.

Was das bedeutet, läßt sich aus ein paar indirekten Angaben folgern: Borodkina hat von der Verkündung des Todesurteils bis zur Hinrichtung kein Wort mehr gesprochen.

Ihre Tochter schreibt in ihrem Bittgesuch an den höchsten Mann: »Ich bin mir mit Entsetzen bewußt, welches Verbrechen meine Mutter begangen hat, aber der Name der Mutter ist immer heilig. Sie hat mich allein großgezogen, und sie war selbst eine Waise. Ich flehe Sie auf Knien an, und neben mir knien meine beiden kleinen Kinder: Töten Sie meine Mama nicht! Wie soll ich meine Kinder großziehen und wie nachts schlafen, wenn ich weiß, daß meine Mama erschossen wurde? Sogar in den kapitalistischen Ländern ist die Todesstrafe für Frauen abgeschafft ...«

Weiter schreibt sie, ihre Mutter habe sich so verändert, daß sie nicht wiederzuerkennen sei, und stoße nur noch unartikulierte Schreie aus. Und sie schließt: »Seien Sie barmherzig, töten Sie meine Mama nicht, sie hat ja auch niemanden getötet.«

In der Akte gibt es ein psychiatrisches Gutachten von Fachleuten, die der Gerichtsverhandlung beiwohnten – sie bezeichnen das Verhalten der Borodkina als Simulation. Doch die Tatsache, daß sie ein Jahr, von der Urteilsverkündung bis zur Hinrichtung, stumm blieb (abgesehen von ihren Schreien), weckt Zweifel an dieser Diagnose. Dokumente über eine im Krankenhaus angefertigte ärztliche Expertise, die der Akte von Todeskandidaten üblicherweise beigelegt werden, fehlen in Borodkinas Akte. Wahrscheinlich hat es keine gegeben. Und der Grund ist klar: Die Weisung von oben war eindeutig – erschießen.

Hinzuzufügen wäre noch, daß es in jenem Jahr überhaupt einen Rekord an Hinrichtungen gab: Allein in Rußland wurden mehr als 400 Menschen erschossen! Begnadigt wurden fünf. Legt man die gesamte UdSSR zugrunde, so kann man diese Zahl verdoppeln.

Und wer will heute noch feststellen, wie viele der Exekutierten Mörder und Vergewaltiger waren und wie viele zum Tode verurteilt wurden, nur um die in Moskau begonnene Kampagne fortzusetzen? Irgendwer mußte schließlich mit dem Leben bezahlen für den Hunger im Land, die leeren Regale in den Läden.

Das Hochschwappen der repressiven und grausamen Maßnahmen wurde von unserer sogenannten Öffentlichkeit aber gar nicht wahrgenommen. Es gab ja außer den 400 auch noch Leute, die wie durch ein Wunder überlebten, aber in den Lagern ihre Fristen absaßen.

Ein mir bekannter Direktor eines Möbelgeschäfts in Beskudnikowo geriet in dieses Räderwerk, gegen ihn wurde überstürzt ein Fall konstruiert, und erst nach einem Jahr war er wieder in Moskau.

Er erzählte, so wie ihm sei es Tausenden ergangen; die Anklage sei zwar fallengelassen worden, aber seine Frau habe ihn verlassen, und das Geschäft, eines der besten in Moskau, das wie am Schnürchen funktioniert hatte, habe jetzt einen Leiter nach dem anderen.

Die Exekutierten aber können nichts mehr erzählen.

Ein Jahr lang wartete Borodkina auf die Hinrichtung.

In einer Beurteilung der KGB-Verwaltung (wieder geheim) im Gefängnis steht, daß »die Inhaftierte nicht gegen die Haftregeln verstößt … und auf politisch-erzieherische Maßnahmen befriedigend reagiert.«

Was das bedeutet, weiß nur Gott (und das KGB). Vielleicht

wurden ihre unartikulierten Laute als politische Aktivität gedeutet? Es liest sich eher wie Hohn. Was kann es für politisch-erzieherische Maßnahmen geben, wenn vor der Tür schon die Schritte des Henkers zu hören sind?

Die Zeit verging, die Tochter schrieb und schrieb, ihre Briefe hätten Steine erweichen können.

Hier noch ein Beispiel:

»In den schwersten Momenten des Lebens zieht es die Menschen zum Grab ihrer Mutter. Wie soll man weiterleben, wenn man weiß, daß es dieses Grab gar nicht gibt? Meine Mutter mag eine Staatsverbrecherin sein, aber für mich ist sie der nächste und vertrauteste Mensch, mit dem die liebsten und wärmsten Momente des Glücks verbunden sind.«

Keine Reaktion.

Ein Brief der Kosmonautin Tereschkowa: »Seien Sie barmherzig, lassen Sie sie eines natürlichen Todes sterben.«

Wieder keine Reaktion.

Ein niederländischer Bürger, Herr Loddar, erfuhr aus der Presse von dem Urteil gegen die Borodkina, er äußerte seine Besorgtheit und schrieb, daß »diese Strafe zu hart« sei.

Sein Brief ist der Akte beigeheftet, aber einer Antwort wurde der sonderbare Herr nicht gewürdigt.

Was scheren uns auch verdächtige Ausländer, die für ein russisches Weib bitten! Wir bitten um nichts, im Gegenteil, wir heißen das Urteil einmütig gut.

Niemand protestierte gegen das Urteil.

Und niemand außer der Tochter war entsetzt über dieses Urteil. Nur ein Ausländer ... aber der hat uns gar nichts zu sagen!

Wir sagen:

»Berta Naumowna Borodkina, geb. 1927, am 20. April 1984

vom Krasnodarer Gericht zum Tode verurteilt, wird nicht begnadigt. Vorsitzender des Präsidiums des Obersten Sowjets der RSFSR Jasnow.«

Sie wurde im August 1985 erschossen.

Sie war eine der letzten Frauen, die in Rußland hingerichtet wurden.

Breshnews Schwiegersohn

In der Zeitung »Argumente und Fakten« las ich eine Leseranfrage:

»Trifft es zu, daß Juri Tschurbanow seine vorfristige Haftentlassung unter anderem dem Advokaten Andrej Makarow zu verdanken hat? Und was macht Tschurbanow jetzt?«

Darauf antwortete Tschurbanow, ehemaliger Erster Stellvertreter des Innenministers, der Advokat Makarow habe mit seiner Freilassung nichts zu tun. »Nachdem er sich mit dem Prozeß, der viel Staub aufwirbelte, einen Namen gemacht hatte, hat er mich vergessen.« Aber für seine Freilassung hätten sich seine Kollegen, außerdem der Veteranenrat der inneren Truppen und seine Schwester eingesetzt, indem sie sich mit entsprechenden Gesuchen an den Präsidenten Rußlands wandten.

Die Antwort stimmt nicht ganz.

Mich hat lediglich der Duma-Deputierte Aslachanow angerufen und gebeten, mir die Akte Tschurbanow anzusehen. Ich forderte die Akte an und fand darin ein Gesuch der Schwester Tschurbanows und des Veteranenrats des Innenministeriums (unterschrieben von Generalleutnant im Ruhestand Bubentschikow). Tschurbanows Kollegen haben nicht angerufen und um nichts gebeten.

In der Beurteilung, die vom Straflager geschickt wurde, heißt es, der Häftling Tschurbanow sei in der Montagehalle als Schlosser beschäftigt und arbeite im Zweischichtsystem. Er arbeite gewissenhaft, erfülle die Norm, nehme am gesellschaftlichen Leben der Abteilung und der Kolonie teil.

Aber nachdem ich die Akte angefordert hatte, hagelte es Anrufe und Warnungen, ich solle diesen Fall besser nicht anrühren. Eine genaue Begründung wurde nicht gegeben. Es wurde etwas gemurmelt von der Situation, von der Stimmung des Präsidenten, vom Innenministerium, das natürlich Krach schlagen werde.

Es bedurfte einer gründlichen Vorbereitung und ausführlicher Gespräche mit den Kommissionsmitgliedern, um diese Sache bei uns auf den Weg zu bringen.

Nach seiner Freilassung besuchte Tschurbanow unsere Kommission. Er bemühte sich damals um die Rückgabe seiner Gewehrsammlung, die man beschlagnahmt hatte.

Aber ich will jetzt über seinen Fall schreiben, denn er war für unsere Zeit ungewöhnlich und hatte viel Staub aufgewirbelt. Doch auch schon damals hatten alle begriffen, daß es hier um eine politische Abrechnung ging und um sonst nichts.

Also, Juri Tschurbanow wurde am 30. Dezember 1988 vom Militärkollegium des Obersten Gerichts zu zwölf Jahren Haft in einer Arbeits- und Besserungskolonie mit verschärftem Regime verurteilt. Er verbüßte die Strafe in einem Lager in Tagil, Gebiet Swerdlowsk.

Er wurde verurteilt, weil er als Erster Stellvertreter des Innenministers der UdSSR Bestechungsgelder in Höhe von 90 960 Rubeln angenommen hatte, und zwar:

im Oktober 1979 von Karimow, Erster Sekretär des Gebietsparteikomitees von Buchara in Usbekistan, 10 000 Rubel;

im Oktober 1982 von Chudaibardnow, Vorsitzender des Ministerrats der Usbekischen SSR, 50 000 Rubel;

am 21. Oktober 1982 von Jessin, Erster Sekretär des Gebietsparteikomitees von Nawoi, 30 000 Rubel und einen Chalat[1] nebst Tübetejka[2] im Wert von 960 Rubel.

In einer Beschwerde, die Tschurbanow aus dem Lager ans Oberste Gericht schrieb, heißt es: »Aufgrund der gesetzwidrigen Ermittlung, der ständigen Drohungen gegen mich und meine Familie und der Ausfälle gegen ehemalige Führer von Partei und Staat war ich gezwungen, wissentlich falsche Aussagen zu machen, da ich physische Mißhandlungen zu fürchten hatte.

Der Ermittlungsführer Gdljan sagte in den täglichen Verhören immer wieder, daß mein Schicksal entschieden sei, und wenn ich nicht die erforderlichen Aussagen machte, würde er, Gdljan, mich in ein Gefängnis mit besonders strengem Regime verlegen, mich in eine Zelle mit Homosexuellen sperren und mich Kriminellen ausliefern.

Außerdem schärfte er mir immer wieder ein, daß mein Urteil schon vom ZK der UdSSR, vom Obersten Gericht und der Staatsanwaltschaft der UdSSR beschlossen sei. Die verbrecherischen Ermittlungsmethoden im sogenannten ›Fall Usbekistan und Kreml‹ waren Gegenstand der Überprüfung durch eine

1 Asiatisches Gewand. D.Ü.

2 Besticktes Käppchen. D.Ü.

parlamentarische Kommission. Gdljan und Iwanow wurden für ihre gesetzwidrigen Methoden aus der Staatsanwaltschaft entlassen, was auch die Gesetzwidrigkeit bei der Behandlung meines Falls bezeugt. Derzeit ist Karimow (der Schmiergeldgeber) vom Obersten Gericht Usbekistans rehabilitiert worden, während ich wegen derselben Episode noch immer meine Strafe in Rußland verbüße ...«

Nach eigenen Angaben hatte Tschurbanow im Oktober 1979 die Tätigkeit der Unterabteilungen des Innenministeriums Usbekistans zu überprüfen und besuchte zu diesem Zweck Taschkent, Samarkand und Buchara. Dort stellte er ernste Mängel in der Arbeit des Innenministeriums fest.

Es gab auch Hinweise darauf, daß die Miliz in der Stadt Gasli nach dem Erdbeben unbefriedigend gearbeitet hatte.

»Es lag nicht in meiner Kompetenz, die Arbeit der Partei- und Sowjetorgane zu überprüfen, wie im Urteil behauptet, und Karimow hatte keinen Grund, mir Schmiergeld anzubieten, da ich als Leiter des Innenministeriums der UdSSR keine Vollmacht hatte, die Versorgung der Bevölkerung mit Lebensmitteln sicherzustellen.

Das gleiche gilt für die zweite Bestechung, die damit begründet wird, daß ich nach Meinung des Gerichts in den 80er Jahren über großen Einfluß im Lande verfügte. Diese Schlußfolgerung ist irrelevant, da im Urteil nicht erwähnt wird, worin mein Einfluß in der UdSSR bestand.«

Übrigens wurde auch der zweite sogenannte Schmiergeldgeber, Chudaibardnow, rehabilitiert und auf freien Fuß gesetzt, und der Prozeß wurde wegen Fehlens eines Straftatbestands ausgesetzt.

Das gleiche im dritten Fall: In der Stadt Nawoi soll Tschurbanow für die Beschleunigung des Wohnungsbaus für die Mitarbeiter der usbekischen Innenverwaltung Schmiergeld erhalten haben. Aber auch diese Fragen lagen außerhalb seiner Kompetenz.

»Als landesübliches Andenken an die orientalische Gastfreundschaft habe ich in der Tat, wie auch die anderen Mitglieder meiner Delegation, einen usbekischen Chalat nebst Tübetejka geschenkt bekommen, die aus der Serienfertigung stammten und ohne künstlerischen Wert waren.«

Im weiteren zieht Tschurbanow die Schlußfolgerung, daß das Militärkollegium des Obersten Gerichts der UdSSR in seinem Urteil das bestehende System von Käuflichkeit und Bestechlichkeit im Lande reflektiert – diese These wurde vom staatlichen Ankläger General Sbojew aufgestellt. Man wollte, indem man die Schuld dem Schwiegersohn Breshnews in die Schuhe schob, sich selbst der Verantwortung für den Zustand der Rechtsordnung und der Gesetzlichkeit im Lande entziehen.

Es gab noch eine standardisierte Variante der Anklage: Entnahme von 4000 Rubeln aus dem sogenannten »Fonds für unvorhergesehene Ausgaben«. Von dem Geld sollte angeblich ein Geschenk für den tschechischen Gast Husak gekauft werden, doch bei einer Revision kam heraus, daß es für ein Geschenk an den Minister Stscholokow ausgegeben worden war.

Erwähnt wurden auch der Keller, den Tschurbanow in seinem Landhaus gebaut hatte, und der Fußbodenbelag in der Garage.

Dieser ganze Mischmasch von Beschuldigungen, vom Chalat bis zum Fußbodenbelag, sowie die ihm vorgeworfenen unbegreiflichen und sinnlosen Bestechungen deuten lediglich auf die Konfusion der Organe, die für die gerichtliche Abrechnung mit Tschurbanow zuständig waren.

Aber das Motiv der Käuflichkeit und der Bestechlichkeit im Lande, das in diesem Kapitel immer wieder auftaucht (im Falle Sokolow und anderen) ist ein altes probates Argument, um den gerechten Zorn des verarmten Volkes in die gewünschte Richtung zu lenken.

Tschurbanow ist praktisch keiner Straftat überführt worden, er wurde verurteilt nach dem vorgegebenen Muster mit den gewohnten Beschuldigungen.

Ein bekanntes Sprichwort sagt: Entweder hat er was gestohlen, oder ihm wurde was gestohlen. Solche Beschuldigungen wirken, unabhängig davon, in welchem Maße sie bewiesen sind, unfehlbar auf die Menge, die wir öffentliche Meinung nennen. Die Menschen wissen, daß die Machthaber, die sich bis zur Futterkrippe vorgekämpft haben, nicht umhinkönnen zu stehlen.

Vor Gericht zerbröselten die Beschuldigungen freilich, und von den Tschurbanow angelasteten 600 000 Rubeln blieben trotz aller Bemühungen des Verhörprofis Gdljan nur 90 000 plus Tübetejka übrig. Diese Tübetejka (nebst Chalat) läßt alle erwähnten Beweise fragwürdig erscheinen.

Ich habe die beiden bekannten Fälle angeführt, um zu zeigen, wie die Macht – jede Macht, die Gdljans sind nur ihre Vollstrecker – auf Unrechtsebene handelt, die Muster ähneln sich immer.

Das Volk, sehen wir der Wahrheit ins Auge, unterstützt grausame Maßnahmen, denn es zieht Befriedigung aus der Tötung eines schutzlosen, im Gefängnis zermürbten Menschen (die Verhörmethoden sind ja auch immer die gleichen), so wie in früheren Jahrhunderten, als das Volk auf den Richtplatz ging und seinen Spaß an dem Schauspiel hatte.

Aus Tschurbanows Schreiben:

»Der Fall, in dem ich gesetzwidrig zu zwölf Jahren Freiheitsentzug verurteilt wurde, entstand als Ergebnis von Intrigen um den Generalsekretär L. I. Breshnew. Nach Äußerungen von Personen, die damals an der Macht waren, hatte er das Land in die politische und wirtschaftliche Krise geführt. Nach seinem Tode waren seine nächsten Angehörigen, Sohn und Tochter, ohne Interesse für große politische Prozesse. Die Gesetzeshüter beschlossen auf Weisung des Politbüros und M. S. Gorbatschows, einen Fall ›Usbekistan und Kreml‹ zu fabrizieren, in dem ich die Hauptfigur spielen sollte. Gerade Tschurbanow, Schwiegersohn des Staatsführers, sollte die strafrechtliche Verantwortung für die Mißbräuche tragen, deren sich die obersten Staatsfunktionäre schuldig gemacht hatten. An meiner Stelle hätte jeder andere sein können, der in engen Familienbeziehungen zu Breshnew stand. Wie aus dem Urteil ersichtlich, wurde diese Weisung befolgt, und ich verbringe schon das siebente Jahr in Haftanstalten.«

Im Fall Tschurbanow ist alles klar.

Zu der Leseranfrage, mit der ich diesen Bericht begonnen habe, kann ich mitteilen, daß Tschurbanow nach seiner Rückkehr nach Moskau im Krankenhaus gründlich untersucht wurde und in einer Firma Arbeit fand.

Er wohnt bei seiner Schwester, denn Galina Breshnewa hatte sich scheiden lassen, als ihr Mann im Lager war. Auf alle Ansprüche am gemeinsamen Eigentum hat er zu ihren Gunsten verzichtet.

Zu erwähnen wäre noch, daß Tschurbanow in der Haft ein

Erinnerungsbuch geschrieben hat: »Ich erzähle, wie es war«. Jetzt will er es überarbeiten, und er plant ein neues Buch über den Alltag der russischen Häftlinge.

Es soll kein Scherz sein, aber Gefängnis und Einsamkeit scheinen zum Schreiben solcher Werke anzuregen.

Ich habe das erstgenannte Büchlein gelesen. Es ist schlecht geschrieben, auf dem Niveau eines Komsomol[1]- oder Parteifunktionärs. Die Sprache ist hölzern.

Praktisch ist es ein Hohelied auf die Vergangenheit, auf den Komsomol, die Partei und den Genossen Breshnew.

Der aktive junge Mann wurde im Institut Komsomolorganisator und hatte eine phantastische Karriere bis hin zum General.

Sein Horizont ist außergewöhnlich eng. So hatte, wie er schreibt, Breshnew eine ganz gewöhnliche Datsche. Nur drei Etagen, Swimmingpool, Kinosaal, ein Dutzend Hektar Wald.

Hat der ehemalige General, als er im Lager war (obwohl das auch ein Sonderlager für Milizangehörige war) etwa nicht gesehen, in was für »ganz gewöhnlichen« Bruchbuden die einfachen Menschen leben?

Dennoch möchte ich etwas hinzufügen: Bei einem Besuch im Butyrki-Gefängnis erzählte mir der Direktor Oberst Wolkow, daß in den jetzigen schweren Zeiten, wo die Untersuchungshäftlinge nicht genug Verpflegung und Kleidung bekommen, manche Menschen persönlich helfen, unter ihnen Tschurbanow. Er habe für die Häftlinge Kissen und Decken geschickt.

1 Kommunistischer Jugendverband der Sowjetunion, gegründet 1921, aufgelöst 1991. D.Ü.

VIERTES KAPITEL

Die Todesstrafe

Die Abteilung Todesstrafe

In der Reihe der Prüfungen, die das Leben für uns bereithält, ist auch dies möglich: Prüfung durch Barmherzigkeit, besonders wenn sie von der Macht ausgeht.

Die Menschheit abstrakt bemitleiden kann wohl auch ein gleichgültiger Mensch. Ich habe einen großen Mann gekannt, einen Regisseur und Humanisten, der drehte rührende Filme über Kinder und schluchzte manchmal dabei, so sehr dauerten ihn diese leidenden und unglücklichen Kinderchen. Aber eines Tages kam es, daß sein Hund, den er immer zu den Aufnahmen mitbrachte, mit Hühnerfleisch gefüttert wurde und beinahe an einem Knochen erstickt wäre. Der Schuldige war ein alter Schauspieler, der kurz vorher seine Arbeit am Jüdischen Theater verloren hatte (es war aufgelöst worden). Wegen des verhängnisvollen Knochens wurde er sogleich gefeuert und von der Krim nach Moskau zurückgeschickt.

Damals dachte ich zum erstenmal darüber nach, daß unsere Nächsten, die uns täglich umgeben, unser tägliches Mitleid nötiger brauchen als unseren weltumspannenden Humanismus.

Wir Russen sind ein höchst merkwürdiges Volk. Wir sind human in den Legenden und grausam in der Realität. Wir sind gleichsam in zwei Lager geteilt: auf der einen Seite Menschen, die in Not, ins Gefängnis geraten sind, und die um sie leidenden Angehörigen, die um Gnade flehen und um Hilfe schreien, und auf der anderen Seite die in Freiheit, die nichts sehen wollen oder nach Rache rufen, nach noch grausamerer Bestrafung bis hin zur Abrechnung ohne Gericht und Untersuchung.

Aber es kann auch geschehen, daß sie die Plätze tauschen, wie es einem ehemaligen Generalstaatsanwalt widerfuhr, der sehr die Todesstrafe befürwortete und eines schönen Tages selber im Gefängnis landete.

Und da zeigt sich plötzlich, daß die aus dem zweiten Lager gern über Barmherzigkeit sprechen, wenn es um sie selber geht, während die aus dem ersten Lager, die im Gefängnis einen Zorn auf die ganze Welt angesammelt haben, auf Rache sinnen und Grausamkeit mit noch größerer Grausamkeit beantworten möchten.

Es ist wohl kein Zufall, daß ein Gefängnisdirektor in Rom unsere Frage, wie viele Verbrecher in seiner Anstalt einsäßen, taktvoll so beantwortete: »Verbrecher sind es vor Gericht, bei uns sitzen unglückliche Menschen.«

Einen Eingesperrten zu bedauern, während man selber daheim im Sessel sitzt und Dostojewski liest, ist sogar angenehm, und man denkt dann besser über sich. Man kann aber auch ans Ende der Welt fahren, zum Beispiel nach Sachalin, wie es Anton Tschechow tat, und in den menschlichen Dreck eintauchen, um dem einen oder anderen seine Leiden zu erleichtern und sie auf sich zu nehmen.

Oder man kann wie Marietta Tschudakowa, Mitglied unserer Kommission, eine kleine, zierliche, aber energiegeladene Frau und berühmte Literaturwissenschaftlerin, ein Netz mit Seife, Zahnpasta und ähnlichem füllen und ins Butyrka-Gefängnis gehen, in eine Zelle, in der Frauen unter der Enge und dem Schmutz leiden.

Und das ohne Aufhebens, so daß es normalerweise keiner erfährt.

Ich muß an eine in der Theaterwelt bekannte Inszenierung in Warschau denken, die das Leben Christi behandelte.

Die Aufführung fand nicht in einem Raum des Theaters statt, sondern in einem mittelgroßen Zimmer, in dem es nicht einmal Stühle gab: Die Zuschauer saßen auf dem blanken Fußboden und mußten drei Abende nacheinander sehr unbequem verbringen. Das gehörte wohl zu dem Anliegen des Regisseurs – der Zuschauer sollte angesichts der Qualen Christi wenigstens in geringem Maße leiden und dadurch die Leiden eines anderen Unglücklichen besser nachfühlen können.

Unser Sitzungszimmer war eigentlich zu behaglich, um darin über das Schicksal von Unglücklichen zu entscheiden. Das machte uns zu schaffen.

Der Leiter der Abteilung Begnadigung, bekleidet mit einem abgewetzten Anzug und einer auch nicht ganz frischen Krawatte, führte mich in der Haltung eines alten Angestellten, der er auch war, durch die langen Korridore des zweiten Stocks im ehemaligen ZK-Gebäude in der Iljinka, in dem alle möglichen Ämter untergebracht waren, auch unsere Begnadigungskommission. Siebenundvierzig erfahrene Juristen, meist Frauen, bereiteten hier für uns die Mappen mit den Fällen vor.

Die beiden Korridore waren ebenfalls mit Aktendeckeln vollgestopft. Mappen türmten sich auf dem Fußboden. Wir gingen an ihnen entlang, und plötzlich dachte ich: Jede davon ist ein menschliches Schicksal!

»Kommt auch nichts weg?« fragte ich besorgt.

Der Verwaltungsleiter zuckte die Achseln.

»70 000 Fälle pro Jahr … dazu das Archiv … Wo sollen wir sie aufbewahren? Einen Teil der Akten haben wir im Weißen Haus gelassen. Hier ist nur das Dringlichste.« Und mit einem Seufzer fügte er hinzu: »Ich arbeite in dieser Struktur« (es sagte wirklich »Struktur«) »schon 20 Jahre und habe alles mögliche gesehen, aber solch einen Saustall … Ich kann mich nur immer wieder wundern.«

Nach einer Pause zeigte er auf ein Zimmer am Ende des Korridors und sagte: »Hier!«

»Was ist hier?«

»Die Abteilung Todesstrafe. Sie wollten doch wissen, wo sie ist. Ich habe sie speziell ganz hinten untergebracht, damit sie den Leuten nicht so ins Auge springt. Wir wollen sie nicht an unsere Grausamkeit erinnern.«

Wir gingen hinein. Ein Zimmer wie viele: Blumen am Fenster, sogar gemütlich. Und auch hier überall Aktendeckel – auf dem Tisch, auf dem Fensterbrett, auf dem Fußboden. Aber sie sahen hier anders aus, die Aktendeckel. Für gewöhnlich waren sie grau, hellblau oder einfach weiß. Diese hier waren gelblich und hatten auf der oberen Hälfte ein schon von weitem erkennbares großes rotes »E«. Das konnte nur »Erschießen« bedeuten.

»Haben Sie hier viele davon?« fragte ich die Frau im Zimmer; sie war nicht mehr jung, aber stattlich und modisch gekleidet.

»Sie meinen Fälle?« fragte sie. »Ja, viele.« Sie warf einen ausdrucksvollen Blick auf den Verwaltungsleiter. Der war immerhin ihr Chef, und sie traute sich nicht, eine Zahl zu nennen. Er nickte, da fügte sie hinzu: »Mehrere 100.«

»Und ist das hier nicht schwierig für Sie?« fragte ich. Eigentlich hatte ich fragen wollen, ob es sie nicht ängstige.

»Ich bin daran gewöhnt«, sagte sie ruhig.

»Nein, daran darf man sich nicht gewöhnen«, wies der Verwaltungsleiter sie streng zurecht. Und ging zur Tür.

»Diese Fälle«, sagte er im Korridor halblaut, »führen, im Vertrauen gesagt, nach ein oder zwei Jahren zu psychischen Veränderungen bei den Mitarbeitern. Vielleicht merken sie das selber gar nicht, aber ich sehe sie jeden Tag!«

»Und wie ist es mit Ihnen?« fragte ich wie im Scherz, meinte es aber ganz ernst.

»Ich bin auch durch nichts geschützt«, antwortete er.

Er warf mir einen Blick zu und fuhr mit aufrichtigem Mitgefühl fort:

»Ihnen wird es auch so gehen. Ein Deputierter aus der vorigen Kommission hat die Lektüre nicht mehr ertragen und ist ausgeschieden. Nach einem Jahr haben fast alle Mitglieder in ihrem Organismus Störungen gespürt. Und wollten weg. Später haben wir es so gemacht: über die Todeskandidaten gesprochen und dann eine Pause. Die braucht man danach, sonst halten es die Nerven nicht aus.«

Ich dachte: Und wie soll ein Schriftsteller all das innerlich verarbeiten? Wie schützt man sich?

Der Verwaltungsleiter führte mich von Zimmer zu Zimmer, und ich sah den Mitarbeitern in die Augen, erblickte darin etwas Unfaßbares, Beunruhigendes. Und plötzlich kam mir der Gedanke: Vielleicht sollte ich Märchen schreiben? Ob das aber ein Schutz ist?

»Wir, die wir in der Emigration sterben, leiden unsäglich um Rußland, das in eine große Richtstatt verwandelt worden ist ...«, schrieb Iwan Bunin, erschüttert von den endlosen Hinrichtungen durch die Bolschewiken.

Unsere geistigen Väter hatten unsäglich um Rußland gelitten, das in Blut und Grausamkeit versank, aber das blieb auch uns nicht erspart, denn in der Zwischenzeit hat sich in Rußland nicht gar so viel verändert. Jedenfalls glaubt das Volk nach wie vor, man müsse möglichst viele Verbrecher töten.

Überhaupt hat die Todesstrafe in Rußland eine lange und quälende Geschichte.

Gesetzgeberisch wurde die Todesstrafe zum erstenmal in der Dwinsker Gerichtsordnung von 1398 verankert. Das Gesetzbuch von 1497 legte folgende Strafen fest: die Hinrichtung, die öffentliche Züchtigung (Bestrafung auf dem Marktplatz vor allem Volke), das Auspeitschen mit der Knute, die Zahlung an den Geschädigten zum Ausgleich des Schadens. »Wird aber gegen jemanden Diebstahl oder Raub oder Mord oder üble Nachrede oder ein anderes Verbrechen verübt und wird dieses bekannt, so kann der Bojar die Todesstrafe verhängen.«

In der Regierungszeit Iwans des Schrecklichen wurden etwa 4000 Menschen exekutiert.

Wenn wir heute unsere »wirren Zeiten«[1] mit den damaligen vergleichen, läßt uns diese Zahl unbeeindruckt. Aber die Zeit-

1 So wird in Rußland die politische und wirtschaftliche Krise nach dem Tod des Zaren Boris Godunow (1605) genannt, sie dauerte bis 1613. D.Ü.

genossen, insbesondere die Mönche, die uns schriftliche Zeugnisse von Massentötungen (wie in Nowgorod) hinterließen, empfanden die blutrünstigen Opritschniki[1] nicht minder tragisch als wir die Berija-Zeit. Übrigens waren die Methoden, die Prinzipien und selbst die Beschuldigungen des Verrats und geheimer Pläne gegen die Macht damals die gleichen wie unter Berija.

Das Gesetzbuch von 1550 erweiterte den Strafenkatalog: Jetzt war die öffentliche Züchtigung schon in 16 von 100 Artikeln vorgesehen. Noch grausamer und repressiver war die Sobornoje Uloshenije (Sammlung von Kirchengesetzen) von 1649. Furchtbare Strafen drohten den Feinden von Kirche und Herrscher. Dabei war das die Zeit des sanften Zaren (wie die Geschichte ihn nannte) Alexej Michailowitsch.

Einer seiner Zeitgenossen, der Untersekretär des Gesandtschaftsamts Grigori Kotoschichin, der nach Schweden floh, schrieb: »Wenn ein Mensch, außer der Wache, über den Zarenhof geht mit Gewehr, Säbel, Pistole, heimlich, aus Einfalt, nicht aus böser Absicht, und wenn dieser Mensch gesehen oder von jemandem angezeigt wird, so wird er gefangen, peinlich befragt, wozu er mit Gewehr über den Zarenhof geht, ob er wider den Zaren oder sein Haus oder wider hochgestellte Bojaren und deren Angehörige was im Schilde führe und ob er von jemandem angestiftet … Und so dieser Mensch unter der Folter andere anzeigt, werden diese Leute ergriffen und peinlich befragt … ob sie auf Anstiftung des ersten … Der, der sie angezeigt, wird ein zweites Mal gefoltert, und allesamt werden dreimal gefoltert … und dann ohne Gnade hingerichtet.«

Übrigens, in dem Gesetzbuch Sobornoje Uloshenije ist die

1 Berüchtigte Leibwache Iwans des Schrecklichen. D.Ü.

Todesstrafe vorgesehen für Leute, »die in der Gruppe vor den Zaren traten« (heute: Protestdemonstrationen), für das Ziehen einer Waffe in seiner Gegenwart (galt wahrscheinlich nicht für Gelage und die Jagd), sogar für Prügelei in der Kirche.

Verrat wurde in Rußland auch damals schon immer und überall gewittert, und Fürst Kurbski wirft Iwan dem Schrecklichen nicht von ungefähr vor, unschuldige Untertanen zu töten.

Unter dem Sohn von Alexej Michailowitsch, also unter Peter I., den Europa so liebte, weil er das Fenster nach Westen aufgestoßen und mit allerdings barbarischen Methoden die Zivilisation eingeführt hatte, wurde die Todesstrafe schon für 123 Straftatbestände verhängt. Sie aufzuzählen hat keinen Sinn. Es sei besser daran erinnert – man kennt es von Bildern und aus Büchern –, wie brutal, wie gnadenlos er auf dem Roten Platz eigenhändig Strelitzen[1] köpfte. Die Beschreibungen lassen selbst bei trockener Aufzählung das Blut gefrieren und zwingen zu einem neuen Blick auf die Taten unseres Wegbereiters. Unter ihm wurde die Todesstrafe durch Verbrennen, Rädern, Köpfen, Erschießen vollstreckt.

Peter war auch der erste, der Häftlingskompanien einführte, wie es in den Büchern dargestellt wird: Sträflingsarbeit für die Verwirklichung der Pläne zur Umgestaltung Rußlands. Das sind die Vorläufer des Archipel GULAG! Denn unsere Häftlinge haben ja auch genauso hart arbeiten müssen, um Rußland umzugestalten.

Das Fenster nach Europa hat Peter vielleicht aufgestoßen,

1 Von Iwan dem Schrecklichen gegründete Truppe, die 1698 gegen Peter I. meuterte. D.Ü.

was an die zwei Millionen russische Menschenleben kostete, aber für das Fenster muß man ja auch ein Haus haben, und das wurde erst mal niedergerissen.

Hier das nicht minder anschauliche Bild der Hinrichtung einer Frau. Peter verdächtigte seine ehemalige Geliebte, die Hofdame Maria Hamilton, ihren Säugling ermordet und der Kaiserin Wertsachen gestohlen zu haben. Er verhörte sie selbst und ordnete die Hinrichtung auf dem Troizkaja-Platz an. Maria Hamilton, die mit ihrer Begnadigung rechnete, hatte ein weißes Seidenkleid mit schwarzen Bändern angelegt. Als der Imperator erschien, flehte sie um Gnade, aber er flüsterte dem Scharfrichter etwas zu und wandte sich ab, und schon rollte der Kopf der Missetäterin über die Erde. Peter hob ihn auf, küßte ihn, schlug das Kreuz und fuhr davon. Der Kopf aber wurde in Spiritus eingelegt und noch lange in der Akademie der Wissenschaften aufbewahrt.

Tyrannen waren zumeist sentimentale Menschen.

In etlichen Büchern wird zwar behauptet, Peters Tochter Elisabeth habe im 18. Jahrhundert als erste in Europa versucht, Hinrichtungen zu verbieten, doch man erinnere sich, daß der Zar Boris Godunow der erste war, der bei seiner Thronbesteigung versprach, fünf Jahre lang keine Todesstrafe vollstrecken zu lassen.

Recht zwiespältig waren auch die Reformbestrebungen der Kaiserin Katharina II., die als junges Mädchen eine Prinzessin Sophie Auguste von Anhalt-Zerbst gewesen war.

Bekanntlich hat sie viel über die Barmherzigkeit nachgedacht und sogar »Instruktionen« für eine künftige Duma verfaßt. Jedoch begann ihre Machtergreifung mit einem Mord (an ihrem Ehemann), den unsere Geschichtsschreibung irgendwie rechtfertigt, und endete mit der grausamen Unterdrückung des

Pugatschow-Aufstands und der Verfolgung der Freidenkerei in Rußland.

Lange Zeit hieß es, daß die Todesstrafe in Rußland nicht existiert. Nikolaus I. weigerte sich 1827, das Todesurteil gegen zwei Juden zu unterschreiben, die heimlich den Prut überquert hatten. Er verfügte: »Die Schuldigen werden zwölfmal durch eine tausendköpfige Spießrutengasse getrieben. Gottlob gibt es bei uns keine Todesstrafe, und ich habe nicht vor, sie einzuführen.«

Also wurden sie – statt zu einem schnellen Tod – zu höllischen Schmerzen und zu einem langen qualvollen Tod verdammt.

Und dennoch, im 19. Jahrhundert, das als grausam bezeichnet wird, wurden in Rußland nur etwa 300 Menschen hingerichtet.

Die 1835 verabschiedete Gesetzessammlung legte die Todesstrafe für drei Tatbestände fest: Staatsverbrechen, Kriegsverbrechen und Quarantäneverbrechen (bei Epidemien). Für Mord und Raub wurde damals nicht die Todesstrafe verhängt.

Zum Vergleich sei erwähnt, daß unser Strafgesetzbuch, das erst vor kurzem geändert wurde, für 29 Straftatbestände die Todesstrafe vorsah. Und gar so lange ist es noch nicht her, daß bei uns Frauen und Kinder ab zwölf Jahren (Ukas von 1935) hingerichtet werden konnten.

Seit 1891 wurden in Rußland von Zivilgerichten keine Todesurteile mehr verhängt. Doch die stürmischen Ereignisse von 1906 zeitigten Massenhinrichtungen durch militärische Feldgerichte: Innerhalb von sechs Jahren wurden etwa 4000 Menschen exekutiert.

Die aufgeklärten Menschen Rußlands – im Gegensatz zu den heutigen – protestierten damals heftig und erreichten ihr Ziel:

Die Erste Staatsduma, der bekanntlich auch der Großvater von Andrej Sacharow angehörte (er schrieb sogar ein Buch gegen die Todesstrafe), billigte einen Gesetzentwurf über die Abschaffung der Todesstrafe. Aber die Revolution führte sie wieder ein.

Die Revolution von 1917, die bei uns Oktoberrevolution getauft wurde, brachte ihre grausamen Korrektive ein. In die Gesetze, in die Stimmungen der Massen, in ihre Köpfe. Es war eine neue Rechtsordnung, an der wir heute noch zu kauen haben.

Es fing scheinbar gar nicht schlecht an. Am 12. März 1917 schaffte die provisorische Regierung die Hinrichtungen ab, obwohl sie an der Front weitergingen. Am 28. Oktober 1917 schafften die Bolschewiken ebenfalls die Hinrichtungen ab, aber nur auf dem Papier.

Bunin schrieb:

»Vor etlichen Monaten wurde eine abscheuliche Komödie aufgeführt – die Abschaffung der Todesstrafe im Hinterland, und die ›Allrussische‹ Tscheka veröffentlichte einen Bericht ihrer zweijährigen Tätigkeit 1918 und 1919: 9641 Menschen wurden erschossen. Diese Zahl wurde unter der Leitung Dzierżyńskis errechnet. Aber auch der berühmte Lazis veröffentlichte Listen von Getöteten (in den 20 Gouvernements von Zentralrußland): in anderthalb Jahren 8389 Menschen, dazu kamen 4207 Personen, die bei ›Aufständen‹ getötet wurden. Die Abschaffung der Todesstrafe war ›ein Alptraum an Gemeinheit‹, wie Häftlinge des Butyrki-Gefängnisses erklärten: Die ›Nacht der Abschaffung wurde zu einer Nacht des Blutes‹ in Moskau und Petrograd: Die ganze Nacht wurde exekutiert, die ganze Nacht war erfüllt vom Weinen und Schreien der Frauen, die zur Schlachtbank geschleift wurden. Da die Todesstrafe für die Front beibehalten wurde, wurden die Todeskandidaten in die Frontzone gebracht und dort getötet; später verfuhr man noch einfacher und erklärte fast das ganze Land zur Front. Doch auch damit gab man sich nicht zufrieden: Die Todesstrafe wurde auch im Hinterland wieder eingeführt, drei Monate nach ihrer fiktiven Abschaffung. Die sowjetische Statistik: vom 22. Mai bis 22. Juni 600 Menschen hingerichtet (Prawda), vom 23. Juni bis 22. Juli 898, vom 23. Juli bis 31. August 1183, im September 1200 Menschen (Iswestija).«

Aber das sind, wie Bunin schreibt, »sowjetische Zahlen«. In Wirklichkeit »sterben in Rußland allein durch Erschießen Hunderttausende. Darüber ist auch tausendmal geschrieben worden, und der menschliche Verstand stumpft ab von solchen Zahlen. Und doch, und doch, darüber muß geschrieben werden ohne Ende, ohne Ende!«

Auch unter Stalin wurden die Erschießungen abgeschafft: am 26. Mai 1947.

Das Land war einen Meter tief mit Blut getränkt. Bis heute werden die heimlich verscharrten Leichen von Menschen gefunden, die in den Folterkellern des NKWD erschossen wurden. Der Krieg vernichtete die Jüngsten und Aktivsten von denen, die nicht verhaftet waren und nicht im GULAG saßen.

Aber auch nach 1947 hat es Hinrichtungen gegeben. Da waren ja der Archipel GULAG, die Folterkeller, das allmächtige blutrünstige NKWD Berijas. Es gab nur keinen prophetischen Schriftsteller mit der Stimme und dem Gewissen Bunins, der darüber berichtet hätte.

Solshenizyn kam erst später.

1950 wurde die Todesstrafe offiziell wieder eingeführt. Sie blieb auch nach Stalins Tod. Es wird kaum eine reale Statistik darüber geben, doch irgendwo las ich, daß von 1921 bis 1954 in

Rußland etwas 643 000 Menschen exekutiert wurden. (Darin sind nicht enthalten die Opfer des GULAG, dort wurden nach Aussage von Solshenizyn Millionen Menschen vernichtet.)

Allein im Jahr 1962, in dem die Strafgesetze gegen Wirtschaftsverbrechen eingeführt wurden (gemeint sind zaghafte Versuche einzelner Unternehmer, die Wirtschaftsstrukturen zu verändern), wurden etwa 3000 Menschen erschossen. Acht Tötungen pro Tag! Und das geschah in der Chrustschow-Zeit, die bei uns »Tauwetter« genannt wird.

Hier muß ein weiterer »Held« des Tauwetters erwähnt werden, der Generalstaatsanwalt Rudenko.

Rudenko wird in dem Erinnerungsbuch von Leonid Sorin folgendermaßen beschrieben: »Ein wabbeliges fettes Männlein mit Glimmeraugen in dem runden teigigen Gesicht. Im Juristenmilieu hatte er einst Popularität genossen – ein Held der Nürnberger Prozesse, der für Göring, Ribbentrop und Rosenberg, die ganze kriminelle Naziclique, die Todesstrafe gefordert hatte. Aber dieser Ruhm verblaßte gänzlich, als er, dem Willen Chrustschows gehorchend, das Urteil gegen unglückliche Devisenschieber überprüfen und – gesetzwidrig – die Lagerhaft in Erschießung umwandeln ließ.«

Soviel zur Geltung der berühmten Formel: Gesetze haben keine rückwirkende Kraft.

Bei uns haben sie sie. Nach allem zu urteilen, geschah es auf Rudenkos Initiative (mit Rückendeckung durch Chrustschow), daß die Artikel, nach denen auf Todesstrafe erkannt wurde, erheblich erweitert wurden: Erschießung stand auf »Devisenoperationen«, »Raub in besonders großem Umfang«, »Flugzeugentführung« und so weiter. 14 neue Artikel für Todesstrafe.

Insgesamt wurden von 1962 bis 1990 in unserem Land 24 000 Menschen hingerichtet. Man darf annehmen, daß auch diese Zahl geschönt ist, denn die Statistik der Todesstrafen unterlag bei uns stets der Geheimhaltung.

In einer populären Fernsehsendung, die dem Problem der Todesstrafe gewidmet war, wurden einem großen Auditorium von Jugendlichen Dokumentarfilme über Hinrichtungen in Amerika gezeigt. In der nachfolgenden Abstimmung sprach sich die Mehrheit für die Todesstrafe aus.

Dann wurde eine weitere Frage gestellt: Wer wäre bereit, selbst das Urteil zu vollstrecken? Wieder ein Wald von Händen (mehr als 80 Prozent).

Diese Jugendlichen haben bald danach auf tschetschenische Frauen und Kinder geschossen. Womit das endete, wissen wir: mit Zinksärgen, in denen diese Jungen heimkehrten.

Tschetschenien kommt nicht zur Ruhe. Die öffentlichen Hinrichtungen, in allen Kanälen des Fernsehens gewissenhaft vorgeführt, sind geeignet, nicht nur Abscheu zu wecken, sondern auch ungesundes Interesse und einen Ausbruch von Grausamkeit, besonders, wie wir sehen, unter der heranwachsenden Generation.

Und schon meldet sich in der Presse ein Leser zu Wort mit der Forderung, mit den Wirtschaftsverbrechern so abzurechnen, wie in Tschetschenien abgerechnet wird. »Ich schlage vor«, schreibt er, »sie auf dem Roten Platz vom Volk steinigen zu lassen. Für sie ist selbst eine Kugel zu schade, die ja von unserm Geld hergestellt wird.«

Mit Aufrufen, Verbrecher ohne Untersuchung und Gerichtsverfahren zu erschießen, tun sich leider nicht nur einfache

Bürger hervor, sondern auch angesehene und populäre Leute, auch Künstler. Vor kurzem ließ ein Schriftsteller in einem Artikel wissen, daß »die Amerikaner vor Freude weinten und tanzten, als ein Terrorist zum Tode verurteilt wurde«, und bezeichnete dies als »gesunde Reaktion gesunder Menschen«.

Bedauerlicherweise stärken die Verweise auf die Autorität Amerikas mit seinen Gesetzen, Gefängnissen und Hinrichtungen die Position derer, die für die Todesstrafe sind.

Der erwähnte Schriftsteller billigte Fälle von Lynchjustiz und nannte sie »eine notwendige Schutzmaßnahme, wenn die Justiz ohnmächtig ist«. Solche Aufrufe zum »Selbstschutz«, also zur Gesetzlosigkeit, finden sich immer wieder in der Presse. Iwan Bunin hat solche Fälle von »Selbstschutz« sehr plastisch beschrieben.

»In den Städten und Dörfern sind alle auf einmal verrückt geworden, sie brüllen sich gegenseitig an: ›Ich verhafte dich, du Hundesohn‹, und dann wird umgebracht, wen es gerade trifft, im Feuer verbrannt, lebendig begraben für ein gestohlenes Huhn. Im August 1917 wurden mehr als 10 000 Fälle von blutrünstiger und sinnloser Selbstjustiz registriert, und das sind nur die registrierten Fälle.«

Und er klagte: »Ach, ihr russischen Intellektuellen! Wieviel ›Interessantes‹ bekommen wir zu sehen, was wir bitterlich beweinen müßten, aber wir sagen nur in dummer Begeisterung: ›Sehr interessant!‹«

Was soll man sich da wundern über die Menschen, die unsere Begnadigungskommission mit Protestbriefen überschütten, wenn sie erfahren, daß wir einem Todeskandidaten wieder einmal sein Los erleichtert haben. Ein solcher »Enthusiast« schrieb uns: »Ich wende mich an Sie mit einer Bitte. Im Vollbesitz meiner geistigen Kräfte erbiete ich mich als Vollstrecker der Todesstrafe. Glauben Sie mir, ich bin kein Triebtäter und liebe Kinder sehr, habe auch selber fünf. Um ihretwillen bin ich bereit, diese notwendige Arbeit zu verrichten.«

Wie wird heutzutage hingerichtet?

Diese Frage wird mir jedesmal gestellt, wenn ich mich mit Journalisten treffe. Dann folgen die Fragen: Wie geheim ist dieser Vorgang, wo werden die Exekutierten begraben, werden die Leichen ihren Angehörigen übergeben?

Ich gebe jedesmal dieselbe Antwort: Ich weiß es nicht.

Ich weiß wirklich nicht, wie hingerichtet wird, denn das ist seit langem streng geheim, ich denke, seit der Stalin-Zeit, vielleicht auch seit der Lenin-Dzierżyński-Zeit, und wenn etwas in die Presse gelangt, dann verschwommen, ohne Einzelheiten; das gilt besonders für die Henker. Informationen über Amerika? Soviel Sie wollen.

Dort ist alles bekannt, über die Henker wie über die Opfer.

In Amerika wurde ein Buch der »letzten Worte« veröffentlicht, mit denen sich Todeskandidaten ein letztes Mal an die Welt wandten. Dieses Recht ist gesetzlich fixiert, und die »letzten Worte« werden der Akte beigelegt. Sie bleiben also im Gedächtnis der Menschen.

Meistens sind es Worte der Reue oder der Hinwendung zu Gott. Aber es gibt auch Worte an das Gesetz, an den Staat, an den Scharfrichter. Ich zitiere aus einer Reportage von D. Radyschewski, New York:

»Nur Gott wird meiner Seele Ruhe schenken. An alle meine Freunde in den Todeszellen: Was jetzt auch mit mir geschehen mag, laßt nicht die Hoffnung fahren.« Diese Worte stammen von Robert Sullivan, exekutiert 1983 in Florida auf dem elektrischen Stuhl, weil er beim Überfall auf ein Restaurant einen Kellner getötet hatte.

»Vergib ihnen, Gott, denn sie wissen nicht, was sie tun. Und nun los.« So die Worte von Antony Upton, exekutiert 1984 in Florida auf dem elektrischen Stuhl, weil er für die Ermordung eines Polizisten verantwortlich war.

»Ich will, daß die Menschen wissen: Unsere Justiz nennt mich einen kaltblütigen Mörder. Aber es war Notwehr, der Mann hatte als erster auf mich geschossen. Ich wurde verurteilt, weil ich Mexikaner bin. Darum nennen sie mich einen kaltblütigen Mörder. Ich habe niemanden an einer Trage festgeschnallt und niemandem Gift in die Vene gespritzt, wie ihr es jetzt mit mir machen werdet. Und das nennt ihr Recht. Ich nenne euch und eure Gesellschaft kaltblütige Mörder.« So Henry Porter, exekutiert 1985 in Texas durch eine Giftspritze, weil er einen Polizisten getötet hatte.

»Ich werde hingerichtet für einen Mord, an den ich keine Erinnerung habe. Ich war auf einem Drogentrip. Ich weiß nicht, ob ich einer lebenslänglichen Haftstrafe würdig bin, aber ich glaube, daß der Tod eine zu grausame Strafe für einen Fehler ist.« Das sagte Randy Whools, exekutiert 1985 in Texas durch eine Giftspritze, weil er einen Kinokassierer verprügelt, erstochen und verbrannt hatte.

»Wäre ich lieber angeln gegangen.« So Jimmy Glace, exekutiert 1987 in Louisiana auf dem elektrischen Stuhl, weil er in der Neujahrsnacht ein altes Ehepaar ermordet hatte.

»Ich habe die Wahrheit gesagt, aber da ein Strafgefangener sie ausgesprochen hat, wurde sie nicht gehört. Ich bin kein Mörder. Ich habe niemanden umgebracht. Ich flehe nicht um mein Leben. Ich werde mich nicht erniedrigen. Ich werde niemandem erlauben, mich zu zerbrechen. Aber ich will, daß die Menschen aufwachen und erkennen, was für ein Alptraum die Todesstrafe ist. Die Zeit wird kommen, in der die Menschen einen sehr hohen Preis für diesen Alptraum zahlen werden.« So James Smith, exekutiert 1990 in Texas durch eine Giftspritze, weil er einen Geschäftsmann getötet hatte.

»Ich bin ein afrikanischer Krieger: geboren, um zu leben, geboren, um zu sterben.« Das sagte Karl Kelly, exekutiert in Texas, weil er bei einem Raubüberfall einen achtzehnjährigen Verkäufer getötet hatte.

Die letzten Worte der Todeskandidaten in unserer Heimat werden wir kaum je erfahren. Ebensowenig sonstige Details über die Hinrichtungen. Das unterliegt bei uns wie so vieles andere strengster Geheimhaltung.

Einmal erzählte mir eine Fernsehmoderatorin, sie habe einen Scharfrichter aufgespürt und anderthalb Monate lang bearbeitet, bis er einwilligte, ein Interview zu geben, natürlich anonym und ohne sein Gesicht zu zeigen.

»Wie alt ist er?« fragte ich. »Und wie sieht er aus?«

»Um die 40«, antwortete sie. »Jugendlich, glatt, gut genährt.«

»War er nervös?«

»Nein.«

»Was für eine Waffe benutzt er? Wie geht das überhaupt vor sich, hat er das gesagt?«

»Ja. Eine Makarow. Genickschuß.«

»Wo lebt er? In Moskau?«

»Ja.«

»Er fährt dann also in die jeweiligen Orte?«

»Ja. Das zählt als Dienstreise.«

»In welche Städte fährt er?«

»In verschiedene«, sagte sie. »Er hat nur ein paar genannt. Wladiwostok, Rjasan, Tula.«

»Weiß seine Familie, wohin er fährt?« fragte ich und verbesserte mich sofort: »Weshalb er fährt?«

»Natürlich nicht.«

»Was hat er für eine Familie?«

»Eine Frau, zwei Kinder.«

»Und wenn sie ihn beim Interview an der Stimme erkennen?«

»Seine Stimme werden wir auch verändern«, sagte sie.

»Wie verhält sich denn ein Todeskandidat? Lebt er noch im Moment der Hinrichtung?« Diese für mich sehr wichtige Frage stellte ich ihr zum Schluß.

»Das habe ich ihn auch gefragt!« rief meine Gesprächspartnerin. »Aber er hat nicht geantwortet. Das weiß er wahrscheinlich nicht.«

Auf diese Weise, beiläufig, tröpfchenweise erreichen uns Informationen, die vielleicht nicht ganz exakt, vielleicht sogar widersprüchlich sind, denen aber doch einiges über die Vollstreckung der Todesstrafe zu entnehmen ist. Ich habe alles ausgeschnitten, was zu diesem Thema in unserer Presse erschien. Aber es sind nicht mehr als fünf Artikel.

Im Butyrki-Gefängnis soll es einen »Pugatschow-Turm« geben, in dem, Gerüchten zufolge, Urteile vollstreckt werden und nächtlich Gespenster umgehen, natürlich die Geister der hier Exekutierten.

An den Hinrichtungen nehmen von Amts wegen teil: der Gefängnisdirektor, ein Staatsanwalt, ein Arzt, die Wache und der Scharfrichter.

Eine Version besagt, daß in einer schmalen Durchgangszelle eine automatische Pistole installiert ist, mit der im entsprechenden Moment der Todesschuß abgegeben wird. Der Leichnam wird verbrannt und die Asche in alle Winde verstreut.

Ich halte das für eine Legende. Ebenso wie die manchmal in alten Filmen gezeigte Erschießung durch ein Kommando Soldaten, deren Opfer vor einer Mauer steht.

Etliche anonyme Interviews mit Scharfrichtern deuten darauf hin, daß die Hinrichtungen von Mitarbeitern des Innenministeriums, die speziell für diesen Zweck ausgebildet sind, ausgeführt werden. Weder ihre Familien noch ihre Kollegen ahnen etwas davon.

Sie reisen zu dem jeweiligen Gefängnis, wo es einen speziellen Raum für die Exekution gibt. Solche Gefängnisse gibt es zum Beispiel in Rostow, denn von dort kam die Nachricht von der Hinrichtung des Massenmörders Tschikatilo, in Wladimir, in Moskau (Butyrki), in Irkutsk, in Jekaterinburg. Und vielleicht gehören auch die von meiner Gesprächspartnerin genannten dazu.

Übrigens wird in einem Interview behauptet, daß in den Gefängnissen selbst ein paar Leute angestellt sind, die für doppelten Lohn diese Arbeit verrichten. In einem anderen Interview (ein Offizier aus Moskau) wurde aber die Mär von dem großen Geld bestritten.

Wenn das Gnadengesuch abgelehnt wird, dann wird der Todeskandidat unter einem plausiblen Vorwand (Renovierungsarbeiten, Quarantäne) in das Gefängnis verlegt, in dem er hingerichtet werden wird. Dort bleibt er nur wenige Tage, seine Verpflegung wird für drei Tage berechnet. Übrigens kann die Hinrichtung aus Ersparnisgründen auch vorverlegt werden.

Gewöhnlich am zweiten Tag wird er in einen Raum geführt, in dem die Mitglieder der Vollstreckungskommission ihn erwarten: der Staatsanwalt, ein Vertreter der Rechtsschutzorgane, ein Arzt und der Leiter der Sondergruppe, wie er in einer Reportage genannt wurde. Der Staatsanwalt überprüft die Dokumente, dann erklärt er dem Häftling, das Gnadengesuch sei abgelehnt und das Urteil werde vollstreckt.

Von einem letzten Wunsch ist nicht die Rede, und die letzten Worte werden nicht festgehalten. Aber wenn wir annehmen, daß die Hinrichtung Rache ist (ausgeführt vom Staat), wird diese Annahme von der Fließbandmethode der Vernichtung bereits schutzloser Wesen bestätigt.

Es wird behauptet, daß die Todeskandidaten bei der Hinrichtung unterschiedlich reagieren, daß aber die meisten psychologisch darauf vorbereitet sind, obwohl sie sich einreden möchten, das werde nicht sofort geschehen. Doch die Exekution findet sofort nach der Erklärung des Staatsanwalts statt, in einem Nebenraum, und der Delinquent errät es erst im allerletzten Moment.

Der Exekutor schießt mit einer Waffe von hinten. Da gibt es verschiedene Versionen: Nach der einen wird aus kurzer Entfernung in den Hinterkopf geschossen; nach einer anderen (Interview mit einem Scharfrichter) wird auf lebenswichtige Organe geschossen (höchstwahrscheinlich ins Herz), denn ein Kopfschuß kann fehlgehen und den Delinquenten quälen. Aber es kommt sicherlich vor, daß er nach dem ersten Schuß noch lebt, und dann wird ein zweiter Schuß gesetzt.

Nach der Exekution stellt der Arzt den Tod fest. Über die Vollstreckung des Todesurteils wird ein Protokoll angefertigt, das die Mitglieder der Kommission unterschreiben. Dieses Papier wird dem Gericht zugestellt, welches das Urteil ausgesprochen hatte. Das Gericht wiederum verständigt das Standesamt vom Tod des Häftlings und uns, die Begnadigungskommission.

Beerdigt wird gewöhnlich auf dem nächstgelegenen Friedhof. Das Grab ist lediglich durch eine Nummer gekennzeichnet, der Leichnam wird den Angehörigen nicht übergeben, und die Grabstelle wird ihnen nicht mitgeteilt.

Über die inneren Qualen der Opfer gibt es so gut wie keine Zeugnisse, aber die meisten verhalten sich offenbar still und friedlich und machen der Administration keine Scherereien. Zeugen behaupten, daß der Schock über das Urteil des Gerichts den Menschen tötet, noch ehe die Kugel es tut.

Einige jedoch flehen oder beschimpfen in wüsten Flüchen den Präsidenten, die Behörden und das Gericht, das sie verurteilt hat.

Abschließend möchte ich noch von einem ganz besonderen Vorfall berichten. 1996 gelangten an der Kommission vorbei Listen mit je zehn bis 15 Todesurteilen zur Bestätigung auf den Tisch des Präsidenten. 63 Menschen sollten hingerichtet werden. Die letzte Liste mit 17 Namen konnte ich im Sommer wie durch ein Wunder vom Tisch des Präsidenten entfernen.

Im Herbst bekamen wir dann die Papiere über die Exekution von 60 Häftlingen. Das heißt, bis auf drei waren alle hingerichtet worden.

Über die drei gab es bei uns ein Gespräch im allerengsten Kreis – mit den ältesten und angesehensten Mitgliedern der Kommission. Von denen kann ich einstweilen nur Bulat Okudshawa nennen.

Da wir wußten, wie verrottet und geradezu absurd das System der Leitung und Kontrolle in den Ministerien und im ganzen Lande war, mußten wir herausbekommen, ob die drei überhaupt noch lebten. Aber wir durften bei den zuständigen Gefängnisdirektoren keinen Verdacht erregen. Sonst wären die womöglich in Panik verfallen und hätten angesichts der Anfrage aus Moskau die Exekution überstürzt nachgeholt.

Es gab verschiedene Vorschläge, doch wir konzentrierten uns auf einen: Unser Geistlicher sollte den drei Männern ein harmloses Päckchen mit einer Bibel schicken und einige Zeit später im Namen der Kirche nachfragen, ob die Adressaten sie bekommen hätten.

So machten wir es.

Zwei der drei waren bereits hingerichtet worden, wir hatten nur die Papiere noch nicht bekommen. Einer – ein Glückspilz – lebte noch.

Alles weitere lag in Gottes Hand.

FÜNFTES KAPITEL

Die zum Tode Verurteilten

Die Wölfe sind unter uns

Bei uns erscheinen Artikel, die zur Härte gegenüber Mördern aufrufen und deren Erschießung fordern. Man sagt, daß nur der Tod sie bessern könne. Wenn sie freikämen, würden sie wieder töten. Ja, wir wissen, daß das überaus grausame Regime unserer Lager Wölfe aus ihnen macht. Also, so die allgemeine Meinung, wäre es am besten, sie »von dort« überhaupt nicht mehr herauszulassen. Sie würden auf die Grausamkeit mit noch größerer Grausamkeit antworten.

Aber sie dort lebenslang zu behalten ist unmöglich, entspräche auch nicht unserer Moral, denn laut Gesetz geht eine Haft irgendwann zu Ende. Nach zehn, 20, 30 Jahren. Es gibt welche, die 40 Jahre gesessen haben. Und dann?

Je länger sie dort sind, desto mehr schwarzer Haß sammelt sich in ihnen an – auf uns alle. Dieser Knoten ist nur mit Güte zu entwirren. Nicht bei allen natürlich, nur bei denen, die ein neues Leben anfangen wollen, und solche gibt es.

Wie dieses neue Leben sein wird und ob ein »Ehemaliger« zu sich selbst findet, hängt nicht nur von ihm ab, sondern auch von uns.

Wir bringen diese Menschen allerdings oft von vornherein in eine Situation, in der sie gezwungen sind, wieder das Gesetz zu übertreten. Und dann brummen wir ihnen eine weitere, noch längere Haftstrafe auf, im Idealfall die Todesstrafe.

Wir ziehen Wölfe heran, um uns mit ihren Händen gegenseitig umzubringen! Und dann murren wir auch noch, daß die Kriminalität von Jahr zu Jahr zunimmt. Dabei haben wir sie ja selber geplant, und nur ein Wunder kann den für uns verderblichen Prozeß zum Stehen bringen.

Der Häftling Resjonow schreibt uns: »Meine Herren Lenker menschlicher Schicksale! Zum drittenmal wende ich mich an Sie mit einer einfachen, doch für Sie unverständlichen Bitte: ›Geben Sie mir die Freiheit, und ich werde die Verleumdung widerlegen …‹ Darum ist mir der humane Akt so wichtig, der nur einmal im Leben gewährt wird, so wie das Leben selbst. Sie werden schreiben: hat nicht den Weg der Besserung beschritten, dabei wissen sie« (gemeint ist wohl die Lageradministration. A. P.) »gar nicht, was sie bei mir bessern sollen, aber wenn sie unter Besserung dies verstehen: Erniedrigung, Beleidigung, Willkür, Zertrampeln der Individualität und Verwandlung des Menschen in ein ergebenes Vieh um besserer Lebensbedingungen willen, so werden sie mich nicht bessern, sondern mir nur Grimm, Haß und Rachedurst ins Bewußtsein (wenn nicht in die Gene) hämmern.«

Also, wer wird bei uns hingerichtet?

Ich habe den beiden letzten Mappen 20 Fälle von zum Tode Verurteilten entnommen und nachgelesen, wie alt sie waren und was für einen Beruf sie hatten. Alter zwischen 22 und 39, das heißt Menschen in der Blüte ihrer Kraft. Berufe: Gelegenheitsarbeiter (Heizer, Sanitärtechniker, Stauer), ein Obdachloser (Flüchtling aus Kasachstan), Bauhilfsarbeiter, Sowchos-Traktorist, Elektriker, Kraftfahrer, Kellner, Schweißer, Viehwärter, Hirt … In der Liste fehlen Ingenieure, Menschen mit Hochschulbildung. Auch Leute aus kreativen Berufen. Im Gefängnis stellt sich zwar nicht selten heraus (wir erfahren es aus den Akten), daß viele Häftlinge begabt sind und Lieder und Gedichte verfassen. Aber das ist ein Thema für sich.

Ich möchte noch anmerken, daß die von mir aufgezählten Berufe für den Moment der Verurteilung gelten. Viele der Verurteilten haben eine ganze Reihe von Berufen ausgeübt, zum Beispiel ein gewisser Linkewitsch (Mord im Suff): Maurer (entlassen), Packer in einer Backwarenfabrik (entlassen wegen Bummelei), Isolierer beim Metrobau, Baumaschinist …

Diese Zickzackwege des Schicksals, dieses Suchen, diese Unbehaustheit, meist verbunden mit Wechsel des Wohnsitzes, zeugen von Mißerfolgen und Verlusten, von der Unmöglichkeit, einen Platz im Leben zu finden.

Liegen nicht hier die Wurzeln der späteren Tat?

Der erwähnte Linkewitsch traf eines schönen Tags, betrunken, auf der Straße zwei Menschen, zettelte eine Schlägerei an und erschoß sie. Ist er etwa ein gefährlicher Triebtäter? Oder ist er vielmehr ein Mensch, der die Orientierung im Leben verloren hat und daher gereizt ist, beleidigt und wütend auf die ganze Welt und sich dann im Suff dafür an den erstbesten unschuldigen Menschen rächt?

Noch eine Zahl: Bei den 20 erwähnten Fällen wurden 17 der Taten im Suff verübt.

Übrigens, wenn ich die Berufe nenne, heißt das keineswegs, ich wäre der Meinung, daß das Böse im Beruf des Maurers oder Hirten begründet wäre. Aber es ist kein Geheimnis, daß vor allem Menschen aus unteren sozialen Schichten im Falle eines Unglücks nicht vor der Willkür des Untersuchungsführers und dann des Gerichts geschützt werden können, und von dieser Willkür haben wir bekanntlich mehr als genug.

Bleibt zu hoffen, daß gerade die Schwurgerichte, die unter

den russischen Bedingungen fast gewaltsam eingeführt werden wie weiland die Kartoffeln durch den Willen des Zaren, den Unglücklichen helfen. Was die Beleidigungen angeht, so schrieb einer der Todeskandidaten, um seine Taten naiv zu erklären, er habe schlechte Menschen getötet, die ihn und andere beleidigt hätten. Aber bis zum ersten Mord habe er sich drei Jahre zurückgehalten.

Schicksalsstunden

Wenn man das Leben eines Todeskandidaten in zeitliche Perioden einteilt – Verbrechen, Verhaftung, Untersuchung, Verhandlung, Warten auf die Hinrichtung und schließlich die Hinrichtung selbst –, so ist das Warten sicher die unerträglichste. Nicht zufällig ist in den internationalen Deklarationen der Menschenrechte (in diesem Falle der Rechte von Häftlingen) die Rede von »Folter durch Warten auf die Hinrichtung«.

Aber es kommt vor, daß ein »Gnadengesuch« die Bitte enthält, *nicht* zu begnadigen. Sondern zu exekutieren. Das schrieb zum Beispiel der »Kämpfer« gegen die örtlichen Kommunisten, Woronzow, den es geradezu verlangte, für die Idee, der er sein Leben gewidmet hatte, zu sterben.

Der Todeskandidat Juri Bojarkin (er hatte sein Opfer vergewaltigt und lebendig in ein Eisloch geworfen) schrieb: »Das Gebietsgericht hat mich zur Höchststrafe, der Erschießung, verurteilt. Das Urteil ist vom Gericht der Russischen Föderation bestätigt worden, und seit der Bestätigung habe ich weder Gnadengesuche noch Beschwerden geschrieben, in der Hoffnung, daß das Urteil unverzüglich vollstreckt wird. Aber nun ist schon ein Jahr vergangen, und das Urteil ist noch immer nicht vollstreckt. Ich bin verurteilt zur Erschießung, nicht zur Einzelhaft, und ich bitte Sie, meinen Antrag auf unverzügliche Vollstreckung meines Urteils zu prüfen.«

Noch härter ist der Brief des zum Tode verurteilten Maxim Merkulow (28 Jahre alt, hatte die Frau seines verreisten Freundes ermordet und dann ihre achtjährige Tochter vergewaltigt und ebenfalls ermordet): »Seit meiner Verurteilung habe ich mich mehrmals mit einem Gnadengesuch an Sie gewendet, und es sind mehr als zwei Jahre vergangen. In dieser Zeit hat sich vieles in meinem Leben und im Leben des russischen Staates verändert. Herr Präsident, durch Ihren Erlaß wurde die Vollstreckung der Todesstrafe ausgesetzt ... Gesetz ist Gesetz, aber wie überall gibt es auch hier Ausnahmen. Ich bitte Sie, auf meinen persönlichen Wunsch hin die Vollstreckung meines Urteils anzuordnen. Ich selber kann nicht Hand an mich legen, denn das ist gegen Gottes Willen.« Und ein Jahr später: »In letzter Zeit ist viel und oft über die Anwendung der Todesstrafe in Rußland debattiert worden. Es gibt Anhänger und Gegner. Ich bin für ihre Anwendung, denn die Alternative – lebenslange Haft – ist für mich kein Geschenk. Ein ganzes Leben unter Bedingungen verbringen, daß einen jeder nach Belieben kommandieren und unterdrücken kann ... Heutzutage wird viel von Güte und Barmherzigkeit, von Humanität und Rechtsstaat geredet. Aber wo sind die denn in Wirklichkeit, wenn das Gericht entschieden hat und ich dann jahrelang auf Ihre Entscheidung warten muß, ob ich nun begnadigt oder erschossen werde? Rußland hat wie viele Staaten die Genfer Konvention unterschrieben, wonach Folter durch staatliche Organe verboten ist. Ich erlebe das Gegenteil, denn ich werde tagaus, tagein moralischer Folter ausgesetzt. Und nicht nur ich. Auch meine

Angehörigen warten auf Ihre Entscheidung und leiden darunter; meine Mutter hat einen Herzinfarkt bekommen. Warum müssen die mir nahestehenden Menschen physisch und seelisch leiden? Was für Verbrechen haben sie begangen? Ich bitte Sie, das Urteil zu vollstrecken, das heißt, meine Begnadigung abzulehnen. Sie sind doch Menschen, also geben Sie mir die Möglichkeit, aus dieser Welt zu gehen und die Achtung gegenüber Ihnen, den Mitgliedern der Kommission, zu bewahren. Das wird dann Barmherzigkeit Ihrerseits sein.«

Schurygin, Kriegsfreiwilliger in Moldawien, der in der »Garde« des Dnestr-Landes gekämpft hatte, war nach Sankt Petersburg zurückgekehrt, hatte eine Maschinenpistole und andere Waffen mitgebracht und war Berufskiller geworden (für 5000 Rubel hatte er die Familie eines Unternehmers ermordet und später eine andere Familie erschossen, Mann, Frau und Mutter). Er war zum Tode verurteilt worden und schrieb: »Darlegung der Gründe, die mich bewogen haben, kein Gnadengesuch einzureichen: 1. Über einen langen Zeitraum hinweg waren meine Kameraden und Vorgesetzten Menschen, die dem möglichen Tod geringschätzig gegenüberstanden. Der Umgang mit ihnen hat sich auf meinen Charakter ausgewirkt, was sich später darin ausdrückte, daß ich als Freiwilliger an zwei bewaffneten Konflikten teilnahm: in Afghanistan und im Dnestr-Land, wo ich an zahlreichen lebensgefährlichen Einsätzen beteiligt war. Ich würde in den Augen dieser Männer und in meinen eigenen an Achtung verlieren, wenn ich um den Erhalt meines Lebens bitten würde. 2. Ein Leben, in dem ich nicht mehr aktiv (mit der Waffe in der Hand) wirken kann, hat für mich keinen Sinn. 3. Eine Änderung des Strafmaßes, aber auch eine verzögerte Vollstreckung des Urteils löst nicht die Probleme meiner Familie, sondern zwingt sie im Gegenteil, von ihren ohnehin bescheidenen Einkünften Mittel abzuzweigen, um mir das Dasein zu erleichtern. 4. Während der Haft in Ihrer Anstalt habe ich die Gefängnisregeln kennengelernt, und ich kann im Falle einer Änderung des Strafmaßes nicht ausschließen, daß ich auf Leute treffe, die meine unaufgeregte Haltung als Schwäche mißverstehen und aggressiv gegen mich werden, was ich mit der mir eigenen Entschlossenheit abzuwehren gezwungen wäre, und die Folge könnte wieder eine physische Vernichtung sein. Und das würde die Administration zwingen, wiederum die Frage meiner Erschießung aufzuwerfen. 5. Als Anhänger der Individualgewalt in allen Bereichen des Lebens lehne ich die ›demokratischen Neuerungen‹ ab, und es ist für mich inakzeptabel, von Personen, welche diese ›Neuerungen‹ verkörpern, Gnade zu erbitten. Aus all den dargelegten Gründen halte ich meinen Entschluß, auf ein Gnadengesuch zu verzichten, für richtig und bitte Sie, mich zu verstehen und meinen Antrag zu unterstützen.«

Die Briefe sind unterschiedlich und die Argumente auch. Der letztzitierte klingt nach einem Ultimatum. Aber der Sinn ist immer wieder: nachdrückliche Bitte um Vollstreckung der Strafe. Da ist die Berufung auf die Genfer Konvention, auf die Leiden der Angehörigen (menschlich verständlich) und sogar der für Gnadengesuche ungewöhnliche Wunsch, nicht mehr zu leben. Oftmals berufen sich die Verurteilten auf das Evangelium, das es Gläubigen verbiete, sich das Leben zu nehmen. Interessant und nicht selten ist auch der Standpunkt des Todeskandidaten, der über die Diskussionen in der Gesellschaft gut unterrichtet ist und sich persönlich für die Beibehaltung der Todesstrafe einsetzt. Bezogen auf sich und seinesgleichen. Angedeutet werden auch die »Gefängnisregeln«, die zu Konflikten führen müssen und zu Abrechnungen unter den Häftlingen.

Hinter all den Briefen stehen lebendige Menschen, ob sie den Tod wollen oder nicht. Ob sie uns vertrauen oder nicht oder auch uns gar nicht akzeptieren wie der letzte Briefschreiber. Und wir dürfen keinesfalls die Gefühle mißachten, die aus den Tiefen der Gefängnisse zu uns dringen und vielleicht zum letztenmal artikuliert werden. Selbst dann nicht, wenn es sich um einen Vergewaltiger handelt oder um einen Auftragskiller, um einen Räuber oder sonstigen Verbrecher.

Der zum Tode verurteilte Podkuiko (Räuber und Mörder, der seinen Opfern gnadenlos ins Gesicht schoß): »Das Gesuch bedeutet mir nichts, ich möchte jetzt reden, da ich kaum Umgang mit anderen habe. Daß ich Ihre Reaktion auf mein Geschreibsel nicht erfahren werde, ist auch günstig, weil ich nun über dieses Thema ein bißchen phantasieren kann.« Und weiter: »Erst hier, zwischen Erde und Himmel, von allen Sorgen und allem Streß befreit, ist in mir der Wunsch entstanden, den zurückgelegten Weg in ein geordnetes System zu bringen, zu durchdenken und meine Gefühlsverirrungen, die mich zu bestimmten Handlungen trieben, zu begreifen. Dazu fehlt es mir leider an Kenntnissen. Aber selbst ein oberflächlicher Blick genügte, um meine Nichtigkeit zu erkennen. Anfangs war das für mich traurig und komisch, später schwer und widerlich. Es gibt den Aphorismus: ›Der Mensch bereut erst, wenn die Zeit der Sünde vorüber ist.‹ Das trifft auf mich zu. Ich hätte nie gedacht, daß Heucheln einfacher ist, als seine Gedanken wiederzugeben.«

Der Verfasser dieser Briefbeichte geht schonungslos mit sich ins Gericht. Aber auch mit uns. Er zieht eine überraschende

Schlußfolgerung: »Ich meine, daß es keine grundlegenden Unterschiede gibt zwischen einem Verbrecher, der sich einen Moralkodex zusammenphantasiert hat, und einem Politiker, der angebliche hohe Ideale verteidigt. Die wichtigste Schlußfolgerung besteht darin, daß die Kriminalität ein wichtiger Stimulus für die Entwicklung der Gesellschaft ist, eine Begleiterin des Fortschritts ...« Und weiter über die Freiheit, »die nur begrenzt sein kann. Eine solche Freiheit besitze ich jetzt zu 100 Prozent, denn ich lebe ohne Sorgen und Hektik.« Und er fügt hinzu: »Dieser mein Standpunkt spiegelt sicherlich in gewissem Maße den Grad meiner sozialen Gefahr ...«

Und plötzlich bricht es aus ihm heraus: »Ich wollte aufrichtig schreiben und habe es versucht, aber das mir eigene Pathos wird wohl immer wieder durchschimmern. In meinem Alter zu sterben, fand ich anfangs sehr romantisch, aber mit dem Näherrücken dieses Tages wird der Wunsch zu leben immer größer.«

Damit schließt er.

In der Freiheit hatten Menschen wie er nicht versucht, einen eigenen Ausdruck zu finden. Jetzt hatten sie Zeit, das Geschehene zu durchdenken, und das einzige, was die Riegel, die Wände, den Stacheldraht durchdringen konnte, war das Wort.

Und hier muß ich meine Schriftstellermeinung sagen: Ihr Wort ist in vielem ausdrucksstärker, menschlicher und letztlich offener als das, was uns gelingt, mir und meinen Schriftstellerkollegen.

Einem Todeskandidaten werden sieben Tage zugestanden, in denen er um sein Leben bitten kann. Nicht alle bitten darum. Jeder vierte oder fünfte der zum Tode Verurteilten reicht aus verschiedenen Gründen kein Gesuch ein, und dann wird ein entsprechendes Papier aufgesetzt und vom Gefängnisdirektor unterschrieben.

Andere Todeskandidaten wie ein gewisser Wladimir Nekrassow reichen ein Gesuch von über 200 Seiten Länge ein und klagen noch: »Ich könnte noch viel schreiben, aber die Zeit reicht nicht, ich habe nur sieben Tage und Nächte. Kann man in so kurzer Zeit alles darlegen, was man möchte?«

Manche Straftäter bitten und flehen, weiterleben zu dürfen. Um ihr Leben baten übrigens auch Tschikatilo, Golowkin und andere besonders grausame Verbrecher.

Ihre Gesuche kommen in die Akte, und die Akte kommt zu uns in die Kommission.

Der eine schreibt nur wenige Worte, der andere ein ganzes Buch in Lyrik und Prosa, so wie Wladimir Nekrassow.

Einer der Verbrecher schreibt: »Ich bin ein Mörder, aber kein Lump!«

Manche verfassen ihr Gnadengesuch in Gedichtform – satirisch, lyrisch, entlarvend, philosophisch ... Manchen gerät es zum Traktat über das Leben, das Schicksal des Landes, über Stalin, die Perestroika, die Politik.

In diesen letzteren Gesuchen ist kein Wort der Reue, kein Suchen nach der Wahrheit, es bleibt bei dem primitiven Versuch, sich hinter allgemeinen Worten zu verstecken und vor der Verantwortung für das Getane zu drücken.

Es ist an der Zeit, an Fjodor Dostojewski zu erinnern (»Der Idiot«):

»Wie, wenn man nicht sterben müßte! Wie, wenn man das Leben zurückholen könnte – welche Unendlichkeit! Und das alles wäre mein! Ich würde jede Minute in ein Jahrhundert verwandeln.

Was geschieht mit der Seele in diesem Moment, in was für Krämpfe wird sie gestürzt? Man denke zum Beispiel an die Folter; Leiden, Wunden, körperliche Qualen, all das lenkt von der seelischen Pein ab ... Dabei rührt der fürchterlichste Schmerz nicht von den Wunden, sondern daher, daß du sicher weißt: In einer Stunde, in zehn Minuten, in einer halben Minute und dann jetzt, in diesem Moment fliegt die Seele aus dem Körper, und du bist kein Mensch mehr. Eine größere Qual gibt es nicht auf der Welt. Wer hat gesagt, die menschliche Natur wäre imstande, dies zu ertragen, ohne wahnsinnig zu werden ...«

Dostojewski wußte, wovon er schrieb, denn er hatte das Warten auf den Tod durchgemacht. Die heutigen Todeskandidaten allerdings warten, ohne die Stunde oder Minute zu wissen, bei ihnen kann es lange dauern oder sehr schnell gehen.

Ob das besser oder schlechter ist, weiß ich nicht. Aber daß sie oft den Verstand verlieren, weiß ich.

Stanislaw Melnikow, 31, wurde zum Tode verurteilt, weil er im Suff einen Kumpel ermordet, ihm den Kopf abgetrennt und im Keller versteckt, den Rumpf aber im Kleiderschrank verwahrt hatte. Später tötete er eine Bekannte, die von dem Mord wußte. Er schreibt an den Präsidenten:

»Aber ich bitte Sie nicht, mich zu begnadigen. Ich bitte Sie, mein Todesurteil zu unterschreiben und das Innenministerium Rußlands anzuweisen, es zu vollstrecken. Ich bitte von Herzen darum, daß Sie mich erschießen lassen. Wie kann man denn einen Menschen so verhöhnen, selbst wenn er zum Tode verurteilt ist. Man darf ihn nicht endlos erniedrigen, was er auch sein mag. Ich bin des ewigen Wartens müde. Ich spreche in meinem Gesuch nicht zu dem Präsidenten, sondern zu einem russischen Menschen! Finden Sie in sich den Mut und die

Kraft, das Gesetz anzuwenden, wenigstens in bezug auf mich, denn ich will es selbst und bitte darum als eine große Gnade und als Befreiung von einem Alptraum. Wozu soll ich leben, wenn ich für alle anderen kein Mensch bin? Für Sie bin ich ein Mörder, der bekommt, was er verdient, aber was sind dann Sie? Und alle, die das Urteil aussprechen, die es bestätigen und die es schließlich mit Ihrer Zustimmung vollstrecken?

Sie alle sind Mörder, sogar schlimmer als Mörder, denn Sie rufen das Gesetz zu Hilfe. Das ist hundertmal schlimmer und erniedrigender, und Sie wissen das sehr gut. Darum benutzen Sie das Gesetz als Deckung.

Ich habe es satt, zu schreiben und an alle verschlossenen Türen der gesetzlichen Macht zu klopfen. Vergeblich habe ich auf eine gerechte Justiz gehofft. Überall herrscht reine Willkür, und mit Ihrer Hilfe und Duldung blüht diese Willkür in allen Strukturen der Macht. Von was für einer Demokratie reden Sie also? Ich fürchte nur das eine: verrückt zu werden in diesen Mauern, während ich auf die Entscheidung über mein Schicksal warte.

Lassen Sie mich sterben bei klarem Bewußtsein und gesundem Menschenverstand, und lehnen Sie mein Gnadengesuch ab. Was macht es für einen Unterschied, ob es einen mehr oder einen weniger gibt? In Rußland war es seit alters üblich, den Wunsch eines zum Tode Verurteilten zu erfüllen. Fällt es Ihnen denn so schwer, eine großmütige Geste zu machen und den letzten Wunsch eines Menschen zu erfüllen?

Dieser Brief ist meine letzte Hoffnung, das quälende Warten zu beenden und den Alptraum loszuwerden. Das ist das einzige, worauf ich noch hoffe.«

Nicht alle Briefe sind so verzweifelt.

A.W. Sorokin, 35, zum Tode verurteilt wegen der Ermordung eines Händlers:

»Früher habe ich Bücher buchstäblich verschlungen. Jetzt lese ich nichts außer dem Neuen Testament und natürlich Zeitungen. Jedes Buch handelt von Mord oder ähnlichem. Einmal bekam ich hier was von E. Limonow in die Hand, aber wozu soll ich das lesen? Säuische Ausdrücke kann ich besser als er. Ansonsten ist das Gefasel. Irgendwen interessiert es ja vielleicht, was ich aber bezweifle, nach 20 Seiten war mir die Laune verdorben, die sowieso nicht besonders ist. Ich erzähle lieber einen Witz aus unserm Leben: Zwei Männer werden zur Erschießung geführt, da sagt der eine zum andern: Laß uns nach verschiedenen Seiten davonlaufen, vielleicht haben wir Schwein und entkommen. Darauf der andere: Du spinnst wohl, die knallen uns noch ab!«

Er schließt seinen Brief: »Jeder hofft, und auch ich gebe die Hoffnung nicht auf. Mit mir in der Zelle sitzt ein Triebtäter, der hofft auch. Die Menschen sind nun mal so. Seit er hier ist, habe ich es doppelt schwer. Jedes Verbrechen läßt sich irgendwie verstehen. Nicht vergeben, aber verstehen. Es gibt aber welche, die gehen über mein Begreifen. Es ist ein Unterschied, ob man in der Zeitung darüber liest (ich habe über ihn gelesen) oder ob man solch einen neben sich hat. Ich sage ehrlich, früher hätte ich ihn nicht in meiner Nähe ertragen, doch jetzt weiß ich, daß Gott der einzige Richter ist. Und meine Hände sind ja auch voll Blut.

Meinen zweiten Mithäftling haben Sie zu lebenslanger Haft begnadigt. Er ist in die Welt zurückgekehrt. Er ist glücklich, und ich freue mich mit ihm. Er hat seit 91 auf die Entscheidung gewartet, also wird sich auch mein Schicksal bald entscheiden.«

Der Brief ist eine Seltenheit, er ermöglicht eine Rückkoppelung: Wir erfahren aus erster Hand etwas über die Stimmung von Todeskandidaten im Zusammenhang mit unserer Arbeit. Dieser Verbrecher beklagt sich nicht, im Gegenteil, er ist optimistisch und glaubt an Gott. Das zeigt sich auch in seiner Einstellung zu den Triebtätern, die gewöhnlich von den Mitgefangenen ausgegrenzt werden – es kommt sogar zu Fällen von Selbstjustiz. Der von ihm erwähnte Triebtäter war übrigens Golowkin, dessen Verbrechen in der Tat niemand, selbst Mörder nicht, begreifen kann. Daß selbst er auf Begnadigung hoffte, war interessant zu erfahren.

Golowkin wurde erschossen. Sorokins Schicksal ist mir unbekannt.

Der Fall Woronzow war in unserer Praxis der erste Fall von politischem Terrorismus.

Wladimir Glebowitsch Woronzow, geboren 1945 ... Am 11. Januar 1991 betrat er, bewaffnet mit einem Gewehr mit abgesägtem Lauf, das Arbeitszimmer des Chefredakteurs der Kalugaer Zeitung »Snamja« und schoß dreimal auf den Zeitungsmann. Auf die Schüsse kam ein Bildreporter hereingelaufen, Woronzow zwang ihn mit Drohungen, das Zimmer zu verlassen, und schoß zur Abschreckung noch zweimal hinter ihm her; der Bildreporter erlag im Krankenhaus seinen Verletzungen.

Dann machte sich Woronzow auf die Suche nach dem Direktor der 6. Bauverwaltung und dem Parteisekretär der Kalugaer Baubehörde, aber die hatten Glück, er fand sie weder auf der Arbeit noch zu Hause.

Woronzow tötete noch den Gewerkschaftsvorsitzenden, dann wurde er gefaßt.

Beim Verhör erklärte er, er sehe seine Taten nicht als Verbrechen an, da er sie aus ideologischen Motiven begangen habe und überzeugt sei, daß Kommunisten physisch vernichtet werden müßten.

Ich zitiere ein paar Zeilen aus dem psychologischen Gutachten:

»Um seine Erziehung kümmerte sich niemand, aber im Hause waren viele Bücher. Aus falschem Heldentum beteiligte er sich einmal an der Beraubung und Mißhandlung von Bürgern. Er kam zu der Überzeugung, daß an allen Mißständen im Lande die kommunistische Führung schuld sei. Als der Verfassungsentwurf veröffentlicht wurde, war das für ihn eine Art Impuls, alle seine Überlegungen und seine Einstellung zu dem Entwurf öffentlich zum Ausdruck zu bringen, und er kletterte auf die Spitze eines Kirchturms in Jaroslawl, von wo er ein paar Stunden lang Schmähungen herunterschrie – es gebe kein Fleisch, keinen Fisch …«

Die Miliz und die Feuerwehr kamen und redeten ihm zu, herabzusteigen. Als er durstig wurde, tat er das auch. Er wurde festgenommen und in die psychiatrische Klinik gebracht.

In den Papieren heißt es: »Er nannte den Milizionär seinen Bruder und küßte ihn. Er war abwechselnd weinerlich und lachlustig. Die Umstehenden bezeichnete er als Agenten und Provokateure, aber er wußte nicht, welches Datum war und in welcher Stadt er sich befand. Auch seine Adresse konnte er nicht angeben.«

In der Psychiatrie phantasierte er viel über sich und seine Eltern.

Diagnose: »Schizophrenie mit schubartigem Verlauf.« Ein andermal: »Paranoide Schizophrenie.«

Später erklärte er, simuliert zu haben, um den »Jagdschein«

zu bekommen, der ihm erlaubte, alles zu sagen, was er dachte. Und auf dem Kirchturm habe er seine Seele erleichtert, denn er konnte schreien, was er wollte.

Sein Verhältnis zu seiner Familie war nicht gut. Seine Frau weckte in ihm Gereiztheit und Feindseligkeit, wie er sagte, und als er Wohnraum zugewiesen bekam, habe er ihn der Frau und der Tochter überlassen und sei ins Wohnheim gezogen.

Einige Zeit später gründete er eine neue Familie; seine zweite Frau hatte eine Tochter aus erster Ehe. Sie lebten friedlich miteinander, und nur, wenn er sich betrank (drei- bis viermal im Monat), wurde er weinerlich, schluchzte, sagte, vor seinen Augen sei ein Mensch ermordet worden, und er müsse dringend wegfahren.

Seine Frau sagte aus, in nüchternem Zustand sei Woronzow ein normaler Mensch ohne Absonderlichkeiten gewesen, nur manchmal sei »trotz seiner Zurückhaltung Haß auf die Kommunisten aus ihm herausgebrochen, besonders auf solche, die führende Posten und Ämter bekleideten«.

Ein Freund sagte über ihn, nach einem Besäufnis sei er nie zur Arbeit gegangen, sondern habe, bis oben zugedeckt, im Bett gelegen, nicht gegessen noch getrunken und den ganzen Tag »gelitten«. In solchen Zeiten habe er viel Unsinn dahergeredet.

Einmal wollte er sich in betrunkenem Zustand aus dem Fenster des Wohnheims stürzen. Mitunter trank er monatelang nicht, bis zu einem Jahr und darüber.

Er machte den Eindruck eines ausgeglichenen, herzlichen, teilnahmsvollen, höflichen und wohlerzogenen Menschen, freundlich im Umgang und kontaktfreudig. Er war stets mit Sorgfalt gekleidet und achtete auf sein Äußeres. Er hatte sich in beliebigen Situationen in der Gewalt, ließ sich nie auf Zank und Streit ein.

Andererseits: »Ein Wahrheitsfanatiker, der keine Ungerechtigkeit ertragen konnte und jedem die Wahrheit ins Gesicht sagte, unabhängig von dessen Amt und Stellung.«

Nach und nach sei er zu der Schlußfolgerung gelangt, die Kommunisten der Nomenklatura müßten physisch vernichtet werden.

Ungeachtet der Widersprüchlichkeit seines Charakters kann man sich den Typ des Wahrheitsfanatikers und Kämpfers für die Gerechtigkeit vorstellen.

Andererseits, wie lassen sich Eigenschaften wie etwa Herzlichkeit und Anteilnahme vereinbaren mit dem Extremismus, der physische Abrechnung einschloß?

Was den politischen Terror angeht, so haben wir Erfahrung damit, denn die Geschichte kennt nicht wenig Beispiele, von der zauberhaften Vera Sassulitsch bis zu Lenins älterem Bruder Alexander Uljanow und Kaljajew.

Als ich einmal auf dem Weg zur Präsidialverwaltung im Kreml war, sah ich auf dem Iwanowskaja-Platz eine Gruppe Arbeiter die Asphaltdecke aufreißen. In der Erde hatten sie das Grab eines Großfürsten gefunden, der seinerzeit Stadtoberhaupt gewesen war; er war dem revolutionären Terror zum Opfer gefallen (Kaljajew hatte eine Bombe auf ihn geworfen). Im Zuge der Sanierung des Kreml wurden seine Überreste an einer anderen Stelle beigesetzt.

Die Arbeiter machten eine Rauchpause und debattierten über das Wetter und die letzte Fernsehserie. Die Gebeine des Großfürsten interessierten sie nicht besonders. Als ich sie fragte, wie er denn aussehe, antworteten sie lässig: »In Uniform, aber ohne Kopf.«

Kaljajew war zum Tode verurteilt worden und hatte vor seiner Hinrichtung ein Gnadengesuch abgelehnt. Er hatte aus dem Gefängnis Butyrki geschrieben: »Ich bitte Sie, den Zaren nicht um mein Leben zu bitten. Ich werde Gnade nicht akzeptieren.« Er wurde gehenkt.

Während ich auf dem Platz stand, wurde ganz in der Nähe, im Arbeitszimmer des Präsidenten, über das Leben von Woronzow, der auch nicht um Begnadigung bat, entschieden.

Aber mir geht es jetzt nicht um das Schicksal und den Charakter von Woronzow, obwohl ja der Charakter das Schicksal vorherbestimmt.

Solche wie ihn gab es zu allen Zeiten, und sie befanden sich fast immer in Konflikt mit der sie umgebenden Welt. Im 19. Jahrhundert gingen sie in den Kaukasus, schlugen sich im Duell, bereiteten Verschwörungen vor, schossen auf den Zaren ... Die Heutigen gehen auf eigenen Wunsch nach Afghanistan, ins Dnestr-Land, nach Tschetschenien, Jugoslawien ...

Ihr gesteigertes Empfinden für jedwede Ungerechtigkeit wandelt sich nach und nach in das krankhafte Gefühl, keinerlei Unfreiheit ertragen zu können. Und somit auch keine Macht, die diese Unfreiheit verkörpert.

Von da ist es dann nicht mehr weit zu persönlichen Aktionen, zu Terrorismus. Gegen wen der sich dann richtet, ist schon zweitrangig.

Woronzow besaß seit 1986 einen selbstgefertigten Dolch, ein Kleinkalibergewehr, Patronen und ein Gewehr, dessen Lauf er verkürzt hatte.

Er ermittelte Arbeitsstelle und Wohnsitz etlicher Personen der Nomenklatura, darunter waren Mitarbeiter des Kalugaer Gebietsparteikomitees und des Exekutivkomitees des Gebietssowjets, Parteisekretäre von Betrieben und Gewerkschaftsfunktionäre mehrerer Bauunternehmen.

Diese letzteren waren leitende Funktionäre in der Branche, in der Woronzow arbeitete.

Er spürte ihren Aktivitäten nach und stellte eine Liste von 15 Personen zusammen, die er wohl als für das Land besonders gefährlich ansah.

Das Resultat: die Ermordung des Chefredakteurs der Kalugaer Parteizeitung. Ich nehme an, daß sie verlogen war wie die gesamte damalige Parteipresse.

Auch den Gewerkschaftsfunktionär seiner Arbeitsstelle ermordete er. Dieser Terror war konkret und richtete sich gegen Personen, die der Vollstrecker kannte und von deren ungerechten Handlungen er überzeugt war.

Bei den Verhören trat Woronzow selbstsicher auf, seine Darlegungen waren exakt, mitunter zu ausführlich, aber logisch. Doch fehlte ihnen gänzlich die Reue und der kritische Abstand zu seinen Taten.

In der Akte wird hervorgehoben, daß der Angeklagte sich hochmütig benahm und hartnäckig seine Überzeugungen vertrat, jedoch seine Möglichkeiten erheblich überschätzte. Aber Brüche im Denken, im Gedächtnis und so weiter seien nicht beobachtet worden.

Die medizinischen Gutachter gelangen zu einer Schlußfolgerung, die ihren anfänglichen Einschätzungen zuwiderläuft: »Er durchlitt vier kurzzeitige psychische Zustände undeutlich ausgeprägter Nosologie mit nachfolgender Herausbildung einer psychischen Persönlichkeitsform von paranoidaler Struktur mit einer bestimmten gesellschaftlichen Weltanschauung.«

Was das letzte bedeutet, wissen sicherlich nur die Fachleute vom Serbski-Institut, aber die sind ja berühmt für ihre umwerfenden Diagnosen!

Er selbst teilt über seine Handlungen mit:

»Als ich in die Zeitungsredaktion ging, war ich sehr aufgeregt, aber im Arbeitszimmer des Chefredakteurs legte sich das, und ich spürte nur noch Spannung.«

»Stehen Sie auf!« sagte er zu dem Chefredakteur, bevor er schoß.

»Als ich die Redaktion verlassen hatte, fiel mir ein, daß ich meinen Diplomatenkoffer mit der Zeitung auf dem Schreibtisch des Chefredakteurs liegengelassen hatte, in der standen mein Name und meine Adresse. Es gab mir einen Stich ins Herz: reingefallen ... Seine Majestät der Zufall hatte seine Rolle gespielt, und der erste Schritt war zugleich der letzte. Nach dem zweiten Mord bin ich selber zur Miliz gegangen, denn ich wußte, sie würden mich sowieso finden.«

Und weiter mit einer gewissen Bravour – er habe getan, was er wollte und konnte, und bereue den Tod der beiden keineswegs. Nur den dritten, den Bildreporter, habe er »unverdient erschossen«.

Aber – »das Leben ist kein zu hoher Preis, wenn es um Überzeugungen geht«. Auch die Revolutionäre und ihre Führer bis hin zu Stalin hätten um ihrer Überzeugungen willen das Leben anderer nicht geschont. So gesehen hatte Woronzow, wie er selbst zugibt, »nicht besser als die Kommunisten gehandelt«.

Er wußte genau, mit wem er es zu tun hatte (den Ärzten des Serbski-Instituts), und bat, ihn als gesund anzusehen, denn »wenn sie mich für schizophren erklären, ist das kränkend, und das Selbstwertgefühl leidet«.

Weiter wird über ihn gesagt: »Während er den Opfern gegenüber Kälte und seiner Umgebung gegenüber Geringschätzung bekundete, äußerte er sich sehr warmherzig über seine Mutter und seine Frau, dabei war er aufgeregt, seufzte schwer und bemerkte bitter: ›Das ist mein Schmerz.‹ Aber er betonte, daß seine Frau in der für sie schwierigen Situation sich aufopfernd verhalte.«

Abschließend steht in dem ärztlichen Gutachten: »Im Institut benimmt er sich korrekt, liest viel, verfolgt die Ereignisse im In- und Ausland. Er achtet auf sein Äußeres, ist manchmal nachdenklich, wehmütig. Das Personal behandelt er höflich.«

Um Begnadigung bat er nicht.

Er schrieb einen Brief an Boris Jelzin anläßlich der Ereignisse vom August 1991 und einen zweiten, der in der Akte liegt, darin heißt es: »Ich bin auch jetzt noch überzeugt, daß meine Handlungen kein Verbrechen sind, sondern nur ein Teilchen der verdienten Strafe, der Vergeltung an den herrschenden Kommunisten, den Staatsverbrechern und der KPdSU. Ich habe mir diese ›Methode‹ nicht ausgedacht, die Machthaber haben sie jahrzehntelang gegen ihr Volk angewandt, ich habe sie nur gegen sie selbst gerichtet. Darin sah ich damals die einzige Möglichkeit, das Böse, das die KPdSU angerichtet hat, die Lüge, die Ungerechtigkeit auszumerzen, zu bestrafen. So etwas ist jetzt natürlich unmöglich geworden …«

Da irrt er. Solche und ähnliche Methoden sind bei uns in Rußland noch immer sehr wohl möglich!

Im weiteren äußert er Zweifel, ob ein Gericht über die Kommunisten möglich ist. »Es ist unmöglich, sinnlos. Darum habe ich mich zu meinen Handlungen entschlossen.«

Er bestätigt, daß auf seiner Liste weitere 14 bis 15 Namen standen. »Über jeden von ihnen, über seine verbrecherischen Taten hatte ich Material. Meine Handlungen mögen dumm und unbesonnen gewesen sein, aber alles hat seine Grenze, und weiter untätig in Lüge und Angst und im Bösen zu leben war unerträglich. Meine Handlungen sind das Urteil, das die Zeit über sie gesprochen hat.«

Und dann an die Adresse der jetzigen Ordnung, die er so ersehnt und für die er gekämpft hatte:

»Wenn ein zum Tode Verurteilter so lange unter unmenschlichen Bedingungen leben muß, rückt das die Justiz des freien Rußland in die Nähe der sogenannten Rechtsprechung des ehemaligen Staates UdSSR, denn sie enthält Elemente von Sadismus und verhöhnt den Menschen. Die heilige Inquisition könnte neidisch werden auf eine so raffinierte Folter. Und das in einem Land, das von Demokratie redet und den Menschen an den ersten Platz im Staate stellt. Gebe Gott, daß es wirklich so wäre in Rußland. Mit aufrichtiger Hochachtung für Sie, Boris Nikolajewitsch. 1992.«

Hier noch ein Brief, der in der Akte aufbewahrt wird und »Einfach ein Kalugaer« unterschrieben ist.

»Hoheit! Herr Präsident!

Der Mörder Woronzow bittet um Begnadigung und Aufhebung der Todesstrafe« (das tut er eben nicht. A. P.). »Er weiß nicht, worum er bittet. Die Erschießung ist ja keine Strafe und schon gar nicht die Höchststrafe: Einmal Luft geholt, und schon hat man die Kugel im Genick. Erschießung – das ist Begnadigung. Die Strafe dagegen besteht darin, alle Unbilden zu ertragen: Hunger, Kälte, Arbeit, Schläge, Beleidigungen, Sehnsucht nach der Freiheit und der Familie. Alles Böse ertragen müssen – das ist die Höchststrafe. Dann, nach lebenslanger Buße, wenn er sich selbst beweint, wird Woronzow wissen, was die Höchststrafe ist.«

Im weiteren wirft der Briefschreiber Woronzow vor: Er habe

überstürzt gehandelt, sie (die Opfer wohl) wären auch ohne ihn abgeknallt worden (von wem? A. P.), jetzt müßten seine Kinder in Schande leben, und seine Frau habe ein schweres Leben vor sich und müsse auch die »Höchststrafe« erdulden ...

Abschließend rät er dem Präsidenten Jelzin, die Erschießung Woronzows durch Zwangsarbeit zu ersetzen.

Und ein Jurist aus Astrachan zieht eine direkte Parallele zur Vergangenheit: »Zar Alexander III. war bereit, seinem Attentäter Alexander Uljanow christlich zu vergeben, unter der Bedingung, daß der seine Tat bereue. Aber Uljanow bereute nicht, blieb also ein gefährlicher Mensch, unterschrieb so sein Urteil.«

Und nun der Brief Woronzows an uns, die Kommission:

»Man bedauert selbst einen fremden Menschen, der ins Unglück geraten ist. Mir tun auch die beiden« (es folgen die Namen der Opfer) »leid, aber als Persönlichkeiten wecken sie kein Mitgefühl. Sie gehören zur Kategorie der Machthaber. Die Zeitung ›Snamja‹ hat unter aktiver Beteiligung des Chefredakteurs viele Jahre lang die verbrecherische und gegen das Volk gerichtete Politik der KPdSU propagiert und verbreitet. Hunderttausende Menschen wurden verdummt. Nach 1990 hat er« (Name des Chefredakteurs) »die demokratischen Deputierten verleumdet. Er hat sich mit allen Mitteln bemüht, den Glauben an die demokratische Umgestaltung Rußlands zu untergraben ...«

»Vergeltung ist kein Verbrechen«, schreibt er weiter. »Ich habe keine persönlichen, eigennützigen Ziele verfolgt.«

Über das Gericht: »Die Ernennung des Richters und des Staatsanwalts erfolgte mit Zustimmung der Organe der KPdSU. Für das Gericht war es notwendig, mich als grausamen Mörder hinzustellen.«

Er wendet sich direkt an die Kommission:

»Mein Schreiben an Sie ist keine Bitte um Begnadigung. Auf dem Konto der ›sozialistischen Rechtsprechung‹ stehen Dutzende Millionen erschossener Menschen, und auf eine Ungerechtigkeit mehr oder weniger kommt es nicht an. Der Sinn meines Schreibens ist folgender: Wenn die Justiz des sozialistischen Staates mich schon zum Tode verurteilt hat, soll sie auch konsequent sein. Und mich töten. Wie lange soll ich noch warten? Einen Menschen jahrelang in einem halbdunklen feuchten Keller zu verwahren, ohne Luft und Licht, und das noch mit Humanität zu tarnen, macht Rußland als künftigem Rechtsstaat keine Ehre.

Ich hoffe, daß mein Brief an Sie die Entscheidung über mein Schicksal beschleunigt. 17. 8. 93.«

Und der letzte Brief, ein Jahr später:

»Das ist ausgeklügelter Sadismus, die Sinnlosigkeit eines so langen Aufschubs der Vollstreckung liegt auf der Hand.«

Er kam gar nicht auf die Idee, daß der Sinn überhaupt keine Rolle spielte, sondern daß lediglich der Bürokratenapparat so lange für seinen Fall brauchte.

Der Apparat war derselbe (wie das Gericht und die Staatsanwaltschaft und der Archipel GULAG), gegen den er so lange gekämpft hatte!

»Und von Gewissensbissen und seelischen Qualen eines zum Tode Verurteilten zu reden, ist einfach dumm. Alle diese seelischen Leiden macht der Mensch nur in den ersten Wochen nach dem Urteil durch. Wenn er nicht den Verstand verliert oder Selbstmord begeht, denkt er fast mit Gleichmut an den Tod. Er hat ihn bereits durchlebt, ist durch ihn hindurchgegangen und fürchtet ihn nicht mehr.« Und an uns gerichtet: »Sie sind Menschen, die über Leben und Tod anderer Menschen entscheiden. Was ist das Ziel und der Sinn des legalen Mordes? Besteht er etwa nur darin, ungestraft töten zu können?

Ich bitte Sie um Gnade, nicht um Schonung.

Ich erinnere Sie an meine Bitte (vor zwei Jahren), das Urteil der sozialistischen Justiz zu vollstrecken.«

Die Kommission hatte den Fall nicht verzögert, sie kannte ihn schon aus der Presse. Unsere Meinung war einhellig – wir empfahlen dem Präsidenten, Woronzow zu begnadigen und die Todesstrafe durch Gefängnishaft zu ersetzen. Uns war klar, daß der Mann krank war. Er war ein Produkt des alten Systems und hatte mit Hilfe des Bösen Gutes tun wollen.

Aber zu dieser Zeit hatte der bürokratische Apparat bereits die Oberhand gewonnen, und unsere Empfehlungen erreichten Jelzin mit einem beigefügten Papierchen, das Leute aus seiner Umgebung geschrieben hatten.

Es lag obenauf und nahm die Entscheidung vorweg. Jelzin las das Papierchen und unterschrieb die Todesstrafe für Woronzow. Einmal Luft geholt, und schon hat man die Kugel im Genick, wie der Kalugaer Prophet geschrieben hatte.

Er kannte das System offensichtlich besser als Woronzow, wenn er sagte, daß Erschießen Begnadigung sei.

Das Jahr 1995 brachte der neuen Macht eine reiche Ernte an Erschießungen: mehr als 100. Unter ihnen war auch Woronzow, der, anders als die übrigen, um den Tod gebeten hatte.

Ein Staatsanwalt als Mörder

Dieser Fall war auch für uns außergewöhnlich, denn ein Staatsanwalt war zum Tode verurteilt worden, weil er einen Mord begangen hatte. Und das nicht im Suff, nicht aus Liebe oder Eifersucht, sondern aus purer Geldgier.

Wjatscheslaw Nikolajewitsch Scharajewski, geboren 1958, Russe, Hochschulbildung, verheiratet, zwei minderjährige Kinder, nicht vorbestraft, Staatsanwalt des Kreises Glinka, Gebiet Smolensk.

Mit Wjatscheslaw Scharajewski wurde in der gleichen Sache auch sein neun Jahre jüngerer Bruder Vitali verurteilt.

Wjatscheslaw Scharajewski kannte die Kassiererin eines Sowchos, Frau Rogoschenkowa. Er wußte, daß sie in Abständen Geld von der Landwirtschaftsbank in der Kreisstadt abholte, und beschloß, das Geld in seinen Besitz zu bringen. Er weihte seinen Bruder Vitali in den Plan ein, informierte sich über die Umstände der Geldauszahlung in der Bank und wählte Zeit und Ort für den Überfall.

Am 21. August 1989 erfuhr Scharajewski, daß Rogoschenkowa in der Bank Geld geholt hatte. Er traf sich mit ihr im Ortszentrum und bot ihr an, sie mit dem Dienstwagen zum Sowchos zu bringen. Die Brüder Scharajewski ließen sie und ihren Begleiter, den Vorarbeiter Artjomow, einsteigen und fuhren los. Unterwegs hörten sie von Artjomow, daß Rogoschenkowa nur einen kleinen Betrag erhalten habe und erst tags darauf den größeren Teil abholen werde. Der Plan wurde geändert.

Am nächsten Tag kam Rogoschenkowa in Begleitung der stellvertretenden Hauptbuchhalterin Prochorowa. Der Vorarbeiter Artjomow hatte unheimliches Glück, seine Gesprächigkeit hatte ihm das Leben gerettet.

Vor Gericht sagte er aus, daß Scharajewski während der Fahrt gefragt hatte, ob sie Geld abgeholt hätten, woraus er geschlossen habe, daß der Staatsanwalt über die Finanzsituation des Sowchos Informationen besaß und auch wußte, daß dort lange kein Lohn gezahlt worden war.

Scharajewski und sein Bruder ließen die beiden Frauen einsteigen und fuhren mit ihnen zum Waldrand unweit des Dorfes Bessabota, wo sie hielten und ausstiegen, um sich mit einem Umtrunk zu stärken.

Im Urteil ist es nirgends erwähnt, aber aus dem Ablauf des Geschehens wird deutlich, daß der Staatsanwalt und Rogoschenkowa mehr als nur gute Bekannte waren. Sonst hätte die Kassiererin mit ihm wohl nicht so offenherzig über das Geld gesprochen.

Aber das vergrößert nur seine Schuld.

Während der jüngere Bruder die Kassiererin zum Wagen begleitete, fiel Scharajewski über die Buchhalterin her und brachte ihr zwölf Messerstiche bei. Sein Brüderchen schlug die Kassiererin Rogoschenkowa fünfmal mit einem Beil auf den Kopf. Dann warfen die Brüder die beiden Frauen in eine Grube. Da die Frauen noch Lebenszeichen von sich gaben, versetzte der Staatsanwalt beiden mit dem Spaten mehrere Schläge auf den Kopf.

Das gerichtsmedizinische Gutachten diagnostiziert bei Rogoschenkowa »einen Bruch im Parietotemporalisbereich, eine Quetschwunde im linken Frontotemporalisbereich und die Zerstörung des Gesichtsskeletts«.

Ich zitiere diese Einzelheiten nicht, um die Nerven zu kitzeln, sondern um ein genaues Bild von der unglaublichen Brutalität der Mörder zu geben. Die Todesursache von Frau Rogoschenkowa waren denn auch »schwere Kopfverletzungen«.

Den größten Teil des Geldes packten die Brüder in zwei Dreiliter-Konservengläser, die sie auf einem Kartoffelfeld vergruben.

Scharajewski schob in der Gerichtsverhandlung alle Schuld auf seinen jüngeren Bruder; er sei nachsehen gegangen, ob ihnen die Miliz gefolgt sei (warum hätte sie das tun sollen?), und als er zurückkam, seien die beiden Frauen tot gewesen. Dann seien er und sein Bruder weggefahren. Drei Tage später kehrten sie in der Nacht zum Tatort zurück und vergruben die Leichen unter Heurollen. Die tote Prochorowa paßte nicht in die Grube, da schlug Scharajewski mit dem Spaten auf sie ein.

Der jüngere Bruder berichtete es vor Gericht anders und genauer. Etwa so, wie es in der Akte beschrieben ist. Während der Untersuchung hatte der ältere Bruder versucht, dem jüngeren einen Kassiber zuzustecken, der aber abgefangen wurde. Darin drängte er den Bruder, alle Schuld auf sich zu nehmen, da er wegen seiner Jugend nicht hingerichtet werden könne.

Die Gläser mit dem Geld wurden ausgegraben: 30 946 Rubel und 80 Kopeken. Im Fluß Ustrom wurden gefunden: die Handtaschen der beiden Frauen, ein Kleiderstoff (Prochorowa war in den Kreis mitgefahren, um sich etwas zu kaufen), Kugelschreiber, Lippenstift, eine Geldbörse mit Schlüsseln und ein amtliches Formular. Auf dem Grund des Flusses fand man auch das Messer, mit dem der Staatsanwalt die Buchhalterin ermordet hatte.

Der Kreisstaatsanwalt Scharajewski wurde zum Tode verurteilt, sein jüngerer Bruder Vitali zu 15 Jahren Freiheitsentzug.

Und doch ist es schwer vorstellbar, daß ein Kreisstaatsanwalt, ein moderner junger Mann mit vielversprechender Karriere, ein Mann der Öffentlichkeit mit besten Beurteilungen seiner Dienststelle, sich entschließt, aus Geldgier zwei Frauen zu ermorden, von denen die eine überdies seine Geliebte war.

Aber vor Gericht kamen auch noch andere Beschuldigungen zur Sprache, und die fügen dem Bild dieses Mannes ein paar weitere Züge hinzu. So hatte die Staatsanwaltschaft einen Prozeß gegen zwei bösartige Hooligans angestrengt, aber Scharajewski hatte seine dienstliche Position mißbraucht und aus persönlichem Interesse (er war mit den Familien der Beschuldigten befreundet) das Untersuchungsmaterial gefälscht: die echten Protokolle vernichtet, statt dessen andere verfaßt, die Unterschriften der Zeugen manipuliert und so die Bestrafung der Schuldigen verhindert.

Soviel zu seinen Arbeitsmethoden.

Aber auch im Alltag war sein Verhalten nicht viel besser.

Vor Gericht wurden Dokumente verlesen, wonach der Kreisstaatsanwalt und seine beiden jüngeren Brüder in dem Dorf Nowo-Brykino nachts vor dem Klub grundlos einen Mann verprügelt hatten. Der Staatsanwalt, in Karate ausgebildet, wollte seinen jüngeren Brüdern ein Beispiel geben und versetzte als erster dem Opfer Schläge gegen Hals und Brustkorb, worauf auch die Brüder eingriffen und den Unbekannten mit Fäusten traktierten.

Aber das wichtigste Dokument ist wohl Scharajewskis Gnadengesuch, geschrieben ein Jahr nach der Verurteilung.

»Mein ganzes bewußtes Leben lang habe ich danach gestrebt, mich einen für die Gesellschaft nützlichen Menschen nennen zu dürfen und gewissenhaft zu arbeiten. 1966 starb meine Mutter. Ich wuchs in einer kinderreichen Familie auf, wurde von der Stiefmutter erzogen, hatte eine schwere Kindheit. In der Schule hatte ich nur Einsen und Zweien, war ein paar Jahre lang der beste Zeichner, begeisterte mich für die Laienkunst, kam 1974 bei einem Gebietsausscheid auf den zweiten Platz und erhielt als Preis einen Fernseher.«

Ist es so wichtig, was für Zensuren er in der Schule hatte und ob er für seine Laienkunst ausgezeichnet wurde? Hätte er nicht vor allem Worte der Reue schreiben müssen? (Ein anderer Mörder fing so an: »Ich schäme mich zu schreiben, und ich schäme mich zu leben nach allem, was ich angerichtet habe, ich schreibe und weine ...«) Ich habe den Anfang von Scharajewskis Schreiben zitiert, weil er auch weiterhin seine zahlreichen »Vorzüge« auflistet.

Er besuchte die Berufsschule, wurde Komsomolorganisator seiner Gruppe, Sprecher des Wohnheims, Freistilringer.

Im Juristischen Institut in Saratow leistete er selbstverständlich »gesellschaftliche und wissenschaftliche Arbeit, trieb Sport, wurde zum Komsomolorganisator gewählt, auf Konferenzen entsandt, mit einer Ehrenurkunde ausgezeichnet ...«

»Ich habe an mir gearbeitet, habe nebenbei Kunstgeschichte studiert ... Meine Fotoarbeiten wurden veröffentlicht in dem Buch ›Touristische Wanderungen‹.«

Man möchte den süßlichen Strom der Selbstbeweihräucherung stoppen und ihn von Mann zu Mann fragen: Gut, du hast an dir gearbeitet, gut, du bist Kunsthistoriker und hast ein Fotobuch veröffentlicht ... Aber hast du auch etwas Menschliches erworben, etwas für die Seele? Oder bist du der hohle Funktionär und Gruppenorganisator geblieben?

Dann wurde er stellvertretender Staatsanwalt des Kreises Glinka: »Ich wurde in die Arbeit der Ermittlungsbrigaden einbezogen, die komplizierte Kriminalfälle untersuchten. Ein von mir selbständig gelöster Fall wurde im Mitteilungsblatt veröffentlicht, in der Rubrik ›Positive Erfahrung‹. Ein anderer Fall in einem anderen Mitteilungsblatt. Für gewissenhafte Pflichterfüllung … mehrfach ausgezeichnet … Mir wurde Dank ausgesprochen … mehrere Geldprämien …«

Das war seine Art von Buße.

Doch dieses Wort kannte er gar nicht.

Er war dreist und selbstsicher.

Er suchte Gehör bei den höchsten Parteirichtern, denen seine Sprache verständlich war.

Nur leider mußten, während er das schrieb und das Schreiben durch die Instanzen wanderte, seine früheren Herren abtreten, und alle seine Heldentaten waren nun eher peinlich.

Aber es gab in diesem Lebenslauf eine Seite, die einen Schlüssel zu allem übrigen lieferte, vielleicht sogar zu dem Verbrechen selbst.

»Von Mai 1984 bis Juni 1985 beteiligte ich mich an der Arbeit der Untersuchungsbrigade der Staatsanwaltschaft der UdSSR unter der Leitung von T. Ch. Gdljan in Usbekistan und leistete meinen Beitrag zur Wiederherstellung der sozialistischen Gesetzlichkeit … Dafür wurde ich vom Generalstaatsanwalt der UdSSR mit einem wertvollen Geschenk ausgezeichnet. Aus der Beurteilung, die Gdljan über mich abgab, geht hervor, daß ich mich bei der Arbeit als Ermittlungsführer und als Mensch nur von der positiven Seite gezeigt habe.«

Da ich über die Arbeitsmethoden Gdljans und über die von ihm inszenierten Fälle Bescheid weiß, und sei es nur aus dem Fall Tschurbanow, der in diesem Buch geschildert ist, kann ich mir vorstellen, was für eine gefährliche Schule unser Staatsanwalt durchlaufen hat, der auch vorher nicht besonders menschlich war. Gdljans positive Beurteilung gab wahrscheinlich den Ausschlag für Scharajewskis weiteres Leben.

Des weiteren enthält sein Gnadengesuch Zahlen über die Senkung der Kriminalität in seinem Kreis.

Über den Mord selbst heißt es kurz und verlogen: »Alles war eine zufällige Verquickung von Umständen. Meine Schuld besteht darin, daß ich, unfreiwillig Zeuge der Handlungen meines Bruders geworden, selbst den Weg des Verbrechens beschritt.«

Doch, er bekannte sich schon schuldig. Aber woran?

»Ich habe große Schuld daran, daß die Tragödie geschah; mein moralisches Versagen hat den Tod zweier guter Menschen verursacht, und darum hatte ich mich nach dem Geschehenen entschlossen, die Verantwortung mit dem Bruder zu teilen und die Untersuchung in die Irre zu führen, um die Verantwortung von ihm (dem Bruder) zu nehmen oder sie zu mildern. Mein leichtsinniges Verhalten hat ein Verbrechen ermöglicht, und ich bin verpflichtet, die Strafe dafür hinzunehmen.«

Was für eine Selbsteinschätzung! Ausführlich in der Eigenreklame, kurz in der Schlußfolgerung: leichtsinniges Verhalten. Für so etwas kriegt man eine Rüge, wird öffentlich bloßgestellt, aber doch nicht erschossen!

Und er fügt noch hinzu: Er habe stets die Meinung vertreten, daß Sadisten und Unmenschen vernichtet werden müßten, »aber ich bitte Sie nachdrücklich, mir zu glauben, daß ich nicht solch ein Lump bin«.

Das Kollektiv des Sowchos wandte sich mit vielen Unterschriften an die Behörden und an uns mit der Bitte, keine Veränderung des gerechten Gerichtsbeschlusses zuzulassen, denn »... in seiner hohen Funktion als Kreisstaatsanwalt hat er einen bestialischen Rechtsbruch begangen – Menschen ermordet und die sowjetische Justiz und die Rechtsschutzorgane diskredidiert – und muß für die zerstörten Leben hart bestraft werden«.

Übrigens waren die beiden Frauen alleinstehend gewesen. Auf dem Land arbeiten ja fast nur noch Frauen.

Der Staatsanwalt ist eine blasse Persönlichkeit und als Mensch uninteressant. Aber gesellschaftlich ist er zweifellos interessant. Er hat keine Moral und keine Prinzipien, aber er macht rasch Karriere, wird gelobt und ausgezeichnet, genießt Vertrauen … Allmählich nimmt er alle Züge eines Machtmenschen an, dem alles erlaubt ist: einen Fall zu verfälschen, einen Passanten zu mißhandeln, eine Geliebte aus Geldgier zu ermorden.

Dieser Typ ist heute mehr oder weniger in vielen wiederzuerkennen, die noch keinen ermordet und beraubt haben (oder nicht dabei ertappt wurden) und jetzt das Schicksal von Millionen meiner Mitbürger bestimmen.

Das Ende des Falls war überraschend.

Unsere Kommission neigte einmütig zu: nicht begnadigen.

Aber das Schicksal des Staatsanwalts entschied unser Geistlicher, der auch früher schon zum Tode Verurteilten die Bibel geschickt und mit ihnen korrespondiert hatte. Er las uns ein paar Briefe vor, die bezeugten, daß Scharajewski über sein Leben nachgedacht und den Weg zu Gott gefunden hatte.

Ich muß gestehen, daß wir den Briefen nicht glaubten – der Wandel nach dem Gnadengesuch, das uns bestürzt hatte, war zu jäh. Eine größere Selbstentlarvung konnte es nicht geben. Aber wir legten den Fall für eine Weile beiseite, bis der Geistliche im Kampf für die Gerechtigkeit (und für das Leben des Verurteilten) persönlich nach Smolensk gefahren war, Scharajewski im Gefängnis besucht, mit ihm gesprochen und beeindruckende Zeugnisse für den Wandel dieses Menschen mitgebracht hatte.

Wir haben es wohl geglaubt, wenn auch nicht ganz. Aber trotz des Zweifels, der bei einigen, auch bei mir, stark war, stimmten wir mit einer kleinen Mehrheit für die Begnadigung.

Ganz glaubte ihm wohl nur der Geistliche.

Kürzlich besuchte er wieder einmal das Gefängnis und konnte sich – und uns – überzeugen, daß er sich nicht geirrt hatte.

Der Mann, der ein furchtbares Verbrechen begangen hatte, ist sich dessen bewußt geworden und betet nun lebenslang um Vergebung seiner Sünden. Und beweint den Tod der beiden Frauen.

Ein paar Tage aus dem Leben der Kommission

Auf einmal wurde klar, daß die Todesstrafe jedermann bewegt, wenn auch aus unterschiedlichen Gründen. Sie bewegt sogar Menschen, die nichts mit ihr zu tun haben.

Aber man erinnere sich – in der Literatur und auch im Leben entbrannten rund um die Todesstrafe immer heiße Diskussionen. Unlängst wurde sogar antiquarisch ein Buch »Hundert berühmte Hinrichtungen« angeboten. Man beachte das Wort »berühmte«. Aber die Todesstrafe weckt in jedem Fall starkes Interesse, denn sie ist das Geheimnis von Leben und Tod.

Das haben übrigens auch unsere Fernsehleute rasch begriffen, die von Zeit zu Zeit unterschiedliche und manchmal sensationelle Sendungen über die Todesstrafe ausstrahlen.

Da gibt es Dokumentarfilme und Vorträge und Interviews und auch das heutzutage populärste Genre, die Talkshow.

Auch im normalen Alltag, in zufälligen Gesprächen, kommt das Thema aus mancherlei Anlaß immer wieder zur Sprache. Viele Bekannte, die wissen, daß ich damit befaßt bin, unter ihnen Juristen, Beamte und zufällige Gesprächspartner, versäumen es nicht zu fragen: Aber jetzt exekutiert ihr doch noch? Und sie fügen hinzu, daß die Todesstrafe natürlich irgendwann abgeschafft werden muß, nur nicht jetzt. Jetzt gehe das noch nicht. Gerade dieser Tage seien zwei Kinder ermordet worden. Könne man Ungeheuer etwa am Leben lassen?

Das ist ein typisches Gespräch. Besonders Schriftstellerkollegen verbreiten sich über dieses Thema und versäumen keine Gelegenheit, zu bemerken: »Na, was machen eure Triebtäter? Ihr werdet wohl auch Tschikatilo noch begnadigen?«

Die Argumente gegen die Todesstrafe sind ja allgemein bekannt, vor 200 Jahren operierte damit der Klassiker der Jurisdiktion Cesare Bacarria, ein Italiener; in ihren Büchern sind Victor Hugo, Tolstoi, Dostojewski und in unserer Zeit Andrej Sacharow auf sie eingegangen.

Wenn man diese Argumente verallgemeinert, ergibt sich: Die Todesstrafe ist Barbarei; da, wo sie existiert, degeneriert die Gesellschaft; die Angehörigen des Exekutierten leiden; der Scharfrichter und die anderen an der Tötung Beteiligten nehmen auch Schaden; es kommen zahlreiche Irrtümer vor, die nicht mehr gutzumachen sind; zu bedauern ist nicht der Verbrecher, sondern die Gesellschaft, die sich auf das Niveau des Mörders herabbegibt, dabei aber einen schon wehrlosen Menschen tötet; die Gesellschaft wird mit den Hinrichtungen künstlich von den wirklichen Problemen der Kriminalität abgelenkt.

Und so weiter.

Aber das Unglück ist: Alle diese Argumente gehen praktisch am Ohr der Bevölkerung vorbei. Ganz besonders wenn diese verbittert ist und in ihren finsteren Irrtümern feststeckt wie in den russischen Sümpfen und keineswegs herauswill. Die Menge wiegt sich in der Illusion, daß Hinrichtungen abschrecken und Verbrecher zügeln, und dieser Massenirrtum ist keinerlei Verstandesargumenten zugänglich.

Dabei spielt höchstwahrscheinlich auch das uralte Gefühl eine Rolle, das aus unserer finsteren Vergangenheit kommt, wonach es unbedingt Vergeltung geben muß.

Im Altertum klang das so: Auge um Auge, Zahn um Zahn. Heutzutage heißt es etwas ziviler: Ein Mensch ist getötet worden, und der Verbrecher soll leben? Vielleicht sollen wir ihn noch von unserem Geld unterhalten?

Für den Spießer klingt das überzeugend.

Das Argument, die Hinrichtung sei barbarisch, wird nicht einmal bestritten. Ja, wir sind Asiaten, und unsere Verbrecher sind Asiaten, mit ihnen kann man nicht anders verfahren.

Und was die irrtümlichen Hinrichtungen angeht: Auf den Straßen sterben bei Autocrashs viel mehr Menschen, auch durch Irrtum, aber niemand erhebt Geschrei: Ach, schon wieder ein Opfer!

Es gibt aber bei unseren Debatten eine Besonderheit, die ich nicht gleich erkannt habe: Die Gegner der Todesstrafe appellieren an den Verstand (Zitate, Berufung auf Autoritäten, Vernunftargumente, Zahlen), die Befürworter hingegen an menschliche Gefühle, an Instinkte.

Ein Gefühl, was für eines auch immer, ist mit Worten nicht zu widerlegen. Wenn ein Mensch liebt, dann liebt er. Er braucht keine Erklärung. Wenn er glaubt, dann glaubt er. Und wenn er haßt, dann haßt er.

Sie rufen wütend: »Ihr Mitleidsapostel! Entartete und Ungeheuer tun euch leid? Seht doch mal den Müttern und Kindern der Mordopfer in die Augen! Guckt euch die von ihnen zerfleischten Kinder an!«

Und hier haken die Fernsehleute ein. Den meisten von ihnen ist egal, auf welche Seite sie sich stellen, aber wenn der Zuschauer (der Leser ist zur Minderheit geworden) nach Rache und Blut dürstet, verlasse man sich darauf – er wird sein Blut bekommen! Und eigentlich macht es ja auch keinen großen Unterschied, was über den Bildschirm läuft – Actionfilme mit Mord und Totschlag oder bluttriefende Geschichten aus dem Leben selbst, welche die Nerven des Spießers ebenso, wenn nicht noch mehr, kitzeln.

Eine auf Kriminalfälle spezialisierte Zeitungsschreiberin, die für eine Jugendzeitung arbeitet, pflegt ihre Reportagen so zu überschreiben: »Hundert Messerstiche auf ein wehrloses Opfer«. Danach versuche mal jemand, Argumente für die Barmherzigkeit vorzubringen!

Und um ehrlich zu sein: Jeder von uns, der für die Begnadigung ist (oder nicht), trägt in diesem unendlichen Streit beide Prinzipien in sich. Unsere Gefühle sind auf seiten der Opfer und ihrer trauernden Verwandten, während unsere Argumente auf seiten des zum Tode Verurteilten sind. Und dieser ununterbrochene Widerstreit der beiden Seiten ist zermürbend. Egal, wie man sich zuletzt entscheidet.

Als wir mit unserer Arbeit begannen, hatte wohl jeder von uns noch seine festen Überzeugungen und Vorurteile; der eine sprach sie offen aus, der andere quälte sich insgeheim damit. Aber sie traten sofort zutage, als wir das schmerzende Thema berührten.

Praktisch von einer Sitzung zur nächsten war es die Todesstrafe, die uns weh tat wie ein Nagel im Schuh und uns hinderte, normal zu leben. Aber der Schmerz, so zeigte sich, war notwendig für unser Reifen (und Sehendwerden).

Im Kampf der Meinungen, im Streit, in Zweifeln, im Ringen um den einen oder anderen Fall wandelte sich allmählich die Einstellung zur Todesstrafe. Und wenn man sich unsere Kommission als einen einheitlichen lebendigen Organismus vorstellen kann, zu dem sie später auch wurde, so zog sich die Einstellung zur Todesstrafe mal tief ins Innere zurück, mal brach sie hervor und entlud sich in einer scharfen Diskussion.

Und dann erhitzten sich die Gemüter, und wenn alle sich geäußert hatten, galt es zu verhindern, daß der Streit persönlich wurde.

Natürlich stritten wir nicht nur über die Todesstrafe, sondern auch über andere Probleme, die das Leben uns präsentierte, zum Beispiel über die Beziehungen zu den Behörden und dem Präsidenten oder über den Krieg in Tschetschenien. Oder über Presseartikel, die Interesse weckten, besonders wenn einer von uns etwas geschrieben hatte, immerhin gehörte mehr als die Hälfte der Kommission zur schreibenden Zunft, und es wurde Tradition, daß wir Kopien einer Veröffentlichung für alle Kollegen anfertigten.

Merkwürdigerweise hatte anfangs unser Geistlicher, der im Leben so sanft und gütig ist, eine besonders harte Haltung gegenüber den zum Tode Verurteilten. In seinen Urteilen war er ungestüm und unbeugsam. Aber er studierte die Akten mit Sorgfalt und bis in die Einzelheiten.

Die Diskussion über die ersten Fälle von Todesstrafe wurde fast zu einer Zerreißprobe für den Fortbestand der Kommission.

Der Psychologe und der Arzt (der auch Deputierter war) erklärten einstimmig, so werde die Kommission nicht lange existieren, und man wisse nicht, welche Sünde größer sei: etlichen

Verbrechern die Begnadigung zu verweigern oder die Existenz der Kommission zu gefährden und das Begnadigungswesen anderen zu überlassen, die mit Sicherheit allesamt exekutieren würden.

Ihnen entgegen traten der Briefträger und besonders Shenja. Sie erklärte lautstark:

»Wir wissen nicht, ob wir in unserer jetzigen Rolle in ein paar Monaten noch existieren werden. Vielleicht werden wir gar nichts entscheiden können.« Und direkt an den Arzt gewandt: »Sind Sie imstande, den Tod eines Menschen zu unterschreiben? Wirklich?«

Der Arzt war ein nicht mehr junger Mann mit blassem Gesicht. Im Obersten Sowjet nahm er in Vertretung anderer freiwillig an den Sitzungen teil und stimmte mit ihrer Vollmacht (darunter die von Sergej Kowaljow) für sie ab. Er war ein lauterer, gewissenhafter Mensch mit einem sanften, fast schuldbewußten Lächeln. Von Natur gutherzig, ging er jetzt aber auf die Palme und antwortete Shenja fest: »Ja, dazu bin ich imstande.«

Und dann stimmten wir zum erstenmal ab.

»Wer für Begnadigung ist, bitte das Handzeichen.«

Es ging um einen Mann, der zwei kleine Mädchen vergewaltigt und ermordet hatte.

Zwei – der Geistliche und der Arzt – stimmten für Ablehnung. Sie kamen damit nicht durch. Aber auch die Begnadigung kam nicht durch. Wir verschoben die Entscheidung.

Shenja, von dem Streit aufgebracht, so daß ihre blauen Augen vor Wut dunkel waren, sprach mich nach der Sitzung im Korridor an.

»Wir sind, wie wir sind, und keiner kann über seinen Schatten springen. Ich sage Ihnen: Wenn die Kommission auch nur ein einziges Mal für die Todesstrafe stimmt, komme ich nicht mehr.«

Ich möchte noch einmal betonen, daß wir sehr verschieden waren, als wir in die Kommission berufen wurden. Und vielleicht in mancher Beziehung ganz unreif. Ich spreche von unserer Haltung zur Todesstrafe. Um ehrlich zu sein, wir wußten gar nicht richtig, was das ist. Film, Fernsehen – das ist etwas anderes und hat nichts zu tun mit der Realität, mit der wir konfrontiert wurden. Hier mußten wir alle gemeinsam und jeder für sich Prinzipien erarbeiten und uns, wenn Sie so wollen, gewissermaßen selber erschaffen.

Ich war mir vollkommen bewußt, daß unsere Arbeit in der Kommission die Versuchung in sich birgt, Richter über das Leben anderer zu werden.

Es ist ja so einfach, einen Mörder zu hassen, der drei Jungen mißbraucht und getötet hat ... Erwürgt oder mit dem Kopf in die Badewanne gehalten. Und dann schreibt er im Gnadengesuch über den Wert menschlichen Lebens ... seines, versteht sich. Ehrlich gesagt, da fühlt man sich doch berechtigt, solch einem zu sagen: »Stirb!« Man stimmt gegen die Begnadigung und rechtfertigt sich dann vor sich selbst. Es ist eine Versuchung, aber das Recht, über das Leben eines anderen zu entscheiden, kann niemand anders haben als der Allmächtige.

Und wenn wir von dem Gesetz künden, das uns angeblich »erlaubt«, über das Leben von Menschen zu verfügen, so ist das auch eine Fiktion. Unser (russisches) Gesetz beruht auf der Gleichgültigkeit gegenüber den Menschen. Man kann nicht mit ihm streiten (Gesetz ist Gesetz), aber man kann und muß sich ihm widersetzen, ihm zuwiderhandeln.

Und das tue ich.

Zumal ich weiß, daß es (das Gesetz) auch geändert werden kann. Heute zum Beispiel werden einzelne, vielleicht Dutzende hingerichtet, aber morgen schon Hunderte, Tausende. Und alles nach dem Gesetz.

Ich bin ja auch noch Schriftsteller. Aber in erster Linie bin ich Staatsbürger, ich kann solch ein Gesetz nicht akzeptieren und kämpfe nach Kräften dagegen an.

Zunächst hatte ich mir ausgedacht, die schweren Fälle, bei denen unsere Mitglieder für die Hinrichtung stimmen könnten, erst einmal zurückzustellen. Aber inzwischen haben sich immer mehr solche Fälle angesammelt: an die 100.

Eines Morgens rief ich Sergej Kowaljow an: Wir müssen uns treffen und was trinken, sonst halte ich nicht durch.

Unser Gespräch drehte sich um vieles und näherte sich erst allmählich dem Thema, das uns auf den Nägeln brannte. Wir begannen mit dem Präsidenten.

»Braucht er uns denn?« fragte ich Kowaljow.

»Gerechte werden immer gebraucht«, antwortete er. »Auch Jelzin braucht sie.«

»Wozu?«

»Zur Läuterung.«

»Und wir? Was sollen wir tun?« fragte ich.

Kowaljow überlegte, stellte das Glas hin.

»Vielleicht sollte Jelzin einen Teil der schweren Fälle selbst entscheiden?«

»Aber wo ziehen wir die Grenze?«

»Das ist natürlich eine schwierige Frage. Trotzdem, es wäre ein Ausweg. Ihr könnt schließlich die schweren Fälle nicht endlos anhäufen.«

»Aber das Recht haben wir?«

»Weiß jemand davon?«

»Bislang nicht.«

»Man wird es erfahren.«

»Und dann?«

Diese Frage hatte mir auch Bulat Okudshawa in einem nächtlichen Gespräch gestellt.

Kowaljow winkte ab, wir tranken schweigend.

»Wir brauchen ein Gesetz, eine Alternative zur Todesstrafe.«

»Und wenn wir mit dem Vatikan sprechen? Mit dem Papst?« fragte ich. »An den kommt man ja leichter heran als an Jelzin.«

»Bestimmt.« Kowaljow lachte auf. »Aber was die lebenslange Haft angeht, müssen wir doch zu Jelzin vordringen.«

»Helfen Sie uns?« drängte ich.

»Ich versuch's. Und wenn es klappt, gehen wir zusammen hin.«

»Unsere« erste Hinrichtung

Wenn ich mir die Liste der in Rußland Hingerichteten ansehe, stelle ich fest, daß 1992, in dem Jahr, in dem unsere Begnadigungskommission ihre Arbeit aufnahm, nur eine Exekution verzeichnet ist.

Der Name: Filatow. Rentner. Kolchosbauer. Nie zuvor kriminell auffällig geworden. Zum Tode verurteilt wegen Vergewaltigung und Ermordung Minderjähriger. Mit dem Fall hatten wir etwa einen Monat nach Beginn unserer Arbeit zu tun.

Nein, wir wollten natürlich weder ihn noch sonst jemanden hinrichten lassen. Aber zu begnadigen hatten wir noch nicht gelernt. Er war der erste solche Fall in unserer Praxis, und wir waren damals ziemlich verwirrt. Die Prinzipien und Ideen, mit denen wir unsere Arbeit begannen, waren ja insgesamt gegen die Todesstrafe gerichtet.

Das Verbrechen: In der Nähe von Luchowizy brachte N. Filatow, von den Kindern Onkel Kolja genannt, mit dem Boot zwei kleine Mädchen auf eine Insel, tat ihnen Gewalt an und tötete sie. Das ist die reale Geschichte. Alles weitere sind Briefe, Artikel, Anrufe.

Ein Artikel, zugesandt aus Kolomna, ist überschrieben: »Er darf nicht leben.«

Ich zitiere (mit diesem Gedanken schließen refrainartig alle Zuschriften): »Wenn das mit meiner Tochter geschehen wäre, würde ich den Lumpen aus der Erde graben und mit den Zähnen in Stücke reißen. Filatow hat nicht das Recht zu leben. Tod, Tod und nochmals Tod. G. Kowaljowa.«

Ein anderer Brief: »Die Abschaffung der Todesstrafe ist in einer zivilisierten Gesellschaft möglich, aber das sind wir nicht. Eine milde Strafe, die nicht der Schwere der Tat angemessen ist, stimuliert die Grausamkeit. Der Mörder und Vergewaltiger muß hingerichtet werden. Stegunow.«

Und noch ein Brief: »Sagen Sie nur nicht, ich wäre blutgierig. Ich plädiere nicht dafür, einem Dieb wieder öffentlich eine Hand abzuhacken. Aber ein künftiger Verbrecher soll wissen, daß er bestraft werden wird. Ich denke oft an meine Jugend in den 50er und 60er Jahren. Abends und nachts gingen die Menschen seelenruhig durch die Straßen, und niemand mußte fürchten, für einen schiefen Blick oder weil er für einen Raucher kein Feuer hatte, ermordet zu werden. L. Smirnowa.«

Aus einem Brief an einen Volksdeputierten: »Helfen Sie uns, die Qualen zu beenden, denn die Mutter eines der ermordeten Mädchen ist schwer krank, die Mutter des anderen Invalidenrentnerin. Ist das etwa human in unserem Rechtsstaat, die Kinder zu verlieren und dann von einer Stelle zur anderen laufen und um die Bestrafung des Mörders betteln zu müssen? Er hat ja ein Gnadengesuch eingereicht! Er hat Angst zu sterben, aber wieviel Angst war in den Augen der Kinder, als sie ihn anflehten, sie nicht zu töten; sie hatten ihm vertraut wie einem Vater, bei dem man Schutz sucht. Sergatschowa.«

Und dies schreibt eine der Mütter an Jelzin:

»Ich wende mich an Sie, an den Menschen und Familienvater, mit der flehentlichen Bitte: Versetzen Sie sich in meine Lage. Schon das dritte Jahr leben wir nicht mehr, sondern vegetieren nur noch, ich habe meine Gesundheit eingebüßt, und die Mühlen der Justizmaschine laufen und laufen, und es ist kein Ende abzusehen. Ich bitte Sie sehr, mir durch Ihre Sekretäre Antwort zu geben, wie es um den Fall steht. Ich schreibe Briefe, aber sie bleiben unbeantwortet, beim Referenten bekomme ich keinen Termin und werde nicht vorgelassen, und telefonisch werden keine Auskünfte erteilt. Meine Anträge sind kein einziges Mal beantwortet worden ... Ich weiß, daß es Tausende gibt wie mich, aber glauben Sie mir, unsere Herzen sind zerrissen und unsere Nerven zerrüttet. So etwas ist nur bei uns in Rußland möglich. L. W. Schrykowa.«

Und da ist ein Artikel mit der Überschrift: »Hinrichten, nicht begnadigen«. Ein englischer Regisseur war so erschüttert über die Grausamkeit und Bestialität der Tat, daß er nach Kolomna reiste und den Tatort filmte. Dann interviewte er die erste Stellvertreterin des örtlichen Staatsanwalts Komowa. Sie antwortete: »Das Urteil ist gerecht. Was meine Haltung zur Todesstrafe angeht, so finde ich, daß sie in der gegenwärtigen Situation, da die Kriminalität im Lande wächst und immer brutalere Formen annimmt, notwendig ist.«

Wie die Presse, besonders die Provinzpresse, die gewöhnlich prokommunistisch ist, auf die Forderungen der Bevölkerung nach Verschärfung der Gesetze reagiert, darauf komme ich noch zu sprechen. Aber das Argument, das uns gegenüber damals zum erstenmal geäußert wurde – die Kriminalität im Lande wachse, und man müsse exekutieren –, sollte wie ein Refrain unsere ganze Tätigkeit begleiten. Selbst ein beschlagener Mann wie der frühere General Lebed schlug kürzlich vor, die Sache militärisch zu lösen: »Mit starken Schlägen die Woge der Kriminalität brechen, das Moratorium der Vollstreckung abschaffen und den Anwendungsbereich der Todesstrafe erweitern.«

Und es interessiert niemanden, daß in den von unseren Zuschreibern erwähnten 50er Jahren, in denen sie in ihrer Jugend angeblich nachts ruhig spazierengehen konnten, die Kriminalität keineswegs geringer war (trotz der zahlreichen Hinrichtungen). Es gab die Bande »Schwarze Katze«, welche die Bevölkerung in Panik versetzte, und es gab die Banditen, die 1953 amnestiert und aus den Lagern entlassen worden waren. Der Film über sie – »Der kalte Sommer des Jahres 1953« – ist zwar verlogen, aber eines stimmt: Hunderttausende von Kriminellen überschwemmten das Land.

In den Tagen, als wir unsere Arbeit aufnahmen, schrieb die Zeitung »Komsomolskaja Prawda«: »Es geht um 322 russische Verurteilte, die seit langem, einige seit Jahren, auf die Entscheidung der Begnadigungskommission warten, aber auch auf die Gnade des Präsidenten von Rußland.«

Filatow war der erste von diesen 322. Damals waren die Diskussionen in der Kommission so erbittert, daß wir nach Hause kamen und nachts nicht schlafen konnten.

Ich schrieb damals einen Satz, der unsern Zustand so erklärt: »Wir waren zerrissen zwischen dem Wunsch, die Mörder aufs grausamste zu bestrafen, und dem Wunsch, die Strafe nicht zu vollstrecken.«

Etwa in der gleichen Zeit gab es in Kalifornien, erstmals seit 25 Jahren, eine Exekution. Ein gewisser Harris, der zwei Halbwüchsige getötet hatte, wurde in der Gaskammer hingerichtet. Viele Amerikaner protestierten, sie nannten das eine barbarische Art der Bestrafung. (Ein Zeitungsartikel war überschrieben »Stürmische Reaktion auf die Hinrichtung in Kalifornien«.)

Im Gegensatz zu den Amerikanern, bei denen, glaubt man unserer Presse, die Kriminalität größer ist und die Morde schlimmer sind, protestierten unsere Leute, die für ihre »sozialistische Humanität« bekannt sind, in ganz anderer Richtung: Sie verlangten die sofortige Vollstreckung der Todesstrafe.

Der zum Tode verurteilte Filatow schreibt in seinem Gnadengesuch, daß er keiner gerichtspsychiatrischen Begutachtung unterzogen worden sei, »denn ein Fünfminutengespräch und eine ambulante Untersuchung sind keine solche Begutachtung«. Zweitens sei ihm im Verlauf der Voruntersuchung kein Anwalt beigegeben worden. Und den Anwalt, den er später bekam, habe er nur ein einziges Mal gesehen, beim Abschluß des Falls. Weiter teilt er mit, daß eines der Mädchen mit dem Kopf gegen das Boot geschlagen sei. »Als der Motor ansprang und das Boot einen Ruck machte, stand ich mit dem Rücken zu ihr und hörte nur einen heftigen Schlag, und als ich mich umdrehte, sah ich sie im Heck liegen. Sie atmete nicht mehr.«

Und sein letztes Argument: »Das Gericht war an solchen Beweisen nicht interessiert, und sie wurden nicht vorgelegt. Wenn das Gericht meine Aussagen ernst genommen und alles gehörig untersucht hätte, würde es begriffen haben, daß die letzten Verhörprotokolle gefälscht waren.«

In meinem Tagebuch habe ich Bruchstücke der erbitterten Streitigkeiten notiert.

So antwortete Shenja auf die Vorhaltung, wie sie denn mit dem Vergewaltiger verfahren wäre, wenn er das ihrem Kind angetan hätte, ohne zu zögern: »Ich hätte mir eine Maschinenpistole gegriffen und den Mörder aus nächster Nähe erschossen. Aber entschuldigen Sie, es ist unethisch, meine persönlichen Gefühle mit meiner gesellschaftlichen Position zu verquicken. Die ist dagegen, daß ein Mensch durch den Staat getötet wird.«

Anfang Juni machte ich Urlaub in Koktebel auf der Krim. Eines Tages wurde ich ins Arbeitszimmer des Direktors des Schriftstellerheims gebeten: dringender Anruf aus Moskau.

Folgendes wurde mir mitgeteilt: Die Einwohner von Luchowizy hätten angekündigt, vor der Tür unseres Amtes zu demonstrieren, wenn wir nicht die Todesstrafe für Filatow bestätigten.

Wir hatten nämlich die Entscheidung in diesem Fall vertagt. Woher wußten sie das?

Es kamen Anrufe vom Kreisstaatsanwalt, von einer Initiativgruppe, die für schnelle Abrechnung mit dem Mörder eintrat, von den Eltern der Opfer. Diese letzteren Anrufe waren natürlich die unangenehmsten.

Jetzt war ich in Koktebel.

»Das ist gefährlich für die Kommission«, sagte die Stimme am Telefon. Es war mein Stellvertreter, der in Moskau geblieben war. Kurz zuvor hatte er sich auch für Barmherzigkeit ausgesprochen. Jetzt aber hörte ich Angst in seiner Stimme. Dabei gab es nur eines zu fürchten: daß wir von unserem Weg abwichen.

Alles übrige – die Auflösung unseres Häufleins, der Vorwurf der Schwäche oder gar der Mißachtung der öffentlichen Meinung, der Untergrabung der Autorität des Präsidenten – bewegte mich zwar, aber nicht übermäßig.

Wir mußten später noch viel stärkerem Druck standhalten – Bestechungsversuchen, Erpressung, Drohungen per Telefon und sogar der Bildung einer Kommission zur Kontrolle unserer Kommission. Die gelangte zu dem Schluß (unterschrieben von einer Person mit großer Autorität), daß wir mit unserer Arbeit Schaden anrichteten und sogar den Präsidenten diskreditierten, indem wir ihn unseren Mitbürgern nicht als fest entschlossenen Kämpfer gegen die Kriminalität vermittelten.

Es gab auch den Versuch, dem Präsidenten kompromittierendes Material gegen uns zuzuspielen. Wir standen auch das durch.

Aber damals war die Situation sehr angespannt.

»Beratet euch mit Kowaljow«, konnte ich nur vorschlagen. »Er ist ein gescheiter Mann, ihm wird schon was einfallen.«

Zwei Tage später wurde mir telefonisch mitgeteilt, Kowaljow werde uns nicht verurteilen. Die Kommission habe für die Todesstrafe gestimmt.

Etwas feiner klang es so: Sie habe dem Präsidenten nahegelegt, das Gnadengesuch Filatows abzulehnen.

Vier waren dafür gewesen, drei dagegen. Meine Stimme hatte für die Stimmengleichheit gefehlt.

»Ich kann euch nicht gratulieren«, sagte ich und legte auf.

Ich saß im Vorzimmer des Direktors des Schriftstellerheims in Koktebel, auf dem Platz seiner Sekretärin, einer hübschen rundlichen Ukrainerin, die mit dem örtlichen Milizchef verheiratet war, blickte durchs Fenster auf blühende Rosen und den südlichen blauen Himmel und dachte an Filatow. Er hatte sein Leben gelebt, hatte sich nie strafbar gemacht. Und plötzlich war er zum Ungeheuer geworden, obwohl die Kinder ihn gemocht hatten. Er hatte sich an Kindern vergriffen. Vielleicht hatten diejenigen recht, die für die Hinrichtung waren? Aber 20 Jahre oder lebenslänglich waren doch auch eine Hinrichtung, oder?

Mich bewegte nicht nur der gefaßte Beschluß, sondern auch die Zukunft, denn erst drei Monate waren seit der Einführung des Moratoriums vergangen, und schon machten wir Zugeständnisse, um die Kommission vor der Auflösung zu bewahren. Wie viele Erschießungen brauchten wir denn, um uns selbst zu bewahren?

Äußerlich war nichts weiter passiert; eine Bestie bekam die verdiente Strafe. Er hatte ja Kinder ermordet! Und zur Erschießung verurteilt hatte ihn laut Gesetz das Gericht, nicht wir.

Das stimmte alles. Und doch schlief ich schlecht.

Hatte sich denn in der Kommission nichts bewegt? Hatte ich mich geirrt, als ich sie zusammenstellte?

Später erfuhr ich, daß mein Stellvertreter in der Tat verängstigt gewesen war. Er hatte vor der Abstimmung intensiv gearbeitet, hatte sogar den einen und anderen zu Hause aufgesucht und dort über unsere Mission gesprochen, die wir wegen dieses Vorfalls aufzugeben riskierten.

Jetzt waren wir allem Anschein nach nicht besser als die Menge. Kaum hatten wir reale Macht bekommen, fürchteten wir schon, sie zu verlieren.

SECHSTES KAPITEL

Die Kindheit

Mit besonderer Scheu nähere ich mich diesem Thema: Es berührt mich persönlich, und über die Kindheit eines Verbrechers zu sprechen, bedeutet, teilweise auch über mich zu sprechen.

Wissenschaftler haben nachgewiesen, daß mangelnde Liebe von Geburt an in dem Kind den Wunsch weckt, sich mit Gewalt zu behaupten: Was man mir nicht gibt, muß ich mir selber nehmen. In der Vergangenheit von Straftätern, die ihre Verbrechen mit besonderer Brutalität verübten, finden wir stets eine allen gemeinsame Besonderheit: die schwere Kindheit.

Ich gehe noch weiter als die Wissenschaftler und behaupte, daß die Kindheit, vom ersten Kuß der Mutter an, den Heranwachsenden für lange, wenn nicht für immer, vor vielen inneren und äußeren Nöten bewahren kann.

Aus der Akte ging hervor, daß Iwan Bachatow mit vierzehn Jahren etwas gestohlen hatte und zu zwei Jahren auf Bewährung verurteilt worden war. Und nun war folgendes passiert: Iwan kam angetrunken mit seinem Freund in die Schule, wohl in dieselbe, in der er die neunte Klasse besuchte, und beide schlugen einem Schüler ins Gesicht. Warum, wußten sie hinterher selber nicht mehr. Dann stießen sie die Lehrerin, die sie gebeten hatte, sich zu entfernen, in den Korridor und beschimpften sie unflätig. Dafür wurden sie zu zwei Jahren Haft verurteilt.

Iwan Bachatow schrieb dem »Onkel Präsidenten«: »Was mein persönliches Leben betrifft, so wurde ich im Gefängnis geboren. Meine ganze Jugend habe ich in Waisenhäusern verbracht …« Er kannte seine Eltern nicht, die Mutter hatte ihn hinter Gittern zur Welt gebracht und war dann aus seinem Leben verschwunden.

»Ich habe nie mütterliche Zärtlichkeit kennengelernt und auch nie ein freundliches Wort gehört, ich habe nur Straßenschlägereien und Saufereien gesehen, aber es ist doch nicht meine Schuld, daß ich so aufgewachsen bin … Ich weiß nicht, ob Sie diesem Schreiben glauben, aber ich werde kein Glas Wodka mehr anrühren, lieber will ich ein Buch lesen …«

Ja, wir glaubten ihm. Ich habe fast geheult, als ich sah, daß dieses Bittschreiben länger als ein Jahr bei uns gelegen hatte. Wütend lief ich in die Abteilung, die das verschuldet hatte, und machte meinem Herzen Luft, denn mir war klar, daß man den schutzlosen Jungen nicht so lange einsperren durfte. Mir fiel ein, wie ich mich als Junge im Tomilinoer Waisenhaus auf eine Erzieherin gestürzt hatte, die aus irgendeinem Grund meine Decke fortnehmen wollte. Ich hatte mich so an der Frau festgekrallt, daß man mich nur mit Mühe von ihr losreißen konnte. Ich glaube, ich hatte sie sogar gebissen. Aber ich kam nicht ins Gefängnis.

Was die Zärtlichkeit angeht, die mütterliche Zärtlichkeit, so kann ich bestätigen, daß Kinder, die sie nicht erfahren haben, keine psychisch intakten Menschen werden können. Statt mit Zärtlichkeit füllt sich die Seele mit Bitterkeit. Daraus wachsen die Wurzeln unerwarteter Grausamkeit und Bösartigkeit. Ich kann mir sogar bildlich vorstellen, daß in dem Moment, da die Mutter ihr neugeborenes Kind küßt, in irgendeiner Mikrozelle, vielleicht wirklich in der Seele, das Gen der Liebe gepflanzt wird, das künftig, was immer auch geschehen mag, den Menschen davor bewahrt, zum Verbrecher zu werden.

Die vielen Beichten zum Tode verurteilter Menschen, die ich gelesen habe, beweisen mir, daß ihre verbrecherische Gegenwart vorherbestimmt war durch die Grausamkeit, die sie in der Kindheit erleiden mußten.

»Zu uns kommen vorwiegend Kinder heruntergekommener, alkoholkranker Eltern, sie sind obdachlos, hungrig, böse«, sagte der Leiter einer Kinderkolonie im Kostromaer Gebiet, zum Glück ein lebendiger, mitfühlender Mensch. »Die meisten sitzen wegen Diebstahl. Aber viele haben gestohlen, weil sie Hunger hatten.« Im weiteren erläuterte er, daß sich die Haftkosten für jeden dieser minderjährigen »Verbrecher« – sie werden im Schnitt zu drei bis vier Jahren verurteilt – auf etwa 15 000 Dollar belaufen, einschließlich der Kosten für die Ermittlung, die Milizmitarbeiter, das Gericht, die Staatsanwaltschaft, den Transport.

»Und die Leiden dieser Jugendlichen, ihre in der Haft zerrüttete Gesundheit, ihre zerstörte Psyche, wer berechnet das?« fragte der Leiter.

Ich füge hinzu: Und den Verlust für uns alle, für das Land, für die Gesellschaft, und die Gefahr für das Leben eines jeden Bürgers, wenn dieser Junge herangewachsen ist und uns auf seine Weise die Rechnung präsentiert? Wir alle haben das Böse in seiner Seele gesät. Und es wird wachsen.

Kürzlich erschien in einer Zeitung eine Notiz, die jeden nachdenklich stimmen sollte:

»Der grausame Umgang mit Kindern ist in unseren Familien zur Norm geworden. 1997 wurden mehr als 15 000 Angriffe auf das Leben von Kindern registriert, 200 Kinder wurden von ihren Eltern getötet, 1500 sexuell mißbraucht, 2000 begingen Selbstmord.«

Der Petersburger Arzt Wassili Serjoda, der Straßenkinder betreut, hat einmal gesagt: »Wenn wir für diese Kinder jetzt keine Anpassungszentren schaffen, werden wir in naher Zukunft Gefängnisse für sie bauen müssen.«

In Fortsetzung dieses Gedankens möchte ich eine Biographie anführen: E. S. Jablokow, 24, zum Tode verurteilt wegen vorsätzlicher Tötung bei einem besonders schweren Raubüberfall.

Aus seinem Gnadengesuch an Präsident Jelzin:

»Sehr geehrter Boris Nikolajewitsch!

Die Leute sagen zu Recht: Wächst du ohne Vater auf, so bist du eine Waise, wächst du aber ohne Mutter auf, so bist du eine zehnfache Waise. Und hast du weder Vater noch Mutter, dann bist du wie eine einsame Wolke, die der Wind des Lebens vor sich hertreibt, wohin es ihm gefällt. Wenn du Glück hast, zu guten Menschen, dann verhärtet sich dein schutzloses Herz nicht, vereist nicht an der Kälte und Gleichgültigkeit des bitteren Schicksals. Bist du in der Obhut einer Frau, die ein mitfühlendes Herz und gütige Hände hat, dann ersetzt sie dir die Mutter, sie speist und wärmt und liebkost dich. Bist du in der Obhut eines Mannes, der weise und barmherzig ist, so lehrt er dich, Unbilden geduldig zu überwinden …

Ich hatte kein Glück. Mein Leben hat sich anders gefügt. Ich wurde in der Stadt Balakowo geboren, so steht es jedenfalls in meinem Paß, und landete im Waisenhaus der Stadt Wolsk. Von dort schickten sie mich in ein Hilfsschulinternat im Dorf Saltykowka, Gebiet Saratow. Meine Eltern habe ich nie gesehen und weiß nicht, wer sie sind. Als Kind bekam ich viele Schläge auf den Kopf, ich mußte zur Strafe in einer Ecke auf Salz knien, und oft wurde mir das Mittagessen entzogen.

Als ich in der zweiten Klasse war, brachte man mir das Stehlen bei. Eines Tages sagte ein älterer Schüler zu mir, ich müsse für den Nachtisch bezahlen, und befahl mir, ins Lehrerzimmer zu gehen, wo die Taschen der Lehrer lagen. Aber einmal erwischten mich die Lehrer und schlugen mich.

Ich beschwerte mich nicht und verpetzte nicht den Jungen, der mich zum Stehlen verleitet hatte. Ich wollte nicht zu den ›Spitzeln‹ gehören, denn die wurden streng bestraft; die älteren Schüler verprügelten sie mit einem nassen Handtuch, in das ein Metallrohr vom Bettgestell gewickelt war, schlugen damit auf den Körper, aber nie ins Gesicht. Oder sie sperrten den ›Spitzel‹ in ein Nachtschränkchen und warfen es die Treppe hinunter.

Als Kind habe ich oft ins Bett gemacht. Die Erzieher drückten mich mit dem Gesicht in das nasse Bett, schlugen mir das nasse Laken um die Ohren und banden es mir um den Kopf, damit ich meinen Uringeruch einatmete.

Es gab bei uns einen Karzer. Wer sich etwas zuschulden kommen ließ, mußte darin einen oder zwei Tage ohne Essen sitzen. Im Sommer konnte man hinausklettern und Gemüse klauen, aber wenn sie einen erwischten … Die Ohren verheilten wochenlang nicht, und der Rücken tat weh. Erst verdrosch einen der Besitzer und brachte einen zurück ins Waisenhaus, und hier schlug einen der Erzieher mit einem Zeigestock oder Riemen auf die Hände, daß sie anschwollen.

Und wenn man sich bei der Ärztin beschwerte, sagte sie: ›Hätte ich dich in meinem Garten erwischt, dann hätte ich dich totgeschlagen, um euch Debile ist es nicht schade … Darum wollen eure Mütter auch nichts von euch wissen, euch braucht niemand.‹

Die Einheimischen lauerten uns oft mit Knüppeln und Ziegelsteinen auf und verprügelten uns. Sie paßten uns vor dem Badehaus ab und droschen auf uns ein, immer auf den Kopf. Ein Mädchen haben sie mit einem Knüppel totgeschlagen. Mir brachen sie zwei Rippen und das linke Bein, und ich kam ins Krankenhaus.

Häufig rückte ich aus dem Waisenhaus aus, um niemanden zu sehen, allein fühlte ich mich am wohlsten: Niemand schlug mich, niemand zwang mich zu stehlen. Bis sie mich wieder einfingen.

Ein besonderer Feiertag war für mich Ostern, nicht nur für mich, sondern für alle Waisenhauskinder: Ich holte mir vom Friedhof die Nahrungsmittel, die die Leute für ihre Toten hingelegt hatten, und verschwand für lange. Ich fuhr in Güterzügen, schlief auf Dachböden, im Stroh oder in trockenen Brunnen. Aber irgendwann griff mich die Miliz auf und brachte mich ins Waisenhaus zurück, und dort bestraften sie mich, schlugen mich mit dem Riemen, mit der Koppelschnalle, zogen mich an den Ohren … Ich kroch unter den Wäscheschrank, und sie zogen mich mit dem Schrubber hervor.

Damals biß ich einen der Erzieher ins Bein, und er brach mir mit einem Schlag zwei Zähne aus.

An den Geburtstagen setzte es so viele Schläge, wie man Jahre zählte. So wurde uns gratuliert. Ich beschloß, das Lehrerzimmer anzuzünden, damit darin niemand mehr geschlagen werden konnte. Dafür wurde ich eine Woche lang verprügelt und dann in eine psychiatrische Klinik im Gebiet Saratow gebracht.

Bei der Gerichtsverhandlung erklärte der Staatsanwalt, meine Kindheit brauche man nicht zu berücksichtigen, die sei ohne Bedeutung, auch im Waisenhaus könne man ein anständiger Mensch werden.

Aber wie es in der Psychiatrie zuging, da war es bestimmt in den Konzentrationslagern besser.

Die Baracke, in der wir Kinder hausten, wurde nicht geheizt. Das Dach war undicht, in den Wänden waren Löcher, die Fenster hatten keine Scheiben, sondern waren mit Brettern vernagelt. Ein Bad gab es nicht. In der Baracke stand ein Kessel, dort wurde Schnee hineingefüllt und erwärmt. Die bettlägrigen Kranken wurden in den Kessel gesetzt und mit Lappen abgerieben. Nach den Kranken badeten wir in demselben Wasser.

Wir schliefen zu sechst in einem Bett, aber an Schlaf war kaum zu denken: Einer bekam einen Anfall, ein anderer machte unter sich.

Wir wurden von Pflegern beaufsichtigt, jungen Männern, die auch Spritzen gaben und Tabletten verteilten. Sie flößten mir Tabletten ein, spritzten mir Aminasin oder Galopiridol und Schwefel, davon bekam ich Halluzinationen, und die Sanitäter amüsierten sich.

Einige Dinge kann ich nicht beschreiben, Sie würden nicht glauben, wie Frauen und Invaliden mißhandelt wurden.

Die Pfleger hängten junge Mädchen an den Beinen auf …

Das Essen war grauenhaft. Wir bekamen einen blauschwarzen Brei, der nach Gummi roch. Ich habe mich daran vergiftet.

Dort starben viele. Wer nicht selbst essen konnte, dem schob der Pfleger den Löffel quer in den Mund und kippte ihm die heiße Brühe ins Gesicht.

Sie machten mit mir Experimente, wie viele Spritzen und Tabletten ich aushielt. Diesen Zustand kann ich nicht beschreiben, und an vieles erinnere ich mich auch nicht, weil die Spritzen und Tabletten mein Gedächtnis zerstört haben.

Dort brauchte sich wohl keiner für uns zu verantworten. Wenn ein Patient starb, atmeten die Pfleger erleichtert auf und sagten, daß doch alle bald krepieren sollten, das beste wäre, uns alle umzubringen.

Später lief ich weg und wurde wieder eingefangen. Wie durch ein Wunder blieb ich am Leben, trotz allem, was sie mit mir anstellten. Ich erinnere mich, daß sie mich mit dem Kopf an das Bettgitter banden, mich verprügelten und mir Schwefel spritzten, wovon die Beine abstarben. Und das zweimal am Tag. Später sah ich, daß die Pfleger auch sich selber Spritzen setzten, sie waren rauschgiftsüchtig ...«

Im weiteren beschreibt er die Berufsschule in der Stadt Rtistschew, Besäufnisse im Wohnheim, wo die Halbwüchsigen von ihrem Lehrlingsgeld »Steuern« zahlen mußten, dann die Armee, wo die Rekruten von den Altgedienten, den »Opas«, drangsaliert wurden.

»In der Armee«, schreibt er, »mußte ich viel aushalten, weil ich den ›Opas‹ nicht die Stiefel putzte und ihnen nicht die Klamotten wusch ... Es tat sehr weh, von fünf Mann verprügelt zu werden. Dabei hatte ich auf die Armee gehofft und gedacht, daß ich hier etwas Nützliches lernen würde. Ich lernte nur, Ziegelmauern hochzuziehen und mich bis zum letzten zu verteidigen, um nicht umgebracht zu werden ... So habe ich mein kleines Leben gelebt ...«

Auf die Armee folgten Arbeit in einem Fleischkombinat in der Stadt Atkarsk, Saufereien im Wohnheim, die erfolglose Suche nach einer Freundin, ein Versuch, sich zu vergiften, ebenfalls erfolglos, die Klapsmühle, wieder Besäufnisse und – das Verbrechen.

Aus der Strafakte:

»Jablokow hat seine Schuld an der Tat gestanden. Er hat ausgesagt, daß er im März 1990 beschloß, Makarenko zu überfallen, den er von der Arbeit kannte. Er drang mit Kopjonkin und noch einer Komplizin in Makarenkos Haus ein und verlangte Geld. Makarenkos Mutter brachte ein Portemonnaie mit Geld. Er verlangte mehr. Dann warfen er und Kopjonkin Makarenko zu Boden, und Jablokow brachte dem Geschädigten mehrere Messerstiche bei. Danach stach er mit dem Messer ein paarmal auf Makarenkos Mutter ein, zündete Papier an und warf es unters Sofa, damit der Brand die Spuren des Verbrechens verwischte ...«

Aus seiner Beichte:

»Ehrlich gesagt, das Gerichtsurteil ist verkehrt. Die Wahrheit kam zu kurz ... Außerdem will ich noch sagen, daß ich in einer schlimmen Verfassung war, als ich nach dem ersten Messerstich immer wieder zustach. Ich kann mich nicht mehr daran erinnern. Als mir Blut ins Gesicht spritzte, wurde mir schlecht.

Sie wissen doch selber, um einen Menschen zu töten, genügt ein Stich, und überhaupt war ich in einer ausweglosen Lage ... Wenn ich gekonnt hätte, wäre ich weggelaufen, aber es ging alles so schnell.

Glauben Sie mir, ich bin nicht hingegangen, um zu töten, ich wollte das nicht ...«

Weiter aus der Strafakte:

»Vor den Augen der Mutter warf er den Sohn zu Boden, drehte ihn auf den Rücken und fragte: ›Wo ist dein Herz?‹ Er zielte und stieß das Messer in die Brust ... Dann drückte er langsam auf den Griff, und Blut schoß hervor ... Und die Mutter mußte alles mit ansehen. Dann legten sie die Mutter mit dem Kopf zum brennenden Ofen, zum Feuer ... Und Jablokow sagte zu seinem Komplizen: ›Stich sie ab!‹ Und der versetzte ihr drei Messerstiche in den Bauch ... Sie steckten das Sofa in Brand, schlossen die Tür ab und gingen. Die Mutter kroch in die Diele, holte einen Eimer Wasser und goß es auf das brennende Sofa.

Am Morgen fand der zweite Sohn die beiden und brachte die Mutter ins Krankenhaus …«

Aus der Beichte:

»Töten Sie mich nicht, ja, ich bereue schon längst. Immer wieder durchlebe ich das Verbrechen in meinen Alpträumen …

Um Christi willen, töten Sie mich nicht …

Ich bin mir längst bewußt, daß ich einen Menschen auf dem Gewissen habe. Ich wollte ihn nicht töten, das schwöre ich bei meinem Waisenhaus.

Bei der Verhandlung sagte mir der Richter, daß meine Mutter lebt, und ich hatte gedacht, sie wäre tot. Von da an habe ich während der Verhandlung nur noch an meine Mutter gedacht. Ich habe so viele Jahre nichts von ihr gewußt, und plötzlich liest mir der Richter aus irgendwelchen Dokumenten vor, daß meine Mutter lebt.

Jetzt in der Todeszelle denke ich nur an sie. Ich bin mit jeder Arbeit einverstanden, mit lebenslanger Haft, aber ich möchte meine Mutter sehen, ihr in die Augen schauen, sie fragen, warum sie mich im Stich gelassen hat …

Mein Verteidiger Semjonow hat mir sein Wort gegeben, daß er, wenn man mich begnadigt, meine Mutter finden wird. Er hat sich ihre Adresse aufgeschrieben.

Töten Sie mich nicht. Lassen Sie mich meine Mutter sehen.

Wenn es in dem Haus der Makarenkos eine zweite Tür gegeben hätte, wäre ich weggelaufen, aber ich konnte nicht weglaufen.

Um Christi willen, erschießen Sie mich nicht.«

Das ist in stark gekürzter Form die Beichte eines Mörders.

Ich habe keinen Zweifel an der Grausamkeit des begangenen Verbrechens und an der gerechten Entscheidung des Gerichts.

Aber ich zweifle stark an den Worten des Staatsanwalts, der sagte, daß man die Kindheit, besonders eine solche Kindheit, nicht zu berücksichtigen brauche.

Als wir uns mit dem Fall Kusnezow vertraut machten, war er 24 Jahre alt, von denen er zehn im Gefängnis verbracht hatte. Aus der Akte geht hervor, daß er mit einer Gruppe Komplizen einen Raubüberfall auf Gleichaltrige, also Halbwüchsige, verübt, einen Hund auf sie gehetzt hatte. Dann hatten sie die Überfallenen geschlagen und mit Füßen getreten. Für all das bekam Kusnezow sechs Jahre. Das erste Jahr saß er in einer Besserungsanstalt ab. In seiner Beurteilung steht, daß er achtunddreißigmal gegen die Vorschriften verstieß und in ein Gefängnis überführt wurde. Ein Jahr vor seiner Freilassung schlug er in Tötungsabsicht seinem Zellengenossen ein paarmal einen Elektrokocher auf den Kopf; der Mann starb nicht, behielt aber Schäden zurück. Kusnezow bekam noch einmal sechs Jahre.

In der Kommission wurde heftig darüber gestritten, ob man den, wie sich jemand ausdrückte, verrohten jungen Mann, der noch zwei Jahre abzusitzen hatte, freilassen sollte oder nicht.

Die Gegner einer Freilassung argumentierten so: Seine Persönlichkeit sei voll ausgeprägt, er habe sich zu einem ausgewachsenen Wolf entwickelt und werde in Freiheit viel Unheil anrichten. Ihnen wurde entgegengehalten, eine Begnadigung könne ihn davor bewahren, ganz zu verrohen, vielleicht habe er sich ja noch etwas Menschliches bewahrt.

Die Gefängnisleitung war strikt gegen eine Begnadigung. Kusnezows Gesuch war erstaunlich kurz: »An Präsident Jelzin. Ich bitte Sie, mich zu begnadigen und mir die restliche Strafe zu erlassen. Kusnezow.«

Ich saß einen ganzen Abend über dieser Akte und versuchte,

hinter den amtlichen grauen Papieren den Menschen zu erkennen.

In der Akte waren alle Verstöße gegen die Gefängnisordnung aufgezählt.

»Hat nach dem Signal zur Nachtruhe ferngesehen: zehn Tage Isolierzelle.«

»Hat verbotene Sachen aufbewahrt: drei Tage Isolierzelle.« (Was für Sachen er aufbewahrte, ist nicht angegeben, aber aus anderen Akten ist bekannt, daß es ganz harmlose Dinge sein können: warme Socken zum Beispiel, bei Frauen Parfüm oder Lippenstift.)

»Hat den Tagesablauf gestört: Entzug des Rechts, Lebensmittelpakete zu empfangen.«

»Hat gegen die Kleiderordnung verstoßen: 15 Tage Isolierzelle.«

Es folgten ähnliche Vergehen und Strafen, Strafen, Strafen. Am häufigsten: Isolierzelle. Der offensichtliche Versuch der Lagerverwaltung, einen ungehorsamen Häftling zu brechen.

Dazu paßt die Beurteilung: »Er arbeitet nicht, denn er hat gesundheitliche Einschränkungen. Er ist verschlossen, verlogen, dreist, im Umgang mit Vertretern der Administration um Höflichkeit bemüht. Fügt sich nicht ins Kollektiv ein, provoziert ständig Konflikte …«

Am Schluß der Akte fand ich einen »Offenen Brief an den Präsidenten Rußlands«. Der Brief war ordentlich abgeheftet, aber außer mir hat ihn wohl niemand gelesen.

Es ist seltsam, daß erfahrene Lagerinsassen, die vom ständigen Überlebenskampf abgehärtet sind und den Preis jeder Sache kennen, wirklich damit rechnen, daß der Präsident ihre Gesuche liest. Es ist für sie wohl eher eine Möglichkeit, sich auszusprechen und die Seele zu erleichtern.

»Ich bin nicht in der Lage, Ihnen all meine furchtbaren Qualen zu schildern, darum werde ich in einfachen Worten das Wesentliche darlegen. Ich war 14 Jahre alt, als ich verhaftet und verurteilt wurde. Stellen Sie sich vor, wir waren zu viert, und als einer von uns mit dem Messer auf einen Menschen losgehen wollte, habe ich das nicht zugelassen und ihm das Messer weggenommen, aber der Junge ist der Sohn eines Millionärs, ich dagegen bin arm, und die gewissenlosen Richter und Staatsanwälte haben ihn verschont und statt seiner mich für sechs Jahre eingesperrt, dabei war ich noch ein Kind, und ich habe einem Menschen das Leben gerettet. Ich landete in der Hölle. Als ich volljährig wurde, haben die Experimentatoren der Willkür zu mir gesagt: ›Mach dir keine Hoffnungen, du wirst deine Mutter nicht so bald wiedersehen!‹ Ich hatte noch zehn Monate abzusitzen und lechzte nach Freiheit wie ein Rabe nach Blut, da steckten sie mich in eine Sonderzelle, um mich gewaltsam zu entehren. Ich mußte mich wehren, und ich konnte meine Ehre und mein Leben nur dadurch retten, daß ich den ›Engel‹ auf den Kopf geschlagen habe. Diese Tat war die Begründung für ein neues Urteil. Meine Mutter wurde krank, und sie begann nach der Wahrheit zu suchen …

So sitze ich jetzt das elfte Jahr, und wenn Sie, Herr Präsident, ein Gewissen haben, erlassen Sie mir wenigstens ein Jahr, denn ich will überleben und mein einsames krankes Leben retten. Oder ist die Amnestie nur für die da, die reiche Eltern haben? Ich bitte Sie inständig, Boris Nikolajewitsch, helfen Sie mir zu überleben und geben Sie Anweisung, mir das letzte Jahr zu erlassen. Ich gebe auf dem Umschlag meine Heimatadresse an, aber zur Zeit bin ich im Lager. Kusnezow.«

Ich muß sagen, daß die naive Schlichtheit des Briefs mich anrührte, und ich glaubte, daß sich dahinter Leid und Kränkungen verbargen. Doch das Sprichwort vom Raben, das hatte er im Gefängnis gelernt.

Seine Mutter, die 40 Jahre als Krankenpflegerin gearbeitet hatte, schrieb in ihrem Bittgesuch: »Verehrter Herr Präsident, halten Sie für einen Moment inne und denken Sie darüber nach, wie grausam und ungerecht es war, meinen vierzehnjährigen Sohn in die Hölle zu werfen. Ordnen Sie an, ihn zu begnadigen, lassen Sie ihn nach Hause, ich warte auf ihn wie auf den Sonnenaufgang. Ich werfe mich Ihnen zu Füßen … Geben Sie mir Antwort, Herr Präsident, weisen Sie nicht meine und meines Sohnes Hände zurück, die wir Ihnen, auf Rettung hoffend, wie Jesus entgegenstrecken …«

Auf dieses Flehen der Mutter folgte ein graues Stück Papier mit offiziellem Stempel: »Wir teilen mit, daß das Gnadengesuch Kusnezows geprüft und abgelehnt wurde in Anbetracht der negativen Beurteilung seines Verhaltens in den Strafanstalten.« Eine Unterschrift, ein Schnörkel, der für die arme Krankenpflegerin die Macht verkörperte.

Nach der zweiten Ablehnung (noch bevor wir uns damit befaßten) schrieb sie: »Hör zu, Abteilungsleiter, du mußt nicht Salz in die Wunden einer Mutter streuen, die begriffen hat, daß nicht Menschen auf unserer Erde leben, sondern eine Herde wilder Tiere, darum habe ich die Bibel aufgeschlagen, um zu erfahren, wann für diese Herde das Ende anbricht …«

Das war ein Urteil. Über uns alle, Gerechte wie Schuldige.

Sie hatte das Foto ihres Jungen an ihren Brief geheftet: Sergej Kusnezow, zwölf Jahre alt. Ein klares Kindergesicht. Der Junge mit dem hellen Haar blickt voller Zuversicht in die Zukunft, dabei bleiben ihm nur noch zwei Jahre bis zur Verhaftung.

Ich möchte hinzufügen, daß wir nach einem schweren Streit in der Kommission Kusnezow begnadigten.

SIEBENTES KAPITEL

Die Armee

Jetzt komme ich auf die Armee zu sprechen, die ein Spiegelbild unserer Gesellschaft in ihrer extremsten Form ist. Dabei geht es um die Unterdrückung der Persönlichkeit, um besondere Grausamkeit, Verhöhnung, häufige Selbstmorde. Und das alles wird noch verschlimmert durch die Geheimhaltung, die praktische Unantastbarkeit der Armee.

Aber gerade in der Armee formen sich (oder brechen) Charaktere, entscheidet sich also auch unser aller Zukunft.

Ich habe meinen Wehrdienst in den fernen 50er Jahren abgeleistet, aber die Schikanen der »Dedowstschina« gab es schon damals, und ich werde nie den schweren nächtlichen Zusatzdienst in der Küche vergessen: glühendheiße Kessel scheuern, in die wir hineinklettern mußten, um die angebrannten Rückstände abzukratzen, danach noch eine Tonne Kartoffeln schälen ... Und am Morgen, ohne geschlafen zu haben, zum Exerzieren. Zehn Kilometer Dauerlauf mit Spaten, hundertmal im Stechschritt vor einem Pfahl salutieren oder stundenlang durch den Schnee robben. Der Soldat muß, der Soldat hat die Pflicht, der Soldat hat kein Recht ...

Ich hielt die Schikanen nicht aus und kam ins Krankenhaus, der Soldat Olechow aber beging Selbstmord.

Wäre uns der Sergeant Masli nach unserer Dienstzeit über den Weg gelaufen, wir hätten keine Gnade gekannt, aber er war an unserem Entlassungstag wie vom Erdboden verschwunden. Später trug sich folgendes zu: Er entfernte sich unerlaubt von der Truppe, stahl einer Bekannten die Handtasche und wurde verurteilt. Die Gerechtigkeit siegte, wenn auch mit Verspätung.

Und wie sieht es heute aus?

Der Soldat Mirsojew, 18 Jahre alt, begleitete einen Militärtransport. Er schlug mit den Kameraden die Zeit tot und sagte etwas Belangloses zu einem Sergeanten. Der hieb ihm die Faust ins Gesicht. Der Schlag war so stark, daß Mirsojew mit dem Kopf gegen die Waggonwand prallte. Als er wieder zu sich kam, packte er die MPi. Die Kameraden riefen: »Laß sie fallen!« Aber er war nicht bei klarem Verstand und erschoß den Beleidiger und dazu noch einen anderen Sergeanten.

An das Weitere konnte er sich nicht erinnern, er kam erst zur Besinnung, als er alle Patronen verschossen hatte. Er warf die MPi aus dem fahrenden Zug und schlief fest ein.

Es kommt nicht selten vor, daß Mörder in einen todesähnlichen Schlaf fallen (sogar vor Gericht). Wie aus der Akte ersichtlich, schlief er acht Stunden. Als er aufwachte, war er entsetzt über seine Tat. Er wurde zum Tod durch Erschießen verurteilt.

Ein Oberst wollte die Wirkung von Übungshandgranaten ausprobieren. Bevor er nach Hause ging, ordnete er an, Soldaten, die sich einer Verfehlung schuldig gemacht hatten, in einem hermetischen Luftschutzraum von fünf Kubikmetern (quasi eine Zelle von anderthalb mal einem halben Meter) einzusperren und einer »Schutzmaskenprüfung« zu unterziehen.

Die Soldaten bekamen Schutzmasken, und dann wurden die Übungshandgranaten in die Zelle geworfen. Drei Soldaten starben qualvoll an Kohlenmonoxydvergiftung, davor schützen die Schutzmasken nicht. Erst recht keinen Schutz gibt es in der Armee vor Willkür und Grausamkeit.

Zum Schluß noch ein paar Worte über einen fünfundzwanzigjährigen Leutnant, der einen Untergebenen wegen verschiedener Fahrlässigkeiten im Dienst mißhandelte. Er zog den Soldaten mit einem glühenden Feuerhaken am Hals zu sich heran und schlug ihn mit dem Riemen, dem Feuerhaken, trat ihn. Manchmal mußte der Soldat mit einer Schlinge um den Hals Dienst tun, so steht es in der Akte. Alle sahen es und schwiegen. Mehr noch, der Leutnant befahl auch anderen Untergebenen, das Opfer mit dem Feuerhaken aufs Gesäß zu schlagen. Und sie taten es. Schließlich kam es bei dem Opfer aufgrund der körperlichen Verletzungen zu einer traumatischen Hautablösung. Was im Gehirn des unglücklichen Jungen vorging, steht nicht in der Akte.

Ich habe einmal einen ähnlichen Vorfall beschrieben, der sich bei uns im Waisenhaus zutrug: Der Direktor peinigte auf ähnliche Weise ein Kind, wobei er andere Kinder als Werkzeuge benutzte, oder, wie man bei uns sagt, das Kollektiv. Die Armee ist auch solch ein »Kollektiv« (charakterlich noch nicht gefestigte junge Menschen), aber schon bis an die Zähne bewaffnet.

Der sadistische Leutnant bekam nur fünf Jahre, aber ehrlich gesagt, sein Opfer hat auch nicht mein volles Mitgefühl, der Soldat war genauso ein Sklave wie diejenigen, die ihn quälten. Und nun stellen Sie sich diese Soldaten in Tschetschenien oder an einem anderen Brennpunkt Rußlands vor!

Die Ereignisse in Tschetschenien haben das öffentliche Bewußtsein aufgewühlt: Blutjunge Burschen meldeten sich als Freiwillige (ganz am Anfang), Politiker wurden zu Patrioten, und die Militärs, ob jung oder alt, ließen auf dem Bildschirm ihre Generalssterne und ihren wiedererwachten Kampfgeist erstrahlen. Es war eine Militarisierung des Volksbewußtseins.

Das Tschetschenien-Syndrom

Alle Probleme, die mit Tschetschenien und dem Kaukasus zusammenhängen, begannen vor langer Zeit, im vorigen Jahrhundert, als die ersten russischen Soldaten dort ihre »verfassungsmäßige« Ordnung einführten.

»In diesem bewaldeten Tschetschenien tobte ein erbitterter Kampf der Bergstämme gegen den Koloß aus dem Norden«, sagte ein Augenzeuge.

»Das wilde, unbekannte Land«, schrieb Potto, »in dem ewig Krieg tobte, in das Heer um Heer zog, erschien dem Volk als ein Land der Finsternis und des Tötens, aus dem keiner zurückkam …«

Jermolow[1] ließ im Kampf gegen Tschetschenien die Festung Grosny errichten. Er sagte: »Der Kaukasus ist eine riesige Festung … Ein Sturmangriff ist teuer, darum werden wir sie belagern …« Und er ließ Wälder abholzen, ließ breite Schneisen schlagen, die den Weg ins Innere Tschetscheniens öffneten.

Mich verblüffte, daß jeder tschetschenische Junge noch heute, nach über hundert Jahren, den Namen Jermolow so aussprach, als wäre der sein Erzfeind; dabei wurde er in der Schule nicht behandelt. Was werden diese Kinder über uns und unsere unbegabten Heerführer wissen?

1 Alexej Jermolow (1777–1861), russischer General, leitete 1816 als Oberkommandierender die Eroberung des nördlichen Kaukasus. D.Ü.

Der großartige General Dshachar Dudajew, Sohn des tschetschenischen Volkes, hat im gegenwärtigen Krieg gegen die hochgerüstete russische Armee praktisch den »Koloß aus dem Norden« zerschmettert, hat unter neuen, schwierigeren Bedingungen Schamils[1] Heldentat wiederholt.

Über Dudajew werden Bücher geschrieben, Legenden gesponnen. Man schreibt auch über seinen Tod. Ich bin ihm nie begegnet, aber man hat mir erzählt, daß er meinen Roman »Schlief ein goldnes Wölkchen« sehr schätzte. Als das Buch verfilmt wurde, sah er sich den Film dreimal hintereinander an, und ihm kamen jedesmal die Tränen.

»Die Menschen müssen sich an alles erinnern und wissen, was sie erwartet«, sagte mir ein junger Geographielehrer aus einem tschetschenischen Bergdorf. In den Krieg ging er, um sein Haus zu verteidigen, und bei dem Sturm auf Grosny, seinem ersten Kampf im Leben, führte er 16 junge russische Soldaten, die im Bahnhof eingeschlossen und von ihrer Führung im Stich gelassen worden waren, aus der Kampfzone und rettete sie damit vor dem Tod. Später übergab er sie ihren Eltern, und er steht noch heute mit einigen in Briefwechsel.

»Warum hast du das getan?« fragte ich ihn.

»Ich habe doch den Kindern Ihr Buch[2] vorgelesen«, antwortete er. »Und ich hege keine Feindschaft gegen das russische Volk, aber ich hasse Ihre Militärführer ... besonders die Flieger.«

1 Schamil-tschetschenischer Freiheitskämpfer, führte 1834–1859 den Widerstand der kaukasischen Bergvölker gegen die russische Eroberung. D.Ü.

2 Gemeint ist Pristawkins »Schlief ein goldnes Wölkchen«. D.Ü.

Auf das Foto, das er mir schenkte, schrieb er: »Meinem Freund und Bruder zur Erinnerung«.

Als Symbol der Grausamkeit und Barbarei, vergleichbar mit dem tschechischen Lidice und mit Chatyn, wird auch der tschetschenische Ort Chaibach im Gedächtnis der Menschheit bleiben. Staatsanwalt Mussa Chadissow gehörte zu den Männern, die anhand alter Spuren das Verbrechen untersuchten. Er sollte den Tod Dudajews aufklären.

Wir trafen uns im zerstörten Grosny, in einem Häuschen, das wie durch ein Wunder heil geblieben war. Über unseren Köpfen surrten noch Hubschrauber und suchten Ziele, während wir uns unterhielten. Ich fragte ihn, ob er mit Sicherheit sagen könne, daß Dudajew umgekommen war. Er bestätigte das. Aber er sagte auch, daß Dudajew praktisch nicht bestattet werden konnte, denn der Einschlag der Rakete war von solcher Kraft, daß alles zu Asche verbrannte.

Aber es gibt auch andere Versionen. Ich traf mich mit Dudajews Bruder Letscho, der über seinen Bruder sprach, als lebe er noch. Ich sah in einer der Gassen das kleine bescheidene Haus, in dem Dudajew gewohnt hatte. Man erzählte mir, daß er in dem Moment ums Leben kam, als er telefonisch über den Frieden verhandelte.

Während des Krieges war ich in Grosny. Ein blutjunger Soldat wurde mir als Personenschutz beigegeben. Eines Tages fragte er mich:

»Waren Sie vor dem Krieg mal hier?«

Ich antwortete, daß ich vor dem Krieg noch ein Kind war. Da präzisierte er:

»Vor unserem Krieg ...«

Offenbar hat jede Generation ihren Krieg und also auch ihre Tragödie. Zum Abschied schenkte er mir Ansichtskarten vom

Vorkriegs-Grosny, die er in einem zerstörten Kiosk gefunden hatte. Vor dem Hintergrund von Grün, Blumen und blauem Himmel ist eine wunderschöne Stadt zu sehen. Die es jetzt nicht mehr gibt und wohl nie wieder geben wird.

»Ein wahrer Sohn seines Landes« – diese Worte stammen aus einem Zeitungsartikel über den Matrosen Berjosin, geschrieben, bevor er in Abchasien, in der Stadt Otschamtschira, wo er diente, ein Verbrechen beging. Drei Freunde, darunter Berjosin, betranken sich außerhalb ihrer Einheit, und auf dem Rückweg verprügelten sie einen Einheimischen, wobei sie ihm die Nase brachen und zahlreiche Verletzungen an Gesicht, Schultern und Brust zufügten. Später, in der Militärsiedlung, liefen ihnen zwei vierzehnjährige Jungs, Wardania und Alejba, über den Weg. Die drei Soldaten verlangten von den Jungs Zigaretten, und als sie keine bekamen, denn die beiden rauchten nicht, schlugen sie zu dritt mit den Fäusten auf Wardania ein, traten den schon am Boden Liegenden gegen den Kopf und andere Körperteile. Der Junge wurde mit einer lebensgefährlichen Gehirnprellung ins Krankenhaus gebracht. Er starb.

Während der Untersuchung logen die Freunde, versuchten, sich herauszuwinden, erzählten, die Halbwüchsigen hätten ihnen Narkotika angeboten, redeten auch von einem Messer, mit dem einer der Halbwüchsigen Berjosin sogar verletzt hätte. Doch von dem Messer fehlte jede Spur.

Das Urteil des Gerichts fiel recht mild aus und enthielt den Satz: »In Anbetracht der Besonderheiten ihres Dienstes und der gespannten Beziehungen zur Bevölkerung …«

Berjosins Mutter (sie hat vier Kinder) schrieb uns einen Brief, in dem folgendes steht: »Abchasen liefen zusammen, umringten das Militärobjekt und verlangten, die ›Matrosen‹ herauszugeben, sie wollten Vergeltung … Einer von ihnen hat sogar gesagt: ›Ich würde alle drei erschießen …‹«

Berjosins Mutter empört sich zu Recht, aber sie hat übersehen, daß unter denen, die zusammenliefen, auch Mütter waren. Abchasische Mütter. Zählt ihr Schmerz um ihre Kinder weniger?

Im weiteren berichtet Frau Berjosina, was für ein guter Junge ihr Sohn sei, wie gern er dem Großvater bei der Imkerei zur Hand ging, wie er Gras mähte und eine Kombine fuhr … In dem Zeitungsartikel, aus dem ich zitierte, stehen noch die bemerkenswerten Worte: »Die Heimat braucht Männer wie ihn, besonders jetzt …«

Nun zu einem anderen Soldaten, Sergej Werschinin. Über ihn heißt es: »Er beteiligte sich an der Wiederherstellung der verfassungsmäßigen Ordnung in der tschetschenischen Republik …« Ordnung stellte er, wie man weiß, nicht her, aber nach dem Krieg, weiterhin in Abchasien dienend, stieg er in angetrunkenem Zustand auf das Dach des Lagerhauses und »feuerte ohne Grund mit der MPi«.

Wohin schoß er? In das Wohngebiet, wie in der Akte steht.

Da die Patronen zur Neige gingen, feuerte er nur noch Einzelschüsse ab, und als er eine Frau schreien hörte, nahm er sich das Scharfschützengewehr eines Kameraden und sah durch das Zielfernrohr eine Frau, die sich über ein Kind beugte.

Folgendes war geschehen: Die Mutter war aus dem Haus gegangen, um Wasser zu holen, und als sie begriff, daß vom Dach des Lagerhauses auf die Siedlung geschossen wurde, bat sie ihren älteren Sohn, den jüngeren zu holen, der in der Nähe badete. Sie sah, wie der ältere lief und stürzte. Eine Kugel hatte ihn ins Herz getroffen.

Die Beurteilung vom Truppenteil enthält die Bitte, zu berücksichtigen, daß Werschinin noch sehr jung sei, daß er an den Kämpfen in Tschetschenien teilgenommen habe und daß er ohne Vater aufgewachsen sei.

Und die Mutter, die im Gebiet Saratow wohnte, schrieb uns: »Das ist ein Schrei meiner Seele ...« Ihr Leben habe für sie jeden Sinn verloren.

Diesen Brief adressierte sie an den Präsidenten. Aber wer liest diese tränenbenetzten Zeilen? Die Angestellten, die die eingehende Post durchsehen, und zu meinem Unglück ich.

Und mir geht nicht aus dem Kopf, daß diejenigen, die dem Jungen eine Erkennungsmarke um den Hals hängten und ihn nach Tschetschenien schickten, sein Leben und das seiner Mutter zerstörten, denn in keinem Fall, auch wenn wir ihn freilassen (und wir ließen ihn frei), wird die Mutter den naiven Rekruten zurückbekommen, den sie zum Zug brachte, sondern einen gebrochenen Menschen, der auf die ganze Welt wütend ist. Immerhin hat er ein unschuldiges Kind getötet!

Es wurde ausgerechnet, daß uns der Krieg gegen Tschetschenien sieben Milliarden Dollar gekostet hat. Aber wurde ausgerechnet, wie viele Seelen dieser Krieg zerstört hat? Von 620 000 Afghanistan-Kämpfern haben 100 000 psychische Schäden davongetragen.

Die Erschießung

Es war eine richtige Erschießung. Ein Tschetschene wurde an den Rand des Abgrunds gestellt, und der Kommandeur befahl seinen Männern: »Feuer!«

Eine Bekannte fragte mich mit einem netten naiven Lächeln, ob es stimme, daß die Tschetschenen Greueltaten an russischen

Soldaten begingen. Sie habe einen Film gesehen, in dem die verschiedensten Bestialitäten gezeigt wurden.

Seit Beginn der Kriegshandlungen war ich zweimal in Tschetschenien und habe manches gesehen und auch gehört. Ja, es gab alles mögliche auf beiden Seiten, denn es ist ausgeschlossen, daß das Eindringen einer mächtigen Staatsarmee in ein winziges Bergland, die Zerstörung von Städten und die Vernichtung friedlicher Einwohner keine Gegenreaktion, keine Grausamkeit hervorruft. Aber ich bin gegen das gewohnte, traditionelle Bild vom »bösen Tschetschenen«, der an allem schuld ist.

Am Morgen des 2. August 1995 wurde am Bahnübergang in Werchotoi der Einwohner Timijew festgehalten, weil er keinen Paß bei sich hatte. Er hatte am Fluß geangelt. Oberleutnant Shigalenkow, der Kompaniechef, überschritt »aus falsch verstandenem Diensteifer« seine Machtbefugnisse. Statt Meldung auf dem Dienstweg zu erstatten, ließ er dem Gefangenen die Hände auf dem Rücken fesseln und ihn an das Drehkreuz binden; danach unterzog er Timijew einem brutalen Verhör, schlug ihn, versuchte, ihm das Geständnis abzupressen, einer bewaffneten Formation anzugehören, fragte nach dem Aufenthaltsort der Kämpfer und nach dem Waffenlager.

Im Laufe des Verhörs schlug er, wie in der Strafakte steht, Timijew mit der Handkante gegen den Hals. Da er nicht die geforderten Aussagen erhielt, wurde er wütend. Er ließ den Tschetschenen an den Rand des Abgrunds stellen und befahl den neun ihm untergebenen Soldaten, auf ihn zu schießen. Aber die Soldaten schossen zweimal daneben.

Der Kompaniechef tobte, »er entsicherte seine MPi und richtete sie auf die in einer Reihe stehenden Soldaten. Er befahl zum drittenmal, auf den Tschetschenen zu schießen, andernfalls werde er schießen, aber auf sie. Die Soldaten fügten sich und erschossen Timijew. Danach befahl Shigalenkow, die Leiche zu vergraben und die Blutspuren zu beseitigen.«

Das bedarf keines Kommentars. Solche Fälle dürften auch früher schon in Tschetschenien vorgekommen sein.

Ich nehme an, daß sich die Justiz nicht nur durch die aktive Einmischung der Dorfbewohner und der Angehörigen des Getöteten genötigt sah, sich mit dem Fall zu beschäftigen, sondern auch durch das äußerst aggressive Verhalten des Offiziers Shiganlenkow gegenüber seinen Untergebenen.

Man verurteilte Shigalenkow zu fünf Jahren, wollte ihm den Dienstgrad aberkennen, tat es aber nicht. Doch was ist er für ein Offizier (der junge Soldaten erziehen soll), wenn er einen unschuldigen Menschen foltern und töten läßt!

Das Oberste Gericht in Moskau befand als strafmildernd für den Angeklagten, das Militärgericht habe »nicht in genügendem Maß die Umstände des Falls berücksichtigt ... die komplizierten moralisch-psychologischen Bedingungen des bewaffneten Konflikts«. Als wären die Umstände des Falls in Moskau besser zu erkennen als dort, wo sich alles abgespielt hatte, im Kaukasus!

Heute wissen wir, daß sich Hunderte Offiziere trotz Befehl geweigert haben, an diesem Krieg teilzunehmen. Und wir wollen auch jene unbekannten russischen Soldaten würdigen, die zweimal danebengeschossen haben. Die Akte vermerkt, daß die Zugführer, die hinter Shigalenkow standen, den Mord verhindern wollten, indem sie den Soldaten Zeichen machten, danebenzuschießen, was diese auch taten.

Diesen Brief erhielt ich unlängst, er bestätigt vieles, was ich schon über die Armee wußte. Es ist der Brief einer Mutter, die wie Tausende andere auf der Suche nach Mitgefühl und Hilfe vergeblich an die Amtstüren pochte.

»Bitte verzeihen Sie, daß ich Sie mit diesem Brief aus der Arbeit herausreiße, aber ich bin am Ende meiner Kräfte, meiner Gesundheit, meiner Mittel, und vor allem – mein Sohn, den ich vier Jahre nicht gesehen habe, leidet. Ich bitte Sie, meinen Brief zu Ende zu lesen und im voraus zu entschuldigen, daß es nicht leicht sein wird. 1994 wurde mein Sohn Viktor Andrejew, verheiratet, zum Wehrdienst eingezogen und trotz der Anordnung des Moskauer Wehrkommandos, in der Nähe seines Wohnortes stationiert zu werden, nach Tschetschenien geschickt.

Zu dieser Zeit lag ich im Krankenhaus, in der Abteilung für Herzkrankheiten, meine Schwiegertochter war schwanger und erlitt durch die Aufregung eine Fehlgeburt. Wir konnten uns nicht einmal von Viktor verabschieden. Er geriet sofort in eine rechtlose Situation, sie schlugen ihn, verlangten Geld, zweimal floh er, wurde aber wieder eingefangen und zurückgebracht.

Eines Tages kam ein Untersuchungsführer aus Twer zu uns und sagte, Viktor hätte in betrunkenem Zustand seinen Offizier getötet. Dann erhielten wir ein Telegramm aus der Stadt Chasawjurt: ›Schicken Sie eine Million, Ihr Sohn hat einen Offizier getötet.‹ Geld hatten wir nicht, wir verkauften die Kuh.

Was wir durchmachten, lasse ich weg. Ich ging nicht mehr zur Weiterbildung. Mein Mann quittierte den Schuldienst, wir schämten uns, den Menschen in die Augen zu sehen. Wir wollten nicht mehr leben.

Viele Monate vergingen. Plötzlich bekamen wir einen Brief

vom Sohn, in dem er schrieb, was geschehen war. Wir hätten nie die Wahrheit erfahren, aber es gibt noch anständige Menschen, Offiziere, die uns geholfen haben, die Wahrheit zu erfahren. In Tschetschenien haben russische Offiziere unseren Sohn verhöhnt und gedemütigt, haben von ihm sexuelle Gefälligkeiten verlangt: ›Wenn du mir einen bläst, kannst du schlafen gehen …‹

Verzeihen Sie mir um Christi willen diese Einzelheiten. Sie haben ihn dermaßen geschlagen, daß die Faschisten neidisch geworden wären. Er hatte keine heile Stelle mehr am Körper, war am Kopf verletzt; von den Schlägen verlor er das Bewußtsein, aber einer der Offiziere sagte: ›Ich weiß, wie sich diese Mistkerle verstellen können‹, und schlug ihn mit dem MPi-Kolben in den Magen. Sie schlugen ihn immer weiter, dennoch weigerte er sich, ihnen sexuelle Dienste zu erweisen.

Da hängten sie ihn für ein paar Stunden an den Händen auf, die Arme wurden schwarz und starben ab. Er weinte und flehte, ihn loszubinden, aber zur Antwort warfen sie ihm Batterien an den Kopf und verletzten ihn an der Schläfe.

›Am Morgen werfen wir ihn aufs Minenfeld …‹, sagte ein Offizier.

Als sie schlafen gegangen waren, überredete Viktor den Kompanieschreiber, ihn loszubinden. Viktor nahm die MPi und erschoß den schlafenden Hauptmann T. Monakow. Dann ergab er sich. Sie warfen ihn in eine Zelle. Dort schrieb er den Brief, den uns ein Offizier übergab.

Als wir den Brief unseres Sohnes lasen, erfüllte Stöhnen das Haus, ich habe Ihnen ja nicht mal die Hälfte der Leiden geschildert, die unser Sohn erdulden mußte.

Drei Menschen mußten mich festhalten, ich dachte, ich überlebe es nicht. Wir haben sofort geschrieben, gefleht, um Hilfe gebeten. Mein Gott! In diesen drei Jahren haben wir Tausende Briefe geschrieben, aber von überall kamen nur nichtssagende Antworten, 100 allein von der Militärstaatsanwaltschaft.

Physisch und seelisch zerstört, wird unser Sohn von einer Stadt in die andere gebracht: Chassawjurt, Machatschkala, Rostow, Astrachan, Machatschkala, Moskau …

Dreimal sind wir zu unserem Sohn gefahren, wir haben irrsinnige Schulden gemacht (mehr als zwölf Mill. Rub.), haben ein Jahr keine Miete, keinen Strom gezahlt, man will uns alles sperren … Manchmal haben wir kein Brot im Haus … Wir laufen abgerissen herum … aber unser Kind ist uns wichtiger als alles andere.

Doch der Alptraum nimmt für Viktor kein Ende. In Machatschkala, im Gefängnis, wurde er beschnitten und gezwungen, zum Islam überzutreten, er heißt jetzt Wacha Abdullajew.

Er hat große Schmerzen, hat fast alle Zähne verloren. Er leidet Hunger, denn das Geld, das wir ihm aus Naivität schickten, haben die Gefängnismitarbeiter für sich verbraucht.

Jetzt ist Viktor im Butyrki-Gefängnis und wartet auf ein Gutachten, dann wird er wieder nach Machatschkala geschickt … Wir sind verzweifelt.

Kürzlich habe ich an Kobson[1] geschrieben und eine Absage bekommen. Sjuganow[2] hat bisher nicht geantwortet. Es ist sinnlos, alle aufzuzählen … Bis jetzt hat NIEMAND reagiert, wer möchte schon Nerven und Zeit an irgendeinen Viktor Andrejew verschwenden!

1 Iossif Kobson, geb. 1937, Estradensänger. D.Ü.

2 Gennadi Sjuganow, geb. 1944, Chef der russischen Kommunisten. D.Ü.

Verzeihen Sie, ich schreibe aus Verzweiflung, bald werde ich den Verstand verlieren. Wenn der Brief Ihr Herz rührt und Sie irgendwie die Leiden meines unglücklichen Sohnes lindern wollen, so ist uns jede Hilfe kostbar, schon dafür Dank, daß Sie den Brief bis zu Ende gelesen haben. Verzeihen Sie mir, um Christi willen! Der Herr sieht und hört alles. Ich möchte nicht mehr leben. Ich weiß nicht, wohin ich noch schreiben und wen ich noch bitten könnte. Werden die Menschen nur noch von Gleichgültigkeit beherrscht? Nadeshda Viktorowna Andrejewa, Mutter dreier Söhne, Bibliothekarin an einer Dorfschule. Tel. in der Stadt Klin 47326.

PS: Unser Sohn ist im Butyrki-Gefängnis an Tuberkulose erkrankt, wir sind entsetzt, helfen Sie!!!«

Andrejews Geschichte fand glücklicherweise ein öffentliches Echo, wie man bei uns sagt, und nach meiner Publikation in der Zeitung »Moskowskije Nowosti« bekam die Redaktion zahlreiche Briefe. Man wollte Genaueres erfahren, bot Geld für die ärztliche Behandlung an.

Ein Zeitungskorrespondent fand heraus, daß die erste Gerichtsverhandlung gegen Andrejew in Machatschkala stattgefunden hatte, aber das war den Eltern nicht mitgeteilt worden. Sie kennen das Urteil bis heute nicht. Als bei der zweiten Verhandlung in Astrachan der Richter erfuhr, daß der Angeklagte nicht einmal die Anklageschrift erhalten hatte, schickte er den Fall zusammen mit Andrejew zurück nach Machatschkala. Das Militärgericht in Machatschkala zog das Gutachten der örtlichen Experten in Zweifel, in dem stand, Andrejew habe im Affekt gehandelt und sei zur Tatzeit unzurechnungsfähig gewesen. Er wurde für eine neue Begutachtung nach Moskau geschickt, ins Butyrki-Gefängnis. Dort erkrankte er an Tuberkulose, und jetzt ist auch die Leber schwer geschädigt. Die Eltern versuchten vergebens, ihren Sohn zu sehen. Auf alle ihre Gesuche bekamen sie die Antwort, er sei nur vorübergehend in Moskau und sie müßten nach Machatschkala schreiben. Inzwischen erfuhren sie, daß ihr Sohn in das Gefängnis »Matrosenstille« verlegt worden sei und irgendwelche Tabletten bekomme. Sie beschafften für ihren Sohn Medikamente, aber die wurden nicht entgegengenommen. Einmal im Monat dürfen sie Lebensmittel im Gefängnis abgeben. »Dann stellen wir uns früh um fünf an«, sagte die Mutter des Soldaten, »und wir haben Glück, wenn wir um vier Uhr nachmittags das Paket abgeben können ...« Ein halbes Jahr war Andrejew schon in Moskau, ohne daß ein Gutachten erstellt wurde. Die Eltern versuchten zu ergründen, warum nicht, vergebens. Nur aus dem Serbski-Institut bekam die Mutter auf ihren Brief eine Antwort: Das Institut habe bisher keine Unterlagen über Andrejew aus Dagestan bekommen. Und jetzt, so die Ärzte, könne man kein Gutachten erstellen: Andrejew sei schwer krank. Und ihn im Gefängnis zu kurieren sei unmöglich. Andrejews Vater ist darauf gefaßt, daß er seinen Sohn bald zu Grabe tragen muß.

Die Eltern bewahren in ihrer Wohnung Stöße von amtlichen Antworten auf: aus dem Verteidigungsministerium, vom Obersten Gericht, von der Administration des Präsidenten. So unterschiedlich die Behörden sind, die Antwort ist immer die gleiche: Ihr Brief wurde zur Prüfung nach Machatschkala geschickt. Und von dort kommt die Antwort, daß keinerlei Verstöße vorliegen.

Nach Meinung eines Vertreters der Militärstaatsanwaltschaft hat man Andrejew schlicht und einfach vergessen.

Vergessen – das ist der gegenwärtige Zustand unserer Gesellschaft. Man vergißt alles, was heilig ist. Vor allem das Gewissen.

ACHTES KAPITEL

Über Lager und Gefängnisse

Ein Besuch im Gefängnis

Ich möchte vom Besuch in einem Gefängnis erzählen, das allen Moskauern bekannt ist. Ich meine das berühmte Butyrki-Gefängnis, das jetzt bescheiden SISO[1] 38/2 heißt und unscheinbar hinter modernen Häusern verborgen ist, so daß Passanten es kaum bemerken.

Es ist eine der übelsten Anstalten, dem Wesen nach ein Ungeheuer, ein altersschwaches, vom Fundament bis zum Dach morsches Gefängnis. Von den Wänden ist der Putz abgeblättert, die Zellen wurden seit 200 Jahren nicht renoviert. Gebaut wurde es im 18. Jahrhundert und war darauf berechnet, einige 100 Häftlinge aufzunehmen, heute sind es fast 8000.

Übrigens saß hier in der Stalinzeit der Schriftsteller Lew Rasgon, der Mitglied unserer Kommission ist. Seine Zelle konnten wir allerdings nicht sehen, aber uns wurde gesagt, daß sie alle gleich sind.

Der Gefängnisleiter, Oberst Wolkow, beantwortete bereitwillig unsere Fragen und klagte darüber, daß es an allem fehle, an Lebensmitteln, sogar an Brot, auch an Kissen, Matratzen und Handtüchern.

Für die Verpflegung eines Häftlings stünden zirka 80 Kope-

1 Untersuchungsgefängnis. D.Ü.

ken täglich zur Verfügung. Auf 13 Häftlinge komme eine Aufsichtsperson. Personal sei schwer zu bekommen, nur Leute, die dafür begrenzten Zuzug erhielten, seien bereit, im Gefängnis zu arbeiten. Der Raum pro Häftling betrage 0,75 Quadratmeter, die europäische Norm sei vier Quadratmeter. Aber Lebensmittelpakete dürften die Häftlinge bekommen, bis zu 30 Kilogramm im Monat. Außerdem könne in einem Laden alles gekauft werden, bis auf Zucker, um eventuellem Schnapsbrennen vorzubeugen.

Im Arbeitszimmer, einem nicht großen, aber holzgetäfelten Raum, war hinter dem Rücken des Obersts für immer Dzierżyńskis Porträt in die Wand geschnitzt. Der eiserne Feliks starrte von der Höhe seiner Position auf unsere höchst verdächtige Gruppe: Dichter, Geistliche, Philosophen, Verleger, Professoren … Statt auf Solowki im Lager zu sitzen, gaben sie sich hier als Spezialisten aus. Und was für Fragen sie stellten: nach der Unterbringung, der Ernährung und sogar nach den Rechten der Häftlinge. Was können die schon für Rechte haben! rief einmal ein hoher Beamter des Innenministeriums, ihr Recht ist es, zu sitzen! Und das tun sie, fast 8000, und in ebensolchen, wenn nicht schlechteren Untersuchungsgefängnissen im Land noch drei- bis vierhunderttausend … Die genaue Zahl weiß niemand.

Sie alle warten auf ihre Verhandlung, warten ein, zwei, drei Jahre und länger. Und sollte sich plötzlich herausstellen, daß einer unschuldig ist, so entläßt man ihn widerwillig, ohne sich bei ihm zu entschuldigen. Und es gibt auch keine Entschädigung für die Qualen der Haftzeit. Wir wissen gar nicht, was das ist.

Und was ist mit den Untersuchungsgefangenen, die in Erwartung der Verhandlung sterben an der Beengtheit und am

Luftmangel (in der Zelle brennt kein Streichholz) oder an Herzschwäche? 1993 sind allein im Butyrki-Gefängnis 76 Menschen verendet (ein anderes Wort finde ich dafür nicht!), 1994 177, 1995 207 Menschen.

Als wir 1996 das Gefängnis besuchten, waren in den ersten drei Monaten schon 58 Menschen zugrunde gegangen. Die schlimmste Zeit, der Sommer, stand noch bevor.

Ich wiederhole: Dabei ist noch nicht erwiesen, daß diese Menschen Verbrecher sind.

Übrigens ist man im Westen, der bedeutend reicher ist als wir, längst zu dem Schluß gekommen, daß die Zahl der Inhaftierten in einem Land nicht von der Menge der Verbrecher abhängt, sondern von den Mitteln, die dieses Land für deren Unterhalt aufbringen kann.

Früher dachte man bei uns über solche Probleme nicht nach, denn die Häftlinge ernährten sich selbst und andere. In den Zeiten des GULAG herrschte noch Sklavenarbeit, und in den 60er Jahren waren die Lager darauf ausgerichtet, mit staatlichen Großbetrieben zusammenzuarbeiten; zu diesem Zweck wurden riesige Industriekomplexe für die Produktion erstklassiger Waren gebaut, mit eigenen Lagerräumen, Verkehrswegen, modernen Werkhallen. Dem Wesen nach war das natürlich die Fortsetzung der GULAG-Idee.

Jetzt gibt es keine Arbeit für die Lagerinsassen, sie müssen von der Bevölkerung unterhalten werden: anderthalb Millionen Menschen einschließlich der Bewachung. Unser System des Strafvollzugs verlangt gefräßig und unökonomisch immer mehr Mittel.

Vielleicht rühren daher all die Nöte im Butyrki-Gefängnis, von denen uns Oberst Wolkow erzählte?

An dieser Stelle muß ich daran erinnern, daß die Hälfte aller Häftlinge in Europa Russen sind.

Übrigens, bis 1917 hatten in Rußland, das wir aus Gewohnheit über viele Jahre rückständig nannten, zwei Drittel der Häftlinge eine Einzelzelle, mindestens acht Quadratmeter pro Person. Und das, obwohl Rußland auch damals zu den Ländern mit der höchsten Kriminalität gehörte, nach Spanien und Italien.

Über ausgetretene Steinstufen wurden wir zu den Häftlingen geführt. Lew Rasgon ging gesenkten Kopfes und betrachtete diese Stufen, als suche er eine alte Spur.

»Hier sind Millionen gegangen«, sagte er.

In einer Gemeinschaftszelle, für 20 Menschen berechnet, saßen Hunderte. Drei Pritschen übereinander. Unmöglich, zu ihnen hineinzugehen. Von der Tür aus waren nur entblößte Körper zu sehen, dicht an dicht, alles junge Männer.

Unser Erscheinen weckte Neugier, weiter nichts. Jemand rief ohne Bosheit:

»Vielleicht will uns Okudshawa was vorsingen?«

Okudshawa hörte es nicht, er stand etwas abseits im Korridor und rauchte mit finsterem Gesicht.

»Welcher Artikel?« fragte ich den mir zunächst Stehenden, einen kraushaarigen Burschen um die 20, wohl ein Georgier.

»125«, antwortete er. »Terrorismus …«

»Sind Sie schon lange hier?«

»Vier …«

»Monate?«

»Nicht doch, vier Jahre!« Er lachte zu meiner Verblüffung.

Aber wahrscheinlich hat man keine Tränen mehr, wenn

man vier Jahre wie in einer Sardinenbüchse eingezwängt ist, ohne Verhandlung und Untersuchung.

»Haben Sie jemanden getötet?« fragte ich noch.

»Dazu bin ich nicht gekommen ...« Er lachte wieder.

Marietta Tschudakowa fragte einen Burschen, der von der obersten Pritsche, aus der dritten Etage, zu uns herunterstarrte:

»Aber Seife bekommen Sie doch?«

Sie erhielt keine Antwort.

Dann besichtigten wir die Todeszellen: dunkle Gewölbe, in jedem drei Häftlinge. Sie warteten auf den Bescheid über ihr Gnadengesuch. Ohne Recht auf Hofgang saßen sie hier schon einige Jahre.

Einer wandte sich an mich. Er wollte mir eine Figur schenken, die er aus Brot geknetet hatte, aber sie war noch nicht ganz fertig. Wenn ich in einer halben Stunde wiederkäme ... An der Wand eine von Hand gezeichnete kleine Ikone, Worte aus der Bibel.

Ich fragte nach seinem Namen: Bachoder Palwanow, vom Volk der Karakalpaken.

Er antwortete mit weicher freundlicher Stimme und verabschiedete sich höflich:

»Möge Gott Ihnen beistehen!«

Noch am selben Tag ließ ich mir, in mein Büro zurückgekehrt, die Akte Palwanow bringen. Es stellte sich heraus, daß wir erst vor kurzem über den Fall gesprochen, aber keinen Beschluß an den Präsidenten geschickt hatten.

Ich hatte mit Bleistift auf mein Exemplar gekritzelt: »Das ist ein Räuber, ein eingefleischter Mörder, ein Ungeheuer ... Keine mildernden Umstände, lebenslänglich.«

Ich blätterte in der Mappe, um mich zu erinnern. Es ging um eine gefährliche Bande, und der freundliche junge Mann hatte eigenhändig drei Menschen erwürgt.

»Sehr geehrter Präsident, sehr geehrte Kommissionsmitglieder! Die Administration der Anstalt JL-34/4 der Stadt Tscheboksary wendet sich an Sie mit der Bitte, bei der Durchsicht der Unterlagen aus unserer Anstalt unsere Wünsche zu berücksichtigen.

Gegenwärtig werden von unserer Administration alle Maßnahmen getroffen, um die in der ITU[1] entstandene Situation zu entschärfen, was mit jedem Tag komplizierter wird.

Trotz des Erlasses des Präsidenten der Russischen Föderation ›Über den Kampf gegen das organisierte Verbrechen‹ nimmt die Kriminalität nicht ab, sondern bleibt praktisch auf dem bisherigen Niveau oder nimmt zu. Darum sind die Anstalten überfüllt, unter anderem auch unsere ITU, die bei ihrem Bau für 500 bis 600 Häftlinge berechnet war. Gegenwärtig sind mehr als anderthalb tausend darin untergebracht!

Das erschwert unsere Situation im Lager sehr. Alle Räume, einschließlich der Wirtschaftszimmer, sind mit Häftlingen belegt, dennoch können die Normen zur Unterbringung von Häftlingen nicht eingehalten werden. Statt der vorgeschriebenen 2,5 Quadratmeter kommen auf einen Häftling etwa 1,2 Quadratmeter, von anderen Normen ganz zu schweigen.

Unter diesen Bedingungen wächst rapide die Gefahr der Verbreitung nicht nur von Magen- und Darmerkrankungen, sondern auch von Tuberkulose, Hepatitis, Cholera. Das medizinische Personal muß jeden Tag eine sorgfältige prophylaktische Arbeit zur Verhütung dieser und anderer Krankheiten leisten.

Folgendes Problem: Zahlreiche Betriebe sind an die Grenze

1 Arbeitsbesserungsanstalt. D.Ü.

des Bankrotts geraten, andere haben diese Grenze überschritten. Unsere Anstalt (einst ›Millionär‹) bildet keine Ausnahme. Trotz der Subvention, die wir ›von oben‹ erhalten, betragen die Schulden des ITU 800 Millionen Rubel. Es gibt nicht genug Arbeitsplätze: von den anderthalb tausend Häftlingen haben nur 250 bis 300 eine Arbeit. Mitunter sind wir nicht einmal in der Lage, den freizulassenden Häftlingen (im Schnitt zwei Mann pro Tag) 40, 50 Rubel Fahrgeld zu geben.

Der Laden für die Häftlinge ist fast leer. Wir haben keine Mittel für den Einkauf von Bedarfsartikeln, ganz zu schweigen von hochwertigen Nahrungsmitteln. Dabei haben wir eine Spezialabteilung mit Kranken und Schwerbeschädigten, die im Schnitt 58 und älter sind und dringend bessere Nahrung benötigen. Das alles führt natürlich zu einer kriminogenen Situation in der Anstalt.

Die angespannte Lage wird noch dadurch erschwert, daß von den mehr als 200 ausgebildeten Mitarbeitern in den Sommermonaten nur ein kleiner Teil Gehalt bekommen hat. Viele Mitarbeiter (besonders die jüngeren) sind äußerst unzufrieden. Daraus ergibt sich nicht nur eine Fluktuation von Arbeitskräften, es kommt auch zu Kungeleien zwischen Mitarbeitern und Häftlingen, so daß wir bei einigen Mitarbeitern extreme Maßnahmen bis zur Entlassung ergreifen müssen.«

Es folgt ein Bericht, was die Mitarbeiter der Haftanstalt unter solchen Bedingungen unternahmen: Sie organisierten Laienkunstausscheide, Sportwettkämpfe, gründeten eine Kirchengemeinde … Zwei Kommissionen (eine administrative und eine beobachtende) »prüfen sorgfältig die Gnadengesuche der Häftlinge. Der Kommission gehören Personen an, denen es nicht gleichgültig ist, wer freigelassen wird. Schließlich kennen wir die Häflinge, deren Gesuche wir unterstützen oder ablehnen.

Unsere Kommission, die sich an Sie wendet, besteht aus kompetenten Mitgliedern mit großer Lebenserfahrung. Es wäre uns äußerst unangenehm, eine Ablehnung für Häftlinge zu erhalten, die wir unterstützen. Analysen haben ergeben, daß vorfristig entlassene Häftlinge seltener rückfällig werden. Das alles spricht dafür, daß wir auf dem richtigen Weg sind. Darum bitten wir die Begnadigungskommission beim Präsidenten der RF inständig, aufmerksamer unsere Anträge zu diesem oder jenem Häftling zu prüfen, den wir als einen Menschen einschätzen, der seine Taten zutiefst bereut und den Weg der Besserung beschritten hat. Die Ablehnungen, die wir von Ihrem Apparat erhalten, erzeugen bei den Häftlingen die schwer ausrottbaren Gerüchte, daß die Gnadengesuche überhaupt nicht angeschaut werden. Das ist ein weiteres Moment für die Herausbildung einer kriminogenen Situation im Lager. Die Arbeit unserer Kommission wird zunichte, was die Sache noch mehr erschwert.

Leiter V. A. Masliwzew.«

Der Brief wurde zwar schon vor längerer Zeit geschrieben, aber die Probleme haben sich nicht erledigt, sondern verstärkt. Es ist einer der wenigen Fälle, daß Haftanstalten auf unsere Arbeit und die allgemeine Situation im Strafvollzug reagieren. Und es ist zu spüren, daß den Brief ein Mann geschrieben hat, dem seine Aufgabe am Herzen liegt.

Wie bringen wir es fertig, mehr als eine Million Häftlinge zu unterhalten? Das keineswegs arme Japan hat bei einer Bevölkerung, die mit der russischen vergleichbar ist, 40 000 bis 50 000 Häftlinge! Aber dieses Problem haben nicht wir zu lösen, sondern das Innenministerium, das sich nicht von den repressiven Methoden in seinen Bereichen trennen will, dabei aber lauthals schreit (besonders wenn ein Haushalt verabschiedet wird), daß keine Mittel da sind und deshalb die Häftlinge hungern müssen.

Seit die Lager dem Justizministerium unterstellt wurden, scheint sich die Situation zu bessern. Doch bislang hat niemand die Absicht, die Million Häftlinge um ein Zehntel zu verringern. In dem Brief wird erwähnt, daß in dem Lager alte Männer sitzen, Rentner, Kranke und so weiter, auch halbe Kinder. Laßt sie frei, stellt sie unter Hausarrest, dann ist mehr Platz in den Lagern, das Geld reicht für die Verpflegung, und die Angestellten bekommen ihr Gehalt.

Ich wurde in ein geheimes Institut des Innenministeriums eingeladen, das im Moskauer Stadtbezirk Domodedowo in einem prächtigen Wald liegt und an ein Sanatorium erinnert. Dort finden Lehrgänge für Lagerleiter wie unseren Briefschreiber statt, und dort sah ich, wie Spezialtrupps Methoden zur Ergreifung von Terroristen erarbeiteten.

Nachdem ich zu den Teilnehmern gesprochen hatte, führte man mich in einen riesigen Pavillon (früher war das eine Filiale der Volkswirtschaftsausstellung gewesen, die kaum jemand besichtigen konnte). Dort wurden Erzeugnisse ausgestellt, die von Häftlingen hergestellt waren. Ich kann nicht aufzählen, was ich dort sah, aber es war praktisch alles vorhanden, was man auf einer Industriemesse findet: Häuser und Baumaterialien, Teile für Flugzeuge und U-Boote, metallurgische Produkte und so weiter. Gesondert ausgestellt waren Haushaltsgeräte, vom Kühlschrank bis zum Fernseher, und komplizierte Elektronik. Und natürlich gab es zahlreiche kunstgewerbliche Erzeugnisse, besonders viele schöne Holzgegenstände. Die meisten Lager liegen ja bekanntlich im Norden, wo es Holz gibt.

Ich werde nicht vergessen, wie mein Freund beim Anblick

dieser Dinge ausrief: »Und was macht die übrige Bevölkerung?«

Hinter all diesem Reichtum verbirgt sich ein Staatsgeheimnis, das ich schon erwähnte und über das man bei uns nicht gern laut spricht: Nach dem Verschwinden der Stalinschen Lager mit ihrer unbezahlten Sklavenarbeit kam jemandem der glückliche Gedanke, sie durch Arbeitslager zu ersetzen (daher auch der Begriff: Arbeits-Besserungs-Anstalt), die, besonders wenn sie in der Nähe von Industrieobjekten in dünnbesiedelten Gegenden lagen, der Industrie zuarbeiten könnten. Darum erwähnte der Briefschreiber, daß sein Lager einmal »Millionär« war.

Nicht nur die Lager waren reich, sondern das ganze System des Innenministeriums. Weshalb also die Zahl der Häftlinge vermindern?

Auf einer Beratung informierte uns General Orlow, noch vor kurzem einer der Leiter des Strafvollzugs, darüber, daß im Land jährlich mindestens fünf bis sechs Lager geräumt würden, und er rief treuherzig aus: »In unserm Sinne ist das nicht!« Die alten Kader in hohen Posten hoffen offenbar immer noch auf die Wiederkehr der großen Einkünfte, welche die kostenlosen Arbeitskräfte erwirtschafteten. Die Stereotypen haben sich so in ihr Bewußtsein eingegraben, daß sie sich ein Land ohne Millionen von Häftlingen nicht vorstellen können.

Von Zeit zu Zeit entbrennen bei uns Diskussionen um Denkmäler. So ging es kürzlich um Feliks Dzierżyński, den die Kommunisten auf den alten Platz zurückstellen wollen. Unsere roten Parlamentarier nennen ihn ein »Kulturobjekt«, und es bekümmert sie nicht im geringsten, daß oft genug wirklich wertvolle Denkmäler vernachlässigt werden, wie die Kultur selber! Ihnen verdunkelt auch ein anderes eisernes Idol nicht den Himmel – Peter der Große, der Vorläufer des eisernen Feliks.

Es sei daran erinnert, daß unter Peter die meisten Todesstrafen verhängt wurden (es gab dafür 123 Paragraphen). Und ausgerechnet dieser große Reformator führte die Praxis ein, Freiheitsentzug mit Zwangsarbeit zu koppeln, denn er brauchte, wie in klugen Büchern geschrieben steht, eine ungeheure Anzahl von Arbeitskräften für die Verwirklichung seiner Pläne zur Umgestaltung Rußlands.

Der engagierte Lagerleiter mußte sich also mit allen möglichen Problemen herumschlagen.

Es ist kein Geheimnis, daß bei uns die Mitarbeiter der Haftanstalten unter erbärmlichen Bedingungen arbeiten müssen. Die Häftlinge lachen über ihre Bewacher, die unter ebensolchen menschenunwürdigen Umständen leben. Und wenn der Lagerleiter von Kungeleien zwischen Wachpersonal und Häftlingen schreibt, so ist das erklärlich. Wir haben in letzter Zeit zunehmend mit Straftaten ehemaliger Bewacher zu tun, und dabei geht es nicht nur um die Mißhandlung von Häftlingen, sondern auch um die Weitergabe von Rauschgift, den Handel mit Alkohol und Tabak, verbotenen Briefwechsel und ähnliches.

Das Wachpersonal für die seinerzeit zum Tode Verurteilten, die seit dem Memorandum über die Aussetzung der Todesstrafe »Lebenslängliche« genannt werden, lebt auf der Ognenny Insel unter katastrophalen Umständen: In dem bettelarmen Dörfchen finden ihre Familien kaum Platz, und für die Kinder gibt es keine Schule.

Wenn wir in der Kommission über Begnadigungen sprechen, berücksichtigen wir natürlich die Beurteilungen der Häftlinge, und wir wissen, daß man sich nicht in allen Lagern so eingehend mit den Häftlingen beschäftigt wie in Tscheboksary. Es kommt vor, daß ein Häftling zur Begnadigung vorgeschlagen wird und eine gute Beurteilung erhält, aber dann trifft bei uns ein Telegramm ein: Er ist straffällig geworden, nicht begnadigen. Acht von zehn Jahren hat er sich gut geführt, und plötzlich ein Absturz ... So etwas passiert, aber warum ihm gleich jede Chance nehmen?

Oder einer ist ein guter Arbeiter, die Leitung befürwortet jedoch nicht seine Begnadigung. Wenn man nach der Ursache sucht, findet man heraus: Er ist ein unersetzlicher Handwerker (zum Beispiel Schuster), und man möchte ihn nicht gehen lassen!

Ablehnungen kommen nicht nur von der Kommission, sondern auch von der Gerichtsabteilung, wo Verwaltungsangestellte die Akten nach formalen Kriterien durchsehen und Ablehnungen verschicken. Wir wissen wenig über diese Abteilung, denn von den 70 000 im Jahr eingehenden Gesuchen können wir nur fünf- bis sechstausend prüfen.

Aber es gibt in dem Brief noch ein wesentliches Moment, von dem nur wenige wissen: Menschen, die einmal begnadigt und vorzeitig entlassen wurden, geraten nur selten erneut ins Gefängnis.

Tuberkulose und Aids

Die Analyse der Fälle, die der Kommission vorgelegt werden, zeigt, daß die meisten Häftlinge Arbeiter sind, zum Teil deklassiert, alkoholabhängig, zwischen 25 und 35 Jahre alt. Selten Rentner und Schüler. Viele Militärangehörige, darunter auch Offiziere.

Das bestätigt das allgemeine Bild der sozialen Katastrophe –

ein Teil der Bevölkerung im aktivsten und arbeitsfähigsten Alter, Menschen, die das Nationalvermögen schaffen sollen, vernichtet sich selbst. Gegen dieses Übel kommen wir mit keinem Verbot an, die Leute trinken, weil sie keine Perspektive im Leben haben, weil sie nicht wissen, wie sie leben (überleben) sollen.

Die Mehrheit der Häftlinge ist krank. Aus dem Studium der Kriminalfälle, die zugleich auch medizinische Zeugnisse sind, ergibt sich ein verallgemeinerndes Bild vom Gesundheitszustand der Bevölkerung, die auch durchweg krank, die moralisch und physisch kaputt ist.

Die jungen Menschen, angefangen bei den Halbwüchsigen, haben so viele Krankheiten, daß man denken könnte, es handle sich um Rentner. Ich lese eine Akte, und als ich zur Liste der Krankheiten komme, blättere ich erstaunt zurück zur ersten Seite, um mich zu vergewissern, daß tatsächlich von einem Zwanzigjährigen die Rede ist. Es ist unklar, ob die Krankheiten auf schlechte Ernährung zurückzuführen sind, auf die chemischen Zusätze in den Lebensmitteln oder auf Vergiftungen durch minderwertige alkoholische Getränke und alkoholhaltige Haushaltschemikalien, die getrunken wurden. Das müßten spezielle Forschungen klären. Aber man kann davon ausgehen, daß mehrere Faktoren gleichzeitig wirken, die, jeder für sich und alle zusammen, geeignet sind, eine Nation zu töten.

Tuberkulose im Lager, das ist ein besonderes Thema. Ich selbst habe diese Krankheit durchgemacht, meine Mutter und mein Onkel sind daran gestorben, und ich weiß, wie gefährlich sie ist.

Eine Zeitlang nahmen die Lager für Tuberkulosekranke eine Sonderstellung ein – das Reglement war lockerer, die Ernährung kalorienreicher, so daß Häftlinge sich mit dem Speichel Tuberkulosekranker zu infizieren suchten, um in solch ein Lager zu kommen.

Gegenwärtig aber mäht die Tuberkulose die Häftlinge massenweise nieder. In den Lagern ist die Zahl der Kranken dreißigmal höher als draußen. Nach einem Gutachten deutscher Ärzte (»Ärzte ohne Grenzen«) starben in dem Tuberkuloselager von Karaganda von 4000 Kranken innerhalb nur eines Jahres 700 Menschen.

Laut Statistik gibt es bei uns zirka 100 000 Tuberkulosekranke, von denen pro Jahr jeder zehnte stirbt. Vorwiegend junge Menschen sterben.

Mit dem ersten Fall von Aids hatten wir im Mai 1992 zu tun. Ein gewisser Ch., 25 Jahre alt, mehrfach vorbestraft, erst wegen »Devisenvergehens« zu drei Jahren, später für das gleiche Delikt zu neun Jahren verurteilt, wurde krankheitshalber freigelassen. Er hatte Aids. Wieder in Freiheit, stahl er Ausländern Kreditkarten, klebte sein Foto hinein und ergaunerte ungefähr 12 000 Dollar. Ende der 80er Jahre war das eine gewaltige Summe. Er hatte eine unbändige Energie (auch auf sexuellem Gebiet) und infizierte, solange er in Freiheit war, mehrere Personen mit Aids und Syphilis.

Unsere Kommission bekam seinen Fall wieder auf den Tisch. In dem medizinischen Gutachten stand, der Mann sei todkrank und man müsse sein Los erleichtern.

Bei uns entbrannte eine erbitterte Debatte. Hier ein Auszug aus der Mitschrift, die ich damals machte.

»Man muß ihn doch freilassen, wenn er todkrank ist.«

»Aber war er das letzte Mal nicht auch schon todkrank?«

»Entschuldigen Sie, daß er nicht gestorben ist!«

»Was bedeutet überhaupt die Diagnose ›todkrank‹? Fragen wir doch die Ärzte, in welchem Stadium der Tod eintritt.«

»Verzeihen Sie, aber das klingt zynisch. Wir müssen die Frage anders stellen: Ist es für die Gesellschaft besser, wenn solche unglücklichen Menschen im Gefängnis sitzen oder in Freiheit sind?«

»In Freiheit hat er sich vergnügt und anderen Aids beschert.«

»Und seinerseits Syphilis bekommen.«

»Wer setzt sich für ihn ein?«

»Das Rechtskomitee.«

»Und wovon läßt sich das Komitee leiten?«

»Natürlich von der Barmherzigkeit.«

»Barmherzigkeit wem gegenüber? Die Rechte des Kranken wahren und damit die Rechte der Gesunden schmälern?«

»Aber vielleicht kann man ihn in ein Krankenhaus einweisen.«

»Einen solchen Beschluß können wir nicht fassen, außerdem gibt es für ganz Moskau nur ein Krankenhaus, wo solche Leute zum Sterben hinkommen.«

»Aber man kann ihn doch nicht im Gefängnis lassen.«

»Glauben Sie mir, wenn dieser Mann freigelassen wird, stürzt er viele ins Unglück … zumal er homosexuell ist …«

»Aber er stirbt!«

»Wo steht das? Das schreibt seine Mutter, nicht der Arzt!«

»Er sucht sich doch, wenn er frei ist, sofort einen Partner …«

»Entschuldigen Sie … aber wir lassen nun mal Verbrecher frei – Gewalttäter, sogar Mörder … und auch ohne Garantie, daß sie nicht wieder gegen das Gesetz verstoßen …«

»Wird er jetzt im Gefängniskrankenhaus behandelt?«

»Ja, er bekommt ausländische Medikamente aus humanitärer Hilfe …«

»Humanität solchen gegenüber bedeutet, andere zu benachteiligen, oder?«

»Darauf berufen sich alle Gegner der Begnadigung.«

»Wenn wir einen Mörder begnadigen, bleibt er noch 15 Jahre im Gefängnis. Aber hier lassen wir einen Mörder frei, damit er weiter töten kann ... Er braucht keinem die Kehle durchzuschneiden, es reicht sexueller Kontakt!«

»Erlauben Sie, Aids ist doch ein moralisch zügelndes Moment, nicht wahr? In Amerika zum Beispiel ...«

Der endlose Streit, der später noch oft aufflammte, endete damit, daß wir diesen Mann erneut begnadigten.

Einen Monat später erhielten wir von ihm eine prächtige Blumenkarte mit einem herzlichen Dankeschön. Seltsam: Niemand berührte die Karte, obwohl ich sie an eine sichtbare Stelle gelegt hatte, weder die Befürworter der Begnadigung noch die Gegner. Alle betrachteten sie nur aus der Distanz. So lag sie an die zwei Wochen auf dem Tisch, bis die Sekretärin sie mit einem Lappen in den Papierkorb fegte.

Und ein halbes Jahr später saß der Begnadigte wieder hinter Gittern. Wegen Betrugs.

Fließband der Entmenschlichung

So nannte ein Häftling das Lager. Und Häftlinge kennen sich da aus. Sie haben allen Grund, das System des GULAG, das sich bis heute erhalten hat, zu hassen. Unsere Bevölkerung weiß aus persönlicher Erfahrung, daß dieses »Fließband« geeignet ist, jeden Menschen in ein Tier zu verwandeln. Das vermindert jedoch nicht die Anzahl der Verbrechen, was ein übriges Mal die alte Wahrheit bestätigt: Mit Grausamkeit ist die Grausamkeit in

Rußland nicht zu bekämpfen. Obwohl wir das mit der Sturheit von Geisteskranken weiterhin tun.

Ein Häftling gibt die Situation in seiner Zelle wieder.

»Denken Sie nicht«, schreibt er, »daß das aus einem Horrorvideofilm stammt oder ein Dokumentarbericht über die Bestialitäten in faschistischen Lagern ist, nein, es geschieht in unseren Kolonien und Gefängnissen, daß einem Menschen ein Reifen um den Kopf gelegt und mit einem Schraubenschlüssel so lange festgezogen wird, bis das Opfer das Bewußtsein verliert. Oder man spielt Karten um Menschenblut: Wer verliert, öffnet sich eine Vene und läßt die im Spiel verlorene Menge Blut in eine Schüssel laufen ... Aus Verzweiflung, weil sie nicht an Gerechtigkeit glauben, rammen sich Häftlinge 15 cm lange Nägel in den Kopf ...«

Noch ein Augenzeugenbericht (Juri Ryshich):

»Ich wurde für 15 Tage eingesperrt, unter dem Vorwand, ich hätte mich den Mitarbeitern der Miliz widersetzt und zensurwidrig geflucht. In Wirklichkeit wollte man die für eine Ermittlung nötigen Aussagen von mir erzwingen. Vergebens. Daraufhin haben sie mich für drei Wochen in die *Zelle der Henker* gesperrt. Anders kann man sie nicht bezeichnen. Dort haben sie mich geschlagen, verhöhnt und gequält. Und alles nur, damit ich die geforderten Aussagen mache. Während sie mich schlugen, schärften sie mir ein, daß ich diese Aussagen vor Gericht bestätigen müsse. Kurz vor der Verhandlung sagte mir ein operativer Mitarbeiter, wenn ich vor Gericht erzählte, daß sie mich geschlagen hätten, käme ich wieder in die *Zelle der Henker*. Sie haben mich psychisch gebrochen, noch einmal würde ich solch einen Alptraum nicht aushalten ...«

Unter den vielen Dokumenten, die durch unsere Hände gingen, erreichten uns hin und wieder Zeugnisse von Protesten oder gar Rebellionen in den Lagern. Aus verständlichen Gründen wurde so etwas natürlich geheimgehalten, so daß wir heute nicht wissen, in welchem Ausmaß es vorkam. Aber daß es überhaupt vorkam, können wir jetzt zum Glück anhand der Akten beweisen.

Eines der ersten Zeugnisse ist der Fall eines gewissen Kriwoschejew, der mit 22 Jahren ins Lager geriet, wegen Rowdytums, wie es im Urteil steht: Er habe in einem Dorfklub die Vorführung eines Films behindert. Dafür bekam er vier Jahre.

Während der Haft beteiligte sich Kriwoschejew an einem »Massenaufruhr, tat sich als Initiator hervor und zog eine große Anzahl Häftlinge in das Verbrechen hinein. An den Unruhen beteiligten sich 100 Häftlinge, von denen 26 Verletzungen erlitten, einer kam uns Leben.«

Selbst nach diesen dürftigen Fakten kann man sich das Ausmaß und die Gründe dieses offenbar blutigen Massenaufruhrs vorstellen.

In der Akte steht, daß Kriwoschejew »an Ausschreitungen und Brandstiftungen teilnahm, daß er Vertreter der Administration mit Steinen bewarf und sie bedrohte …«

Statt der vier, ebenfalls unverdienten, Jahre saß Kriwoschejew nun 14 Jahre und zehn Monate, und in der Abschlußbeurteilung ist vermerkt, daß er »die Administration des Lagers bei der Aufrechterhaltung der Ordnung unterstützte«.

Es ist eindeutig, daß sein Widerstand gebrochen und daß sein Führungstalent genutzt wurde, um seinesgleichen niederzuhalten.

Ich glaube überhaupt nicht an die Erziehungsfunktion unserer Lager, auch nicht an die Kindersammelstellen und sonstige Organisationen, die ich am eigenen Leib erlebt habe.

Merkwürdig, von einem Vergewaltiger, einem Serientäter zu lesen, er habe sich gebessert. Wie äußert sich das? Vergewaltigt er nicht mehr? Hinter Stacheldraht ist das auch nicht so einfach. Aber Gewalt gegen Jugendliche (erzwungener Analsex) und gegen ungehorsame Häftlinge kommt in allen Lagern vor, zuweilen mit Billigung der Lagerleitung, aber davon erfährt man nur durch Zufall. Und wenn man in der Akte eines Mannes, der seine Mutter getötet hat, liest, wie gut er in der Lagerbibliothek arbeitet, daß er sich als Laienkünstler betätigt, Kirchen baut und Belobigungsurkunden erhält, kann man das kaum glauben. Obwohl man mit dem Verstand begreift, daß ein Leben länger ist als das Blatt Papier, auf dem in dürren Worten steht, was er getan hat und wie er geworden ist ... Dazwischen aber liegt ein solcher Abgrund von Erlebtem, wie man ihn sich kaum vorstellen kann.

Die Aufmüpfigsten, die Ungebrochenen schreiben keine Briefe nach oben, sie suchen nach Möglichkeiten, auszubrechen und zu fliehen.

Wenn es ganz unerträglich wird, entschließt man sich zu einer Verzweiflungstat.

Die Akte von Alexander Kruglow, Jahrgang 1959. Zum Zeitpunkt der Verurteilung 1984 war er 25. »Unter Ausschluß der Öffentlichkeit entschied das Gericht in Leningrad: Kruglow und andere, die wegen unterschiedlicher Verbrechen verurteilt wurden, haben in der Nacht vom 18. zum 19. April 1984 auf dem Territorium der Arbeits-Besserungs-Kolonie Massenunruhen organisiert, die begleitet waren von Ausschreitungen, Zerstörungen, Brandstiftungen und ähnlichen Taten ...«

Begonnen hatte es angeblich damit, daß ein gewisser Konstantinow eine Flasche Wodka bekam, die ihm über den Zaun geworfen wurde. Er trank sie mit seinen Kumpels von der achten Abteilung aus. Bis dahin mag es stimmen. Aber diese unbedeutende Episode kann kaum die Ursache heftiger Massenunruhen gewesen sein. Wahrscheinlich war der Wodka nur der letzte Tropfen.

Das muß man im Hinterkopf haben, wenn man die Akte liest. Und man kann sich auch vorstellen, wie viele Durstige etwas von der Flasche abhaben wollten. Da kam nur ein Schluck auf jeden. Aber »die Administration ergriff Maßnahmen zur Isolierung dieser Strafgefangenen. Daraufhin trommelte Kruglow Häftlinge von der zweiten Abteilung zusammen, denen sich auch Häftlinge anderer Abteilungen anschlossen, und diese Gruppe, insgesamt 20 Mann, ging zum Gebäude des stellvertretenden Lagerleiters und forderte die Freilassung der Isolierten. Als diese« (wie viele es waren, wird nicht gesagt) »die Aktion zu ihrer Befreiung mitbekamen, benahmen sie sich aggressiv, stürzten sich auf die Bewacher und schlugen sie. Die von Kruglow angeführte Menge versuchte, in das Gebäude einzudringen, doch die Offiziere stellten sich vor den Eingang. Obwohl es schon Abend war, blieben alle Offiziere im Lager. Als nach dem Signal zur Nachtruhe Offiziere in die achte Abteilung kamen, gab Kruglow das Signal zum Wecken, und die Strafgefangenen traten an, trotz der Forderungen der Offiziere ...«

Was für Forderungen, wird nicht gesagt, wahrscheinlich – Nachtruhe zu wahren. Doch selbst aus dem ungeschickt formulierten Gerichtsurteil ist ersichtlich, daß außer dem Wecksignal und dem Antreten in der achten Abteilung nichts weiter passiert war. Doch die Lagerleitung sah das anders. Darum »wurde noch eine Gruppe von Offizieren, Fähnrichen und Soldaten in die achte Abteilung geschickt, etwa 30 Mann, um die Ordnung wiederherzustellen. Aber Kruglow organisierte Widerstand, ließ die Tür mit Betten verbarrikadieren, die Strafgefangenen warfen durch die zerbrochene Tür Steine, Hanteln und andere Gegenstände auf die Militärangehörigen ...«

Hier gibt es einige Lücken in der Darstellung der Ereignisse. Erstens, es wurden zur Verstärkung der Wachen noch 30 Mann geschickt, das macht zusammen schon eine Kompanie, und sie alle rückten gegen eine Abteilung vor, in der vermutlich nicht mehr als 100 Häftlinge waren: Auf zwei Häftlinge kam ein Bewaffneter! Man kann sich auch vorstellen, was »Wiederherstellung der Ordnung« bedeutet – Abrechnung. Es ist nicht verwunderlich, daß die Häftlinge beim Eintreffen der »Gruppe« (Truppenteil wäre genauer) »Widerstand organisierten«, sie wußten aus Erfahrung, mit welchen Methoden »die Ordnung wiederhergestellt« wurde.

Merkwürdig ist auch, daß die Tür, die sie verbarrikadiert hatten, plötzlich zerbrochen war. Das hatten ja wohl nicht die Häftlinge getan, sondern sie war von außen eingeschlagen worden.

»Zugleich kam aus dem zweiten Block, in dem die Abteilungen 2, 5, 14 und 15 untergebracht sind, eine große Schar Strafgefangener, die mit verschiedenen Gegenständen die Türen des ersten Gebäudes verbarrikadierten und so die darin befindliche Gruppe der Militärangehörigen isolierten ...«

Wieder muß man erklären, was zwischen den Zeilen steht: Häftlinge anderer Abteilungen kamen der achten Abteilung zu Hilfe und verhinderten, daß die Militärs, die das Gebäude gestürmt hatten, Unterstützung von außen bekamen. Bis jetzt hatten sich die Häftlinge nur passiv verteidigt und einander geholfen. Es gab keine Übergriffe auf die Administration oder die Soldaten. Aber für das Gericht ist das kein Argument.

»Von einem Fenster im dritten Stock forderte Kruglow die draußen stehenden Strafgefangenen auf, die Vertreter der Administration zu attackieren, und die Menge warf Steine auf die Tür und die Fenster des Gebäudes.

Als einige Militärangehörige versuchten, das Gebäude zu verlassen, wurden sie mit Steinen beworfen, und zwei Fähnriche erlitten leichte Verletzungen. Die Strafgefangenen der achten Abteilung bedrohten die Militärangehörigen im Gebäude, aber als der Offizier Issakow seine Waffe auf sie richtete, ließen sie die Militärangehörigen aus dem Haus …«

Es folgt ein Bild, das mir von unserem Aufstand im Spezialwaisenhaus bekannt ist; damals zerstörten wir die verhaßte »Anstalt« und zündeten sie an. Ich habe das in meinem Buch »Wir Kuckuckskinder« geschildert.

»Nachdem die Administration und die Militärangehörigen die Kolonie verlassen hatten, schlugen die Strafgefangenen im Dienstgebäude etliche Türen zu Arbeitszimmern ein, entwendeten eine Aktentasche und Handschuhe, zertrümmerten Möbel und die Apparatur der Telefonzentrale, dann setzten sie den ersten Stock des Gebäudes in Brand. Die Schusterwerkstatt, der Friseurladen, das Fotolabor und andere Räume brannten aus. Kruglow teilte die Häftlinge ein und rief sie zur Zerstörung auf …

Die Menge strömte in den Wirtschaftstrakt des Lagers, drang ins Gebäude der Werkleitung ein, brach Türen auf, zertrümmerte Möbel und Telefone, verwüstete das Arbeitszimmer des Direktors und zündete dann das Gebäude an … Kruglow und Selenski setzten sich in je einen Laster, fuhren auf dem Gelände des Lagers herum, zerstörten die Trennzäune …«

Ein eindrucksvolles Bild, wie im Kino.

»Von Kruglow angestiftet, stürmten die Strafgefangenen den Laden der Kolonie, zerbrachen die Gitter und entwendeten Tabak, Tee und andere Produkte, um sie in den Strafisolator zu bringen. Sie drangen gewaltsam in den Isolator« (Gefängnis im Gefängnis) »ein, entnahmen der Aktentasche die Schlüssel, öffneten die Zellentüren, befreiten die Insassen und tranken mit ihnen Tee. Zu dieser Zeit trafen die verstärkten Militäreinheiten und die Feuerwehr ein ...«

Es wird nicht gesagt, wie viele es waren, aber offensichtlich sehr viele.

»Ein Teil der Strafgefangenen kletterte auf das Dach des Isolators und leistete Widerstand, andere halfen ihnen und brachten ihnen Steine, die wurden auf die Soldaten geworfen, Shirow warf vom Dach einen Betonklotz auf die Soldaten. Nachdem das Militär den Widerstand unterdrückt hatte, gelang es ihm gegen Morgen des 19. April, die Ordnung im Lager wiederherzustellen ...«

Was unter den Worten »Widerstand unterdrückt hatte« zu verstehen ist, kann man nur ahnen. Kruglow erhielt zu seiner Haftstrafe (er saß wegen einer Bagatelle) noch zehn Jahre dazu, und als er insgesamt zwölf Jahre abgesessen hatte, wurde er von uns begnadigt.

Stimmen aus dem Lager

Der zum Tod durch Erschießen verurteilte G. M. Berjosin:

»Nun schreibe ich ein Gnadengesuch, das verstehe ich so: Ich soll beichten, meine Sünden bereuen und Sie, verehrte Natschalniks, um die Gnade bitten, mir meine Sünden zu vergeben. Aber die Sünden kann allein Gott der Herr vergeben ... Sie jedoch haben, wie ich das verstehe, ganz andere Funktionen. Und das Bitten ist auch, denke ich, pure Zeitverschwendung. Denn Moskau glaubt den Tränen nicht. Aus diesem Unglauben heraus haben wir in den letzten 70 Jahren so viel angerichtet, daß wir noch lange daran zu kauen haben.

Jetzt versuche ich, mir darüber klarzuwerden, wie ich bis zu dieser letzten Grenze gekommen bin. Aber wenn ich hier alles schildern wollte, müßte ich ein ganzes Buch schreiben über mein 40 Jahre währendes ›glückliches Leben‹ in unserem ›entwickelten Sozialismus‹! Ich füge meinem Gesuch einen Artikel aus der ›Prawda‹ bei, er hat die Überschrift ›In die Freiheit, und dann?‹. Am Anfang des Artikels wird der Brief eines ehemaligen Häftlings abgedruckt, dann folgt ein Interview mit dem stellvertretenden Minister des Inneren. Der ehemalige Häftling hat fast Wort für Wort mein Leben beschrieben. Mir bleibt nur hinzuzufügen, daß ich ein solches Leben satt habe!

Jetzt gehen wir die Frage mal von der anderen Seite an. Angenommen, man begnadigt mich und ersetzt die Erschießung durch 15 Jahre Gefängnis.« (Hier irrt er: mindestens 25 Jahre – A. P.) »Aber ich bin als gefährlicher Rückfalltäter eingestuft, das bedeutet, ich muß die ganzen 15 Jahre in der Zelle, in einem Raum hinter Schloß und Riegel verbringen. Und man wird mich im Laufe der 15 Jahre psychisch und physisch töten. Mich psychisch zu töten ist nicht leicht! In den Jahren meines ›Dienstes‹ bin ich durch solche Universitäten des Lebens gegangen, wie es sich unsere berühmten Revolutionäre nicht träumen ließen.

Aber physisch – ja. Sie wissen selbst sehr gut, wie hier die Ernährung ist, und nach 15 Jahren werde ich als klapperdürres Gerippe in die Freiheit entlassen. In der Freiheit habe ich keine Verwandten, keine Freunde, kein Dach über dem Kopf, keine Arbeit, und vor allem, meine Gesundheit habe ich im Gefängnis gelassen. Erwartet werde ich in der Freiheit nur von unserer geliebten Miliz, die mich behütet. Und diese geliebte Miliz hat nur die eine Sorge, wie sie mich möglichst schnell wieder hinter Gitter bringen kann. Sonst müßte sie mir eine Arbeit vermitteln, mir für die erste Zeit wenigstens eine Bleibe beschaffen. Wozu sollte sie sich solche Mühe machen? Es ist doch leichter und einfacher, mich dorthin zurückzujagen, wo ich hergekommen bin. Aber nehmen wir an, daß man vorerst keine Handhabe hat, mich wieder einzusperren. Arbeiten kann ich aus gesundheitlichen Gründen nicht. Außerdem habe ich keine Unterkunft. Also bin ich ein potentieller Bettler und Obdachloser! Und dann verreckt man schließlich irgendwo im Straßengraben wie ein herrenloser Köter!

Aber ein solches Ende will ich nicht. Das Ganze ist eine Sackgasse, aus der es keinen Ausweg gibt. Ist es dann nicht besser, mich jetzt zu erschießen? Da lösen sich alle Fragen von selbst.

Ich hätte dieses Gnadengesuch nicht geschrieben, wenn da nicht ein ›aber‹ wäre. Ich fühle eine unverzeihliche Schuld vor den minderjährigen Kindern, deren Vater ich getötet habe. Ich weiß sehr gut, was es bedeutet, ohne Vater aufzuwachsen. Ich weiß es nicht aus Büchern, sondern habe es am eigenen Leib erfahren. Wenn man mich erschießt, wird diesen Kindern, denke ich, davon nicht leichter. Wenn Sie mit mir Nachsicht üben, handeln Sie human diesen Kindern gegenüber. Ich werde ihnen im Rahmen meiner Kräfte und Möglichkeiten in unserer nicht einfachen Zeit materiell helfen. Ich bin bereit, überall zu arbeiten. Und wenn man mich auf den Mars schickt, ich werde auch dort arbeiten und Geld für den Lebensunterhalt verdienen. Und ich hätte ein Ziel in meinem sinnlosen Leben …«

»Meine Herren, Bürger des Präsidiums oder wie Sie jetzt heißen. Obwohl von Ihnen abhängt, ob ich leben oder sterben werde, sage ich Ihnen, was ich von Ihnen und Ihrer Gesellschaft halte und was Sie in Wirklichkeit sind.

Vielleicht wird mir davon etwas leichter ums Herz. Ich hasse Sie mit jeder Zelle meines Organismus …«

Der Autor des Briefes hatte zusammen mit einem Komplizen zwei Taxifahrer getötet, den einen erwürgt und den anderen erschossen. Die Autos benutzten sie für Spazierfahrten und neue Raubüberfälle. Er wurde 1991 vom Regionsgericht Krasnojarsk zum Tode verurteilt.

»Sie haben sich als Demokraten verkleidet und sich die Maske der Barmherzigkeit übergestülpt … Unter dem Deckmantel der Perestroika verschlingen Sie die Menschen genauso methodisch wie früher. Ihre Gesellschaft ist die Hölle, und Sie sind Ausgeburten der Hölle.

Sie machen die Menschen zu Sklaven, die unter solchen Bedingungen leben müssen, daß sie die Sklaven im alten Rom beneiden. Sie vergrößern den Apparat der Gewalt, verstärken ihn durch OMON-Truppen[1], erhöhen den Personalbestand des Innenministeriums. Die Menschen, die frei leben möchten und nicht nach Ihrem Willen, sollen vernichtet werden.

Sie sind gewöhnt, fein zu fressen und weich zu schlafen und alles zu tun, wonach Ihnen ist. Aber wehe, jemand macht etwas nicht so, wie Sie es wollen, auf den stürzt sich sofort der gesamte Apparat der Gewalt. ›Wer nicht mit uns ist, der ist gegen uns und unterliegt der Vernichtung.‹ Das hat Ihr Lenin verkündet.

So haben Sie es schon immer gehalten, aber jetzt tun Sie alles unter dem Deckmantel der Perestroika. Sie rufen aller Welt zu: ›Wir errichten einen Rechtsstaat‹, und vergessen dazuzusagen,

1 Sondereinsatztruppen der Miliz. D.Ü.

daß in diesem Staat bloß Sie Rechte haben, die übrigen haben nur Pflichten.

Ja, Sie errichten eine lichte Zukunft für Ihre Kinder und vernichten und versklaven dabei die Kinder anderer, wie Sie früher deren Eltern zu Sklaven gemacht haben. Genauso haben Sie es mit mir gemacht – Sie haben mir von klein auf etwas von der lichten Zukunft vorgelogen, aber nicht gesagt, für wen sie bestimmt ist. Daß diese lichte Zukunft nicht für mich ist, habe ich zu spät begriffen.

Meine Mutter, die mich allein großzog, hat auch an alle diese Märchen geglaubt und mir beigebracht, Ihnen zu glauben. Um sich ein eigenes Zimmer leisten zu können, hat sie 20 Jahre in einer Textilfabrik geschuftet, hat Staub und Wollfussel eingeatmet und sich Lungenkrebs geholt. Zu der Zeit haben Sie sich den Wanst mit schwarzem Kaviar vollgeschlagen und Ihrem Vergnügen gelebt.

Sie haben mir beigebracht, Menschen zu töten und weder fremdes noch das eigene Leben zu achten.

Sie haben mir, als ich 18 war, eine MPi in die Hand gedrückt und mich losgeschickt, um zu töten, um ein anderes Volk auszurotten.

Sie haben Tausende junge Leben als Kanonenfutter in die Hölle von Afghanistan geworfen, weil Sie einem anderen Volk Ihre Ideologie aufzwingen wollten. Aber seltsamerweise waren Ihre Kinder nicht dort, die haben Sie nicht hingeschickt. Ihnen ist nicht der Appetit vergangen, hat nicht das Herz weh getan, denn Ihre Kinder waren ja wohlversorgt und satt und außer Gefahr. Sie wußten, daß Ihre Kinder nicht in Zinksärgen zu Ihnen zurückkehren, nicht physisch und seelisch verkrüppelt werden. Sie wußten, daß sie nicht als Rauschgiftsüchtige zu Ihnen zurückkommen. Sie haben die Drogensucht im Land verbreitet, denn Sie haben uns ermuntert, in Afghanistan Drogen zu nehmen, und von dort ist diese Seuche durchs ganze Land gekrochen.

Und für alle, die lebend aus dieser Hölle zurückkamen, hatten Sie schon das weitere Schicksal vorprogrammiert. Dienst im Innenministerium und in der OMON, damit wir auf Ihren Befehl das eigene Volk vernichten, auf unsere Väter und Mütter schießen, mit den Gleisketten der Panzer Kinder zermalmen, wie das in Georgien und Litauen geschah …

Das alles haben Sie mir angeboten, als ich aus Afghanistan mit Verwundungen und einer Gehirnprellung zurückkam, an Drogensucht und an anderen Krankheiten litt.

Aber Ihr Produkt hat sich Ihrem Befehl nicht gefügt, und nun muß es vernichtet werden, weil es für Sie und Ihre Gesellschaft gefährlich wurde. Und darum haben die Mühlsteine Ihres Gesetzes mich zermahlen. Ihr System läßt einen anderen Ausweg nicht zu. ›Der Mohr hat seine Schuldigkeit getan, der Mohr kann gehen.‹

Ich konnte mich während der Verhandlung wegen ständiger Kopfschmerzen nicht verteidigen. Ich habe das Gericht gebeten, mich ärztlich untersuchen und behandeln zu lassen. Aber das Gericht tat, als wäre ich gesund, auch eine Art von Verteidigung. Und Sie sprechen von einem Rechtsstaat?

Das ist alles Gefasel. Solange Sie in Ihren Sesseln sitzen und sich an Ihren Posten festhalten, kann von einem Rechtsstaat keine Rede sein. Wer mehr zahlt, ist im Recht. Aber ich bin sicher, daß bald die Zeit kommt, wo Sie abgeknallt werden wie tollwütige Hunde. Ich bedaure nur, daß ich daran nicht werde teilnehmen können. Wenn ich könnte, würde ich Sie mit den Zähnen zerreißen. Aber macht nichts, Sie werden für unsere Tränen bestraft werden, und Sie werden noch die Toten beneiden.

Ich bin sicher, bald wird sich ein neuer Dracula finden, der Ihnen erzählt, wie man richtig leben muß.

Ich aber spucke auf Ihre Entscheidungen. Ich hasse und verachte Sie und Ihre Gesellschaft. Sie um Gnade bitten, das wäre Selbstbetrug. Das ist alles, was ich Ihnen sagen wollte. Solowjow.«

»Sehr geehrte Mitglieder der humanen Begnadigungskommission!!! Aus vollem Herzen danke ich Ihnen, daß Sie mir geglaubt, sich mir zugewandt und mir das Kostbarste bewahrt haben, was der Mensch besitzt – das Leben! Das Leben, das ich, ehrlich gesagt, nicht verdiene. Ich danke Ihnen vor allem im Namen meines siebenjährigen Sohnes, dem Sie den Vater erhalten haben.

Humane und barmherzige Schritte finden nicht ganz das nötige Verständnis. Der Mensch ist doch ein merkwürdiges Geschöpf: Den einen kannst du mit Gold überhäufen, er ist doch unzufrieden, ein anderer hingegen braucht, um glücklich zu sein, nur einen Wanderstab und den blauen Himmel über sich.

Ich glaube nicht, daß der Präsident Rußlands, der den Erlaß über die lebenslange Haft unterschrieb, nicht wußte, daß es in Rußland keine Basis für eine solche Kategorie von Menschen gibt. Da keine juristischen Vorschriften über die Verwahrung von lebenslänglich Verurteilten vorliegen, ist die Administration der Gefängnisse berechtigt, uns ›Ewige‹ genauso zu behandeln wie vor der Aufhebung des Todesurteils. Natürlich ist es ungerecht, der Administration die Schuld daran zu geben, denn die Leitung ist gezwungen, von den in der Praxis geltenden Gesetzen auszugehen, obwohl diese Gesetze sich nicht auf Lebenslängliche beziehen. Urteilen Sie selbst, was durch Ihre Humanität geschieht: Die Erschießung wurde aufgehoben, aber anders als in allen zivilisierten Ländern fehlen bei uns die Voraussetzungen für eine lebenslange Haft. Es sind nicht einmal die Grundbedingungen für unsere Existenz gegeben. Wir dürfen nicht einmal die notwendigsten Gebrauchsartikel kaufen. Und das gilt nicht nur für einen oder zwei Monate, sondern für das ganze Leben.

In den zivilisierten Ländern steht in den Gefängnissen für die ›Ewigen‹ nicht so sehr der strafende wie der politische Aspekt im Vordergrund, sie dienen als Indikator für die Demokratie im Land. Aber wo ist das demokratisch rechtsstaatliche Rußland?

Unter solchen Bedingungen erhebt sich die vielleicht lästerliche, doch gerechtfertigte Frage, welcher Tod humaner ist: der augenblickliche – die Erschießung, oder der qualvolle – die lebenslange Haft unter den Bedingungen Rußlands. Ich bin überzeugt, jeder Mensch mit gesundem Menschenverstand würde das erste wählen.

Während ich diese Zeilen schreibe, vergesse ich nicht, daß ich mich in dem erstaunlichen und einzigartigen Land Rußland befinde, wo der Wagen vor die Pferde gespannt wird.

Sehr geehrte Humanisten und Demokraten, Mitglieder der Kommission, ich bitte Sie: Entweder Sie schaffen normale Bedingungen für die ›Ewigen‹, oder Sie revidieren Ihren Beschluß über meine ›Begnadigung‹, und lassen das Todesurteil vollstrecken.

Noch einmal allerbesten Dank für Ihre ›Menschlichkeit‹. Ravil Daschkin.«

»Sehr geehrter Herr Pristawkin! Entschuldigen Sie, daß ich mich erdreiste, Euer Ehren zu behelligen. Zu meinem Bedauern und zu meiner Schande weiß ich für die Anrede nicht den

Vatersnamen meines ›Taufpaten‹, dank dessen humaner Bemühungen meine irdischen Qualen weitergehen.

Anlaß meines Briefes ist die neue Strafvollzugsordnung Rußlands. Ich hoffe, Sie haben sich damit vertraut gemacht und sich überzeugt, daß es eine ähnliche Barbarei in bezug auf lebenslängliche Häftlinge in keinem anderen Land der Welt gibt. Wie kann man von humanistischen Prozessen reden, wenn die Gesetze der stalinistischen und nachstalinistischen Periode verblassen vor der Grausamkeit und Absurdität der heutigen Gesetze? Heuchelei!

Es ist klar, daß das vorliegende Gesetz Rußland zum GULAG zurückführt, denn es wurde von der rot-braunen Staatsduma angenommen, aber wieso wurde es vom Präsidenten bestätigt? Die Gesetzgeber kann man noch verstehen, sie lassen sich von dem Prinzip leiten: Je schlechter es dem Lande geht, desto besser ist es für sie. Aber Sie, die Berater des Präsidenten, begreifen Sie denn nicht, daß das Gesetz vor allem auf die Destabilisierung der Verhältnisse im Land wie auch in den Gefängnissen und Lagern hinausläuft?

Urteilen Sie selbst: Die Lebenslänglichen dürfen nur ein Paket im Jahr bekommen! Längere Besuche von Angehörigen sind in den ersten zehn Jahren verboten! Lebensmittel und Bedarfsartikel dürfen im Gefängnisladen nur von selbstverdientem Geld gekauft werden! Entschuldigen Sie, aber wie sollen wir es verdienen? Wir arbeiten vier bis fünf Stunden in der Schneiderei und nähen Handschuhe, damit können wir beim besten Willen nicht mehr als zehn- bis fünfzehntausend Rubel im Monat verdienen. Ist das etwa Geld bei den heutigen Preisen? Ein Päckchen Zigaretten kostet 1120 Rubel, billiger Tee 2000 Rubel!« (Das entspricht heute: 1 Rub. 10 Kop. und 2 Rub. bei einem Gehalt von 10 bis 15 Rub. – A. P.)

»Wie und wovon sollen wir in dieser Gruft für lebendige Leichname leben? Kann man mit solchen Mitteln Häftlinge umerziehen oder zum Besseren verändern? Fördern solche ›Erziehungs‹-Methoden eine normale psychologische Atmosphäre im Gefängnis?

Beachten Sie den Artikel 127, Abs. 3, dort steht, daß die ›Ewigen‹ vom Tag ihrer Überführung in die Haftanstalt für Lebenslängliche zehn Jahre lang in Zwei-Mann-Zellen unter strengen Bedingungen unterzubringen sind, das heißt, die Jahre, die sie einsam in der Todeszelle verbracht haben, und die folgenden Monate und Jahre von der ›Begnadigung‹ bis zum Eintreffen in der Strafvollzugsanstalt werden nicht angerechnet.

Warum haben Sie solche Wut und solchen Haß auf uns?

Ich verstehe sehr gut, daß Sie, als Sie über die lebenslängliche Haft entschieden haben, keineswegs von humanitären Erwägungen ausgegangen sind. Sie haben gedacht: Sollen sie leben, aber wir schaffen ihnen solche Bedingungen, daß sie (das heißt wir) wie die Wölfe heulen und die Toten beneiden.

Sie haben Ihr Ziel erreicht, Herr Humanist! Danke für Ihre Menschenliebe! Nicht einmal das NKWD hat so gehandelt: Die haben gleich getötet oder erst ein bißchen gequält und dann getötet, womit sie die Menschen vor weiteren Qualen und Leiden bewahrt haben.

Wer sind Sie eigentlich? Von welchem Regime wird das Land regiert? Wozu haben Sie mich am Leben gelassen? Habe ich Sie darum gebeten? Gott sei Ihr Richter!

Sind Sie so naiv, daß Sie sich von der lebenslangen Haft eine mäßigende Wirkung erhoffen? Ich denke, Sie wissen, daß die lebenslange Haft keine Perspektive hat. Früher oder später werden nüchtern denkende Leute an die Macht kommen, Politiker einer neuen Richtung und mit rationaler Denkart, und sie werden die Ineffizienz und Unrentabilität eines solchen Strafmaßes erkennen.

Denken Sie darüber nach, welches Erbe und welche Erinnerung Sie der heranwachsenden Generation und der Geschichte hinterlassen. Begreifen Sie, Rußland ist nicht bereit für die Praxis der ›ewigen‹ Haft, nicht nur ökonomisch, sondern auch moralisch-sittlich und, wenn Sie so wollen, intellektuell.

Die westlichen Beispiele sind vom Niveau der Kultur und Erziehung für uns ungeeignet. Das Rechtsbewußtsein unserer Menschen befindet sich auf dem Niveau des Höhlenzeitalters, und das ist nicht verwunderlich; bis auf den heutigen Tag sehnt man sich nach einer ›harten‹ Hand, die Leute verlangen Ordnung, erheben die Diktatur zum Ideal.

Vielleicht erlaubt meine Beschränktheit mir nicht, das Problem der lebenslänglichen Haft in seiner ganzen Tiefe zu erfassen, aber ich bin ein unmittelbar Betroffener, ein Zeuge dafür, wie das im Land einzige Gefängnis für ›Ewige‹ funktioniert. Die Leitung rotiert wie ein Eichhörnchen im Laufrad auf der Suche nach Existenzmitteln, es ist nicht einmal Geld für die Renovierung der Gebäude da, seit drei Jahren bekommen wir nicht den vorgeschriebenen Verpflegungssatz … Wir haben keinen Zahnarzt!

Wenn Sie sich nicht vor sich selbst und vor Ihrem Volk schämen, dann schämen Sie sich wenigstens vor der Weltgemeinschaft, besonders vor dem Europarat. Ognenny-Insel, Gouvernement Wologda.«

Es folgt der Bericht Wladimir Nekrassows, der zum Tod verurteilt wurde. Ich führe hier nur den Teil seiner viele Seiten umfassenden Beichte an, in dem er über eine Kolonie für Halbwüchsige schreibt, wohin er mit 17 Jahren kam.

»Erziehungskolonie. Quarantänezelle … Sie waren zu fünft, gesund und kräftig und gnadenlos. Wer waren sie, diese blinden Vollstrecker irgendwelcher Direktiven? Sie trugen enganliegende Spezialjacken mit unverständlichen Emblemen, Rhomben und goldenen Litzen an den Ärmeln, blankgeputzte Stiefel und Lederhandschuhe.

Ein paar heftige Schläge ins Gesicht, in die Leber und die Nieren und dann die Frage: ›Kommst du in die SIO?‹ Das bedeutet, Spitzel zu werden. Wenn einer ablehnte, begannen die flinken Jungs das Opfer professionell zu bearbeiten. Die sechs anderen hatten sich schon bereit erklärt, in der SIO mitzumachen, sie wischten sich schweigend den blutigen Rotz ab und betasteten ihre zerschlagenen Gesichter. Ich war der siebente und letzte. Unwillkürlich fiel mir der Filmtitel ›Die glorreichen Sieben‹ ein, und ich mußte lachen. Ein starker Schlag in den Bauch brachte mich in die Realität zurück. Der Kerl hatte wohl auf den Solarplexus gezielt, aber nicht getroffen, und das rettete mich. Mit aller Kraft stieß ich meine kräftige Stirn in die lächelnde Visage des Schlägers. Knirschen und Stöhnen. Ich sprang zur Seite und packte einen Hocker, aber niemand griff mich mehr an. ›Laßt ihn!‹ Der Oberleutnant kam breitbeinig auf mich zu. Die vier mit den Lederhandschuhen machten ihrem Chef Platz. Er warf einen angeekelten Blick auf den am Boden Liegenden und schnauzte durch die Zähne: ›In die Sanitätsabteilung, aber fix!‹ Dann betrachtete er mich flüchtig und knurrte anerkennend, vielleicht auch versöhnlich: ›Tüchtig!‹ Die Tür schlug zu, aber ich hielt noch lange den Hocker in der Hand. Eine Stunde später sperrte man mich für sieben Tage in den Bau, wegen Ungehorsams und Prügelei. Nach sechs Tagen holte mich der Oberleutnant, führte mich in ein Arbeitszimmer und ging hinaus. Am Fenster saß auf einem Stuhl einer von den fünfen, die mich in die Quarantänezelle gebracht hatten. Mir ging durch den Kopf: Aha, der letzte Versuch. Er stellte sich als Juri Stschikulin vor. Er war Vorsitzender des Kollektivrats der Kolonie, mit anderen Worten – der ›Lagerkopf‹. In den Kolonien für Minderjährige einer Sektion anzugehören bedeutet, Macht zu haben. Je höher die Funktion in der Sektion, desto größer die Macht. Der ›Lagerkopf‹ ist mit solcher Macht und solchen Vollmachten ausgestattet, daß man es nicht glaubt, wenn man es nicht am eigenen Leib erlebt hat. Die Macht des ›Kopfes‹ wird mit der ›Faust‹ aufrechterhalten, das heißt, die Untergebenen werden beim geringsten Verdacht von Ungehorsam grausam verprügelt. Die zweithöchste Figur im Lager ist der ›Lagerbulle‹, der Vorsitzende der SIO, der Sektion Innere Ordnung, eine Art Innenminister. Der ›Lagerkopf‹ wird vom Leiter der Kolonie eingesetzt, der ›Lagerbulle‹ von der Sicherheitsabteilung. Beide tun das gleiche, aber jeder hat seinen ›Chef‹. Es gibt noch den ›Sani‹, den ›Sportorg‹, den ›Kultorg‹, den ›Arbeitsleiter‹ – sie alle haben große Macht, und jeder untersteht seinem ›Chef‹. Aber solche Macht wie der ›Kopf‹ und der ›Bulle‹ hat kein anderer. Die Insassen des Lagers sind in Abteilungen untergliedert, eine Abteilung besteht aus 100 und mehr Menschen. Jede Abteilung hat ihren ›Kopf‹, nur heißt er hier – der ›Abteilungsalte‹. Jede Abteilung hat auch einen ›Bullen‹, einen ›Sani‹, einen ›Kultorg‹ und so weiter. Jede Abteilung ist in Gruppen unterteilt, und jede Gruppe hat ihren ›Alten‹, ›Bullen‹,

›Sani‹ … In einer solchen Kolonie funktioniert ein System, in dem alles bis ins kleinste reguliert ist. Fundament des Systems sind Gesetzlosigkeit und Grausamkeit, Vetternwirtschaft. Aber es wird als Selbstverwaltung und Vertrauen ausgegeben. Betrug, Betrug, Betrug. Vielleicht ist das nur die Kopie eines anderen Systems? Vielleicht. Das alles habe ich erst später erfahren.

Der ›Kopf‹ sagte: ›Morgen kommst du ins Lager, du wirst dort erwartet. Ohne meinen Beistand bist du verloren. Du hast nämlich den Lagerbullen geschlagen, kapiert?‹

Ich begriff den Ernst meiner Situation. Hatte ich Angst? Sicherlich, denn ich wußte, gegen eine Meute komme ich nicht an. Und trotzdem wußte ich das Wichtigste nicht: Der ›Lagerbulle‹ lag mit gebrochener Nase und ausgeschlagenen Zähnen in der Sanitätsabteilung. Das ganze Lager hatte davon erfahren und summte wie ein aufgescheuchter Bienenschwarm. Eine Rebellion reifte heran, und ich war, ohne die Folgen meines Schlags zu kennen, der Funke, der den Brand anfachen konnte. Aber das alles wußte ich nicht und schwieg.

Der ›Kopf‹ fuhr fort: ›Ich schlage dir nicht vor, in die Sektion zu kommen, aber du kannst morgen werden, was du willst, sogar Lagerbulle. In jedem Fall hast du meine volle Unterstützung. Was das bedeutet? Du wirst Autorität, Achtung und Vergünstigungen genießen, die außer mir kein anderer hat …‹

Er sagte vieles nicht, aber ich konnte mir den Rest denken. Der allmächtige ›Kopf‹ war selber ein einfacher Bauer in den Händen derer, die die Figuren setzten. Schwache Spieler werden geschlagen, starke vernichtet.

Gegen Ende unseres Gesprächs kam der Oberleutnant herein. ›Na, seid ihr euch einig?‹ Der ›Kopf‹ stand nicht einmal auf. ›Alles normal.‹ Der Oberleutnant setzte sich auf die Stuhlkante und wechselte mit dem ›Kopf‹ einen vielsagenden Blick. Zu mir sagte er freundschaftlich: ›Also, Wolodja, schließen wir Frieden. Halt uns nicht für blöd, kapiert? Morgen kommst du ins Lager, mach mir da keinen Stunk. Das ist in deinem eigenen Interesse. Ein Ausrutscher, und du kommst als Unruhestifter vor Gericht, kapiert? Du bist ein gescheiter Bursche, und ich rate dir, immer zwei Züge im voraus zu bedenken ...‹

Was sollte ich darauf sagen? Er hatte das System auf seiner Seite.

Die ganze Nacht machte ich kein Auge zu. Ich grübelte hin und her. Im Kopf kreiste der Satz: ›Ich rate dir, immer zwei Züge im voraus zu bedenken.‹ Ich dachte an das Gefängnis, die Zelle mit strengem Regime, an die Mahnung: ›Merk dir, Junge, die Bullen sind zu allem fähig, trau ihnen nie.‹

Am Morgen wurde ich ins Badehaus geführt und bekam meine Sachen. Ich lud mir die Matratze auf den Buckel, aber da erschien der ›Kopf‹: ›Runter damit, das bringen dir die dafür zuständigen Leute. Jetzt trinken wir erst mal einen schönen Tschifir[1].‹ Er führte mich in die Abteilung. Die Wohnsektion war mit Eisenbetten vollgestellt, aber es war kein Mensch da. Wir gingen in die hintere Ecke, wo sich ein Bett mit bunter Decke und zwei Kopfkissen von den anderen abhob. Das Bettgestell daneben war leer. ›Du schläfst hier, neben mir.‹ Auf dem Nachttisch standen eine Schale mit Schokoladenbonbons, zwei Porzellantäßchen und eine kleine Kaffeekanne. ›Setz dich, erst trinken wir einen Tschifir, dann reden wir.‹ Er schenkte eine Tasse voll und gab sie mir. Ich nahm einen Schluck und spürte den angenehmen Geschmack von starkem Kaffee, aber ich korrigierte den ›Kopf‹ nicht. Inzwischen brachten zwei ›Knechte‹ meine Sachen, machten das Bett, nahmen die Stiefel, die Watte-

1 Extrastarker Tee. D.Ü.

jacke, die Mütze und gingen. Wir aßen was, rauchten und redeten, halb liegend, in aller Ruhe über das Lager.

Ich erfuhr, daß der ›Kopf‹ für eine vorfristige Entlassung auf Bewährung vorgeschlagen war und daß er auf alles und alle pfiff. Er riet mir, mich keinem anzuschließen und mich in nichts einzulassen. Ringsum gebe es nur Verräter und Spione. Ich konnte nicht an mich halten und fragte nach dem Oberleutnant, aber er lächelte nur und sagte rätselhaft: ›Du wirst selber mitkriegen, daß er von der Sicherheit ist und überall seine Leute hat.‹

Ich begriff alles und sah alles, wenn auch nicht sofort. Damit man sich das Leben in einer Kolonie für Minderjährige besser vorstellen kann, will ich einen Tag beschreiben.

Wecken um 6 Uhr.

Der Diensthabende kommt hereingestürmt, macht Licht und brüllt wie ein Irrer: ›Aufstehen, raustreten!‹

Ich habe nie in der Armee gedient, aber ich bin sicher, daß sich nicht einmal die berühmten Luftlandesoldaten so schnell fertigmachen wie wir minderjährigen Häftlinge. Ich weiß nicht, was die Luftlandesoldaten antreibt, aber uns trieb die Angst. Doch davon später. Das Gebrüll des Diensthabenden war noch nicht verstummt, als die Leute schon wie Gewehrkugeln an ihm vorbei zur Tür schossen. Er hatte die Aufgabe, den letzten zu ermitteln. Es gibt immer einen ersten und einen letzten. Draußen 30 Grad minus, Wind, Schneetreiben. Das Stadion der Häftlinge, Scheinwerferlicht. Zu einer langen Kette auseinandergezogen, laufen die Häftlinge auf der Aschenbahn, und in der Mitte des Stadions, in Wattejacken eingemummt und rauchend, stehen genau solche Häftlinge, aber die haben Macht.

Eine Runde, noch eine, noch eine … Im Licht der Scheinwerfer blinken Turnhosen und -hemden, geschorene Köpfe … Ein paar laufen barfuß, halten die Stiefel in der Hand. Welche

Kraft zwingt Hunderte von Menschen, sich die Launen und Schikanen einer kleinen Gruppe von Leuten gefallen zu lassen, die genausolche Häftlinge sind? Die Angst, die Angst, die Angst! Die Angst wovor? Die Angst vor wem? Davon später.

Auf Kommando zerreißt die Kette der halbnackten Körper und ergießt sich in Rinnsalen in die Abteilungen.

6.15 Uhr – Bettenbauen, Toilette, Waschen, Anziehen.

6.30 Uhr – Antreten auf dem Lagerplatz, Zählappell und Drill, Drill, Drill.

7 Uhr – Frühstück. Eine Kelle Haferbrei, zwei Scheiben Brot, 15 Gramm Butter, ein Glas Tee.

7.15 Uhr – Antreten auf dem Lagerplatz, zehn Minuten Lockerungsübungen nach dem üppigen Frühstück.

7.25 Uhr – in der Abteilung Warten auf die Stubenkontrolle, Vorbereitung auf den Schulunterricht, Saubermachen der Räume und des Geländes der Abteilung.

8 Uhr – die Abteilungen treten vor ihren Baracken an. ›Christus erscheint dem Volk‹, daß heißt, die Natschalniks der Abteilungen erscheinen. Das dauert ungefähr eine halbe Stunde: Fragen, Antworten, Vergebung der Sünden, Aufruf zu noch größeren Erfolgen beim Lernen und Arbeiten.

8.30 Uhr – alle Abteilungen auf den Lagerplatz. Drill mit Gesang. Die Natschalniks der Abteilungen wetteifern miteinander, wessen Abteilung besser ist.

8.50 Uhr – die Abteilungen beginnen mit dem Unterricht. Die Schule hat nichts mit einer Schule gemein, wie wir sie kennen. Es kann keine Rede davon sein, Wissen zu erlangen. Ein Schüler der zehnten Klasse im Lager hat den Wissensstand eines schlechten Dorfschülers der fünften Klasse. Der Unterricht ist nur für die Statistik da.

12.30 Uhr – die Abteilungen werden in Marschordnung zu

den Baracken geführt. Umziehen, Zigarettenpause und wieder Lagerplatz.

13 Uhr – Mittagessen. Suppe, Hafer- oder Weizenbrei, drei Scheiben Brot, ein Glas Fruchtsuppe oder Pudding.

13.15 Uhr – Lagerplatz. Lockerungsübungen nach dem Mittagessen.

13.30 Uhr – Antreten und Abmarsch zur Arbeit.

16.30 Uhr – Signal zum Arbeitsende. Feststellen der ›Produktionserfolge‹.

17 Uhr – Lagerplatz. Appell.

18 Uhr – Abendessen. Eine Kelle Haferbrei, zwei Scheibchen Brot, ein Glas Tee.

18.15 Uhr – Lagerplatz. Lockerungsübungen nach dem Abendessen.

18.30 Uhr – Erledigung der Hausaufgaben.

20.30 Uhr – Lagerplatz. Drill, Drill, Drill.

21 Uhr – Freizeit. Schreiben von Briefen, Fernsehen, Waschen der Kragenbinden und so weiter.

21.55 Uhr – Antreten auf dem Lagerplatz.

21.59 Uhr – Signal zur Nachtruhe! Zurechtmachen der Betten, Ausziehen.

22 Uhr – der Diensthabende löscht das Licht.

Nachtruhe, aber keiner schläft. Alle warten. Und schon geht es los. Die leise Stimme des Diensthabenden: ›Sidorow, Petrow, Iwanow – zum Alten!‹

Sidorow, Petrow, Iwanow kriechen unter der Decke hervor und trotten verzagt in die Wäschekammer der Abteilung. Die tagtägliche Bestrafung beginnt. In der Kammer hat sich das Abteilungsaktiv versammelt, einer trägt Lederhandschuhe, ein anderer hat ein Sandsäckchen in der Hand oder einen Stock oder auch einen Hocker.

Sie schlagen lange, grausam, gnadenlos. Manche werden auch vergewaltigt.

Das beantwortet auch die Frage – Angst wovor.

Wofür wird geschlagen und vergewaltigt?

Einer war der letzte beim Aufstehen, einer hat eine schlechte Zensur in der Schule bekommen, einer hat die Aufgaben im Betrieb nicht erfüllt, einer hat dem Abteilungsnatschalnik mißfallen, einer hat dem ›Alten‹ nicht das Geld, das er beim letzten Besuch bekommen hat, abgeliefert, einer ist schlecht marschiert oder hat schlecht gesungen, einer hat sein Bett nicht gut gebaut … Oder einfach so, für alle Fälle.

Die Mitglieder des Abteilungsaktivs sind auch nicht sicher vor Strafe und Vergewaltigung, mit ihnen rechnen der ›Kopf‹ und der ›Bulle‹ des Lagers ab.

Doch in jedem Lager gibt es Unberührbare. Was sind das für Leute?

Das ist ein Häuflein von 20 bis 30 Häftlingen, die das Aktiv nicht anerkennen und zu allem fähig sind. Diese Leute lassen sich nicht ›umerziehen‹, ›überzeugen‹, ›verlocken‹, ›brechen‹ … Man kann sie nur vernichten. Diese Gruppe ist subversiv, ordnet sich dem Aktiv nicht unter, marschiert nicht, arbeitet nicht, zahlt keinen Tribut.

Die Administration hat ihnen das Etikett ›Verweigerer‹ angehängt. Ich behaupte, daß sie der goldene Fond der Menschheit sind.

Von Hunderten Häftlingen haben sich nur diese 20 bis 30 nicht gebeugt, haben standgehalten. Würde man diese Leute mit einer Idee ausrüsten und ihnen ein Ziel weisen, sie würden es erreichen. Oder sterben. Es ist nicht ihre Schuld, wenn sie in der Folgezeit Diebe, Räuber und Drogensüchtige werden. Schuld daran waren, sind und bleiben diejenigen, die in ihrem

Freiheitswillen und Ungehorsam eine Gefahr für sich und die Gesellschaft sehen.

Aufgrund der Umstände schloß ich mich keiner Seite an und lebte ›allein auf einer Eisscholle‹. Ich mischte mich in nichts ein, gab aber auch niemandem Anlaß, mich herumzukommandieren oder zu fürchten. Ich traute niemandem und hatte keine Freunde. Mein ständiger Gefährte war die Einsamkeit. Ich weiß nicht, wie mein weiteres Leben verlaufen wäre, wenn ich mich am Anfang des Wegs hätte brechen lassen.

Das Leben ist eine komplizierte Sache, es besteht aus Situationen, die dein Schicksal zu einem festen Knoten schnüren.

Als ich 18 war, hatte ich noch ein halbes Jahr abzusitzen. Gewöhnlich kommt man mit einer so kurzen Reststrafe nicht erst in ein Lager für Erwachsene. Aber ich wurde in ein Erwachsenenlager geschickt. Natürlich hatten wir vorher Abschied gefeiert. Wir hatten die ganze Nacht Tschifir getrunken, und keiner von der Administration hatte uns gestört. Und am Morgen der ›schwarze Rabe‹[1] …

In Lagern mit ›allgemeiner Anstaltsordnung‹ werden die ›Grundlagen des Verhaltens‹ gelegt, geht eine Auslese vonstatten, wird der Lebensweg entschieden.

Die Administration dieser Anstalten teilt alle Neuankömmlinge sofort und für immer in ›Unsere‹ und ›Fremde‹ ein.

›Unsere‹, das sind diejenigen, die einer Bearbeitung zugänglich sind, die bereit sind, eine Armbinde anzulegen, in irgendeiner Sektion mitzumachen.

Die ›Fremden‹ haben ihre eigenen Ansichten über alles, besonders über das Leben im Lager. Die ›Fremden‹ sind ›Verwei-

1 Wagen zum Transport von Häftlingen. D.Ü.

gerer‹, auch wenn sie nicht gegen die administrativen Vorschriften verstoßen.

Also, das Erwachsenenlager … Das Arbeitszimmer des ›Hausherrn‹. Freundliche Reden, Perspektiven, Versprechungen, Vorschläge … Und schließlich die entscheidende Frage: Bist du ›unser Mann‹ oder nicht? Das Gespräch endete mit erhobener Stimme, mit Drohungen und – dem ersten Geschenk: 15 Tage Bau wegen Mißachtung des Natschalniks und Auflehnung gegen die Lageradministration.

In dem halben Jahr war ich achtmal im Bau, und in die Freiheit entlassen wurde ich aus dem Bau. Dort hielten sie mich fest, obwohl meine Frist um war und bis zu meiner Entlassung nur noch drei Tage blieben. Aus Protest schnitt ich mir mit der Rasierklinge den Bauch auf und verlangte nach dem Staatsanwalt. Man brachte mich ins Krankenhaus, nähte mir den Bauch zu und – ab in den Bau … Am Morgen des 6. Februar schleppten sie mich mit Gewalt raus, zogen mir irgendwas an, händigten mir den Entlassungsschein und sieben Rubel, 60 Kopeken aus. Sie fuhren mich zum Bahnhof und rieten mir, den ersten Zug zu nehmen. Es lebe die Freiheit.

Ich fluchte dem davonfahrenden Auto hinterher und ging ins Bahnhofsgebäude. Das Thermometer zeigte 34 Grad unter Null, und ich trug nichts als ein Turnhemd und einen Kunststoffmantel. Und ich war 18 … Ich suchte mir ein freies Fenster, schmiegte mich an den warmen Heizkörper und dachte, zum erstenmal, darüber nach, wo ich hingehen und was ich anfangen sollte.

Ich bedauerte, nicht ein halbes Jahr mehr bekommen zu haben, dann wäre ich im Sommer entlassen worden …«

Immer wieder landete Wladimir Nekrassow im Gefängnis. Seine Stationen: Kysyl, Abakan, Minussinsk, Aginsk, Kansk, Reschety, Irkutsk, Angarsk, Sima, Schelechow, Ust-Kut …

Er saß von seinem 17. bis zu seinem 36. Lebensjahr. Ein halbes Jahr nach seiner letzten Freilassung beging er sein letztes Verbrechen – einen Mord – und wurde zum Tode verurteilt. Auf Empfehlung der Kommission änderte der Präsident das Todesurteil in lebenslängliche Haft.

NEUNTES KAPITEL

Die Vision vom eigenen Land

Ich kam einmal in ein nördliches Dorf, das fast ausgestorben war. Von hundert Häusern waren nicht mehr als zehn übriggeblieben. Ringsum stand jedoch mannshoher goldgelber Hafer bis zum Horizont. Es war schon September, und offenbar dachte niemand daran, ihn zu ernten. Ein alter Bauer winkte auf meine erstaunte Frage, was denn mit der Ernte sei, bitter ab. Sein Lebtag habe er nicht solchen Hafer gesehen, aber der werde unterm Schnee verrotten, genau wie der Hafer voriges Jahr und vorvoriges Jahr. Wer solle ihn denn ernten?

»Und wer hat ihn gesät?« fragte ich.

»Ja, wer ... Im Frühjahr schicken sie Studenten her, manchmal auch Häftlinge ...«

Und er erzählte mir eine alte Geschichte von einem Landmann (dabei zeigte er auf die Ruine eines Hauses), der hatte seinen Nachbarn erschlagen, weil der ihm ein kleines Stück Land abgezwackt hatte.

»Damals war ein Stück Land etwas Kostbares, anders als heute«, schloß er und zeigte auf das Feld. »So viel Land, und keiner braucht es!«

Ich kann nur immer wieder sagen: Das dem Sämann entfremdete Land ist zu einer Belastung geworden, seit die kräftigen Bauern, die wirklichen Besitzer, enteignet und mit ihren Frauen und Kindern Ende der 20er Jahre nach Sibirien verbannt wurden. Das taten Säufer und Tagediebe, die treuen Gehilfen der Sowjetmacht im Dorf. Sie waren es, die im Gefolge der angereisten Kommissare die tüchtigen Bauern ausplünderten und erschossen.

Ich war einmal in der Smolensker Gegend unterwegs und brachte meinen Onkel Wikenti mit dem Auto in sein Heimatdorf. Plötzlich bat er mich anzuhalten. Er stieg aus, ging übers Gras und blickte zu Boden, als suche er etwas. Dann kam er schweigend und erregt zurück und bat mich, weiterzufahren. Erst nach einer Weile erzählte er, daß er sein ehemaliges Feld abgeschritten hatte. Vor 40 Jahren war er enteignet worden, weil er ein Pferd besaß. Damals war er in die Stadt geflohen und hatte Arbeit als Putzer von Lokomotivkesseln gefunden. 40 Jahre lang hatte er Kessel gereinigt, aber an sein Land erinnerte sich noch bis auf den Zentimeter genau.

In den Erinnerungen von A. G. Snitkina, der Frau Dostojewskis, las ich, daß der große Schriftsteller von einem kleinen Gut träumte, das die Kinder abgesichert und sie, wie er sagte, in das politische Leben der Heimat einbezogen hätte. Kürzlich sprach ich im Fernsehen und erzählte von zwei jungen Bauern, die ihre Ernte vor Obdachlosen, ehemaligen Kriminellen, schützen wollten, die drei Jahre hintereinander ihr Feld verwüsteten, das Häuschen mit den Gerätschaften anzündeten. Schließlich riß den Bauern die Geduld, sie fingen die Diebe und zerfleischten sie buchstäblich gleich auf dem Feld. Sie wurden zu langen Haftstrafen verurteilt.

Übrigens wurden Angriffe auf das Privateigentum bei uns nie so hart bestraft wie Diebstahl von Staatseigentum. Das erstere behandelten die Behörden beinahe nachsichtig, für das letztere verhängten sie mitunter sogar die Todesstrafe.

Ein anderer Fall, den wir unlängst in der Kommission erörtert haben: Ein gewisser Grigorjew, Rentner, kaufte ein Stück Land, legte einen Teich an und züchtete Fische. In der Akte steht: »Der Nachbar ärgerte sich darüber, und er ging mit seinem Freund zu dem Teich und fing dort mit dem Schleppnetz Fische. Grigorjew holte sein Gewehr aus dem Haus und drohte dem Nachbarn, ihn zu töten, denn der Teich sei sein Eigentum. Darauf erklärte der Nachbar höhnisch, er pfeife auf solche Eigentümer und er werde auch weiterhin Fische herausholen. Grigorjew schoß aus Verzweiflung und tötete ihn …«

Wir empfinden Eigentum nicht als Heiligtum. Onkel Wikenti und seinesgleichen leben nicht mehr, Grigorjew und die beiden jungen Bauern sitzen im Gefängnis, und Gefühle, die es ermöglichen, »ins politische Leben der Heimat einbezogen zu sein«, Gefühle, die auch durch erworbenes Eigentum geweckt werden, sind der Mehrheit der russischen Bürger leider unbekannt. Hindernis auf unserem Reformweg sind nicht Gesetze, ob gute oder schlechte, über Grundbesitz, sondern solche zutiefst nationalen Züge wie der Hang zum Diebstahl gesellschaftlichen und persönlichen Eigentums. Außerdem der pathologische, von der Sowjetmacht anerzogene Haß auf das Hab und Gut eines anderen, mit welcher Mühe es auch erworben sein mag, die Gleichgültigkeit der Bevölkerung gegenüber beliebigen *Rechten* und beliebigem Eigentum, auch gegenüber dem eigenen. Das erklärt viele Brandstiftungen auf dem Lande.

Ich wurde einmal gebeten, kurz darzulegen, wie meine Arbeit in der Begnadigungskommission aussieht. Ich wollte erhabene Worte über den Dienst an der Gesellschaft finden, über die Hilfe für unglückliche Häftlinge, aber im Gedächtnis wurde der nicht versiegende Strom von Blut und Dreck hochgespült. Ich fühle Angst und Entsetzen und totale Hilflosigkeit, Verzweiflung und Schmerz. Besonders, wenn von den Verbrechen Kinder und ältere Frauen betroffen sind.

Solch ein Fall lag auf unserem Tisch. Er unterschied sich von anderen Fällen mit Todesurteil durch besondere Grausamkeit. Ein gewisser German Beketow, 50 Jahre alt, mit krimineller Vergangenheit, erfuhr von einem Zellengenossen, daß zwei alte Kolchosbäuerinnen, so um die 80, die allein in einem Vorwerk lebten, Ersparnisse versteckt hätten. Nachdem Beketow seine Zeit abgesessen hatte, fuhr er in diese recht entlegene Gegend, fand das Vorwerk und tötete die Frauen. Einer der beiden Frauen lauerte er vor dem Haus auf und erwürgte sie, die andere tötete er später im Haus. Geld oder Wertgegenstände fand er nicht. Er brachte dann im Nachbardorf noch eine Witwe um und zog ihr den Ehering vom Finger. Um Begnadigung bat er nicht, er wußte wohl, daß derartige Verbrechen den Gedanken an Barmherzigkeit ausschließen.

Solche entsetzlichen Verbrechen an alten Frauen, die im Krieg ihre Männer und Kinder verloren haben und in verlassenen Dörfern ihr Leben fristen, kommen immer öfter in den Strafakten vor. Die Kolchose sind zerfallen, die Dörfer ausgestorben, und die armen Frauen, die ihr Leben lang ausgeplündert wurden – zuerst bei der Enteignung, dann bei der Sklavenarbeit im Kolchos –, müssen ihre letzten bitteren Jahre im Dorf ausharren, sie können nirgendwo anders hin. Und sie sind den Überfällen von Banditen hilflos ausgeliefert: Alkoholikern, Landstreichern, allem möglichen kriminellen Gesindel, dem nichts heilig ist.

Als ich einmal im Norden, im Dorf Maloschuika, war, kam eine alte Frau mit dunklem Gesicht zu dem erst 25 Jahre alten Vorsitzenden des Dorfsowjets und beschwerte sich, daß wegen eines Abstellplatzes für Kriegstechnik der Dorffriedhof verlegt worden war. Sie steckte dem jungen Vorsitzenden eine Flasche mit trübem Fusel zu und bat ihn vertrauensvoll, wie einen entfernten Verwandten, ihr im Falle ihres Ablebens gefällig zu sein und sie unter den Ortungsgeräten begraben zu lassen, weil dort ihre Anverwandten lägen, auf dem neuen Friedhof aber sei es feucht und ungemütlich. Der Vorsitzende versprach es ihr natürlich, doch als sie draußen war, sagte er auflachend, Oma Anfissa sei wohl übergeschnappt, wie solle er sie unter den Ortungsgeräten begraben? Ich schwieg damals. Es ging mich nichts an. Erst später dachte ich: Nicht Oma Anfissa, wir sind übergeschnappt, wenn wir Kirchen als Getreidespeicher benutzen und auf Friedhöfen Kriegsgerät abstellen, als Symbol unseres gedächtnislosen, den Menschen gegenüber tauben Zeitalters.

Eine Gruppe junger Strolche kam in ein Dorf, in dem einsame alte Frauen lebten. Sie drangen nachts in das Haus einer Frau ein, verlangten von ihr Geld und Wertsachen, schlugen sie mit dem Pistolengriff, stopften ihr die Decke in den Mund, versengten ihr die Füße. Dann fesselten sie die arme Frau, warfen sie auf den Boden und traten sie mit Füßen, bis sie tot war. Und sie fanden – 160 Rubel. Ich wiederhole: 160 Rubel, nach heutigem Wert 16 Kopeken. Das würde heute nicht einmal für eine Schachtel Streichhölzer reichen. Ich spreche nicht nur davon, was ein Leben wert ist, ich spreche von der entsetzlichen Armut, die in all diesen Fällen deutlich wird.

Ein anderer Fall. Irgendwo im Gebiet Smolensk versetzte ein gewisser Gurjew, mit einem Gewehr bewaffnet, alleinstehende alte Frauen in Angst und Schrecken. Zweimal drang er in das Haus einer Rentnerin ein, stahl der taubstummen Greisin Geld und raubte ihr ein Stück Schweinefleisch. Die arme Frau lief ihm nach auf die Straße und klammerte sich an das Stück Fleisch. Er schlug sie brutal. Dann ging er zum Haus der Jakuschews.

Auf das Bellen des Hundes kam die alte Frau heraus, sah beim Holzschober einen Schatten und versuchte, ihn mit der Taschenlampe anzuleuchten. Gurjew schoß auf sie. Sie stürzte zu Boden, lebte aber noch. Gurjew, die Mütze in die Augen gezogen, um nicht erkannt zu werden, fragte die am Boden liegende Frau, wo ihr Mann sei, wo sie ihr Geld versteckt habe. Sie sagte, ihr Mann sei im Haus. In Wirklichkeit war er bei der Tochter im Nachbardorf. Verwundet kroch sie ins Haus, legte 1000 Rubel auf die Schwelle und schloß sich ein. Der Bandit hämmerte gegen die Tür, wagte aber nicht einzudringen, aus Furcht vor dem Hausherrn.

Er ging zum Nachbarhaus und schlug die Fensterscheibe ein. Als die Hausfrau Licht machte, schoß er von draußen auf sie und verwundete auch sie. Dann stieg er durchs Fenster ins Haus, durchwühlte alles, nahm das Geld an sich und zündete das Brennholz an, das vor dem Ofen lag. Danach kehrte er zum ersten Haus zurück und steckte auch das in Brand. Als er den Tatort verließ, ohne Eile, das Gewehr über der Schulter, hörte er aus dem zweiten Haus das Schreien der bei lebendigem Leib verbrennenden Frau. Der anderen Frau gelang es, nach draußen zu kriechen, und sie erzählte später, sie habe das Schreien ihrer Nachbarin gehört und die Flammensäule über deren Haus gesehen. Da bemerkte sie, daß auch ihr eigenes Haus brannte.

In seinem Gnadengesuch schrieb Gurjew sehr kurz, daß er seine Schuld anerkenne, daß er mit den Nachbarn im Dorf immer gut ausgekommen sei und sich bemüht habe, allen zu helfen. Aufgrund des Dargelegten bitte er, ihn am Leben zu lassen.

Ich las die Akte eines gewissen Nastassewitsch, der zum Tod verurteilt worden war. Sein Leben, genauer, sein Versuch, auf menschliche Art zu leben und zu arbeiten, hatte mit einem Fiasko geendet. Seine Geschichte: Mit 15 geriet Nastassewitsch ins Gefängnis, wegen einer Lappalie, aber dann folgte er dem ausgetretenen Pfad und verbrachte von seinen 30 Jahren zwölf in sowjetischen Lagern.

Als er das letzte Mal in die Freiheit entlassen wurde, landete er, wie das häufig vorkommt, bei einer alleinstehenden jungen Frau mit Kleinkind. Da er in seinem Heimatstädtchen keine Arbeit fand, ließ er sich für eine Farm in einer Einöde östlich der Wolga anwerben. Er überredete seine Lebensgefährtin, die eine gescheiterte Ehe mit einem Alkoholiker hinter sich hatte, mit ihm aufs Land zu fahren, in die Natur. Gemeinsam wollten sie von vorn anfangen, ihren Platz im Leben finden. Sie träumten nicht von einem müßigen, untätigen Leben. Im Gegenteil, sie wollten arbeiten. Zu zweit würden sie genug Geld für Brot und Milch verdienen. Sie würden ihren Gemüsegarten haben, ihr Häuschen. Und später würden sie vielleicht eine Kuh kaufen, ein Motorrad.

Am neuen Ort wurden sie und noch eine zugezogene Frau in einem verlassenen Bauernhaus untergebracht, und sie arbeiteten für ihre »Verköstigung«, das heißt für ein Stück Brot. Das übrige wollte man ihnen im Herbst auszahlen, wenn die Ernte eingebracht sei. Nastassewitsch und seine Frau schufteten vom Morgengrauen bis zur Abenddämmerung. Einmal am Tag bekamen sie etwas zu essen. Nach einem halben Jahr, der Winter stand vor der Tür, und der Wind pfiff durch die Fenster, ging unser neugebackener Bauer zum »Patron« und bat um

Vorschuß, um ein Kinderbett zu kaufen. Sie schliefen noch auf dem Fußboden, auf Lumpen.

Der »Patron« ließ sich auf kein Gespräch ein und setzte ihn vor die Tür; sie hätten nicht genug gearbeitet, um Geld zu verlangen. Die ganze Nacht lag Nastassewitsch wach, beriet sich mit seiner Frau, und als er am Morgen wieder zu seinem »Patron« kam, ließ der seine beiden Brüder, die die Landarbeiter wie Leibeigene behandelten, auf ihn los. Beide waren ehemalige Kriminelle: Der eine, Lew Sewerzew, hatte vor gar nicht langer Zeit wegen Mordes gesessen, der andere, Nikolai, hatte sieben Vorstrafen auf dem Buckel. Im Unterschied zu Nastassewitsch waren die beiden aber nicht gewillt, zu pflügen und zu säen, sie hatten nach dem Vorbild der Straflager etwas wie ein Konzentrationslager geschaffen, in dem sie selbstherrlich schalteten und walteten.

Ich zitiere aus dem Geständnis Nastassewitschs: »Lew sagte zu mir: ›Paß auf, das hier ist eine stille Gegend, und wenn wir dich umlegen und verbuddeln, findet dich keiner. Es wird auch keiner nach dir suchen!‹ Ich war sehr nervös, stand vom Tisch auf und ging zur Tür. Nikolai rief mir nach: ›Hast du uns verstanden, du Arsch? Hast du verstanden, was wir dir gesagt haben?‹ Ich drehte mich um und packte Nikolai an der Jacke, aber Lew stieß mich beiseite. Deprimiert ging ich nach Hause, ihre Worte machten mir angst. Solche Leute sind zu allem fähig. Außerdem war ich ein ›Ehemaliger‹, und ringsum war wirklich Einöde, nichts als Wald.

Nachdem ich eine Weile zu Hause gesessen und mich etwas beruhigt hatte, beschloß ich, zu Lew Sewerzew zu gehen und mit ihm zu reden. Als ich ins Haus kam, sah ich neben dem Schrank ein Gewehr und begriff, daß sie mir nicht umsonst gedroht hatten. Ich sah mir das Gewehr an, es war geladen. Da ich fürchtete, Lew könnte mich angreifen, nahm ich das Gewehr mit. Ich sagte zu Lew: Laß uns miteinander reden. Er antwortete, daß es nichts zu reden gebe, es sei schon alles entschieden, dabei grinste er. Was willst du mit dem Gewehr, sagte er, du kannst doch gar nicht damit umgehen. Da zog ich durch, der Schuß krachte, und Sewerzew fiel gegen die Stuhllehne.«

In dieser kargen Darstellung der Ereignisse ist kein überflüssiges Wort, spiegeln sich keine Emotionen. Dennoch kann man sich die Verfassung des Mannes vorstellen, der wie unter Hypnose das Gewehr nahm und seinem Peiniger ins Gesicht schoß.

»Zuerst begriff ich überhaupt nicht, was geschehen war. Dann sah ich durchs Fenster, daß der ›Patron‹ Bundakow kam, und ging auf die Vortreppe. Daß ich schoß, daran kann ich mich nicht erinnern. Ich sah nur, daß er plötzlich im Schnee lag. Dann ging ich zu seinem Haus und sagte seiner Frau, daß ich ihren Mann erschossen hatte. Bei ihr befanden sich auch meine Lebensgefährtin mit dem Kind und Frau Stscherbakowa, sie hatten Bundakows Frau um Hilfe bitten wollen. Meine Lebensgefährtin begann zu schreien, ich nahm ihr das Kind ab und gab es Stscherbakowa. Doch sie schrie immer lauter, ich hielt es nicht aus und schoß in die Wand, da wurde es still.

Ich sagte, daß wir wegfahren müssen, und ging zu Nikolai, um ihn um Geld für die Reise zu bitten.«

Mein Gott, wie einfach und schrecklich. Er handelte fast mechanisch, aber präzise. Nach dem Schuß in die Wand herrschte Stille. So was nennt man wohl eine tödliche Stille.

»Ich sagte Nikolai, daß ich seinen Bruder und Bundakow getötet hatte. Er warf sich mit einem Schrei auf mich, aber ich stieß ihn zurück und schoß auf ihn.«

Wegfahren konnte Nastassewitsch nicht mehr. Telefonisch wurde die Miliz gerufen, er verschanzte sich im Garten und schoß um sich, aber Gott sei Dank gab es keine Opfer mehr. Schließlich gab er auf und wurde zum Tode verurteilt. Ich weiß nicht mehr, wie unsere Kommission entschied, wohl für Begnadigung, das heißt, die Erschießung wurde durch eine lange, endlos lange Haftzeit ersetzt.

Die Geschichte hat mich tief berührt. Es kommt nicht oft vor, daß ein Mensch, um ein neues Leben anzufangen, aufs Land geht, wo doch jeder, der kann, vom Lande flieht. Er hat dort gearbeitet, wollte sich ein Haus bauen, eine Familie gründen, seine Zukunft sichern. Es ist ihm nicht gelungen. Wie sollte es auch gelingen, wenn die Einstellung zu Menschen wie ihm, wo sie auch hingehen, wie sehr sie sich auch bemühen, immer die gleiche ist? Wir stoßen sie weg, drängen sie ins Abseits und bereiten damit neue Tragödien vor. Bevor wir »Wölfe! Wölfe!« schreien, sollten wir uns überlegen, ob wir besser sind als die »Ehemaligen«. Vielleicht weil wir nicht verurteilt werden für unsere Grausamkeit?

ZEHNTES KAPITEL

Der Fall Tschikatilo

Über ihn wurden Dutzende Bücher geschrieben und mehrere Filme gedreht. Mit ihm werden andere Triebtäter verglichen. In einer Zeitung wurde er sogar als *der* Serienmörder des 20. Jahrhunderts bezeichnet. Unsere Kommission hat natürlich die Ermittlungen und das Gerichtsverfahren verfolgt, das in Rostow am Don stattfand. Und wir ahnten, daß wir den Fall auf den Tisch bekommen würden.

Und wir bekamen ihn. Ende 1993. Der Prozeß war vor fast einem Jahr zu Ende gegangen, aber die Diskussionen über den Triebtäter rissen nicht ab. Alle warteten gespannt auf das Ende. Doch war eine Begnadigung überhaupt denkbar? Ich traf mich mit einer Therapeutin aus dem Kreml-Krankenhaus. Sie fragte mich:

»Wollen Sie vielleicht auch diesen, aus Rostow … wollen Sie den begnadigen?«

»Ja und?« entgegnete ich. »Er hat ein Recht darauf.«

»Nichts hat er!« rief die Ärztin aus. »Er muß zerquetscht werden wie eine Wanze! Daß keine Spur von ihm übrigbleibt!«

Selbst der Schriftsteller Baklanow knurrte auf einem Empfang in der tschechischen Botschaft hinter meinem Rücken:

»Du hast wohl mit allen Mitleid? Auch der Massenmörder tut dir noch leid, was? Wenn er nun deine Tochter?«

Sich auf diesem Niveau zu unterhalten ist langweilig, und ich murmelte nur etwas Unbestimmtes. Aber plötzlich kam mir der Gedanke: Den Triebtäter brauchen alle. Die Anhänger der

Todesstrafe brauchen ihn genauso wie deren Gegner. Die Advokaten und Staatsanwälte brauchen ihn, und vor allem braucht ihn die Masse, die nach starken Empfindungen dürstet. Während der Gerichtsverhandlung haben die Leute applaudiert wie im Theater. Wie werden sie jetzt leben ohne die anregenden Reportagen aus dem Gerichtssaal, ohne all die Interviews mit Spezialisten, Untersuchungsführern, Medizinern, Richtern und mit Tschikatilo selbst?

Nein, von Tschikatilo würden sie sich so bald nicht trennen. In der Presse erschienen immer wieder Sensationsartikel, in denen aus unbekannten, aber »zuverlässigen« Quellen verlautete, daß der Präsident und somit auch die Begnadigungskommission gewillt sei, Tschikatilo am Leben zu lassen. Aus zahlreichen Interviews, die er gab, ging hervor, daß er auch selbst hoffte, am Leben zu bleiben.

In der Zeitung »Argumente und Fakten« berichtete eine Korrespondentin in einer Reportage mit der Überschrift »Wo befindet sich Tschikatilo?« von ihrer Begegnung mit dem Triebtäter im Gefängnis Nummer drei in Nowotscherkassk. Auf ihre Frage, wie er die Zeit verbringe, antwortete er, er singe ukrainische Lieder vor sich hin, lese Bücher und Zeitungen. Und plötzlich: »Ich denke über das Jenseits nach, bereite mich auf den Tod vor …« Aber wenn er glaubt, daß nach dem Tod etwas existiert, müßte er doch auch darüber nachdenken, daß ihm dann eine Begegnung mit seinen vielen Opfern bevorsteht. Ferner erzählte er von seinem Leben im Dorf, wo er Hühner und einen Gemüsegarten hatte. »Wir waren ein Herz und eine Seele. Meine Frau Fedossja Semjonowna hat am 5. April Geburtstag. Ich habe ihr zum Geburtstag immer Veilchen geschenkt …«

In dem Interview wurde auch über Begnadigung gesprochen. Es sei sinnlos, darum zu bitten … Dennoch schrieb er ein

Gesuch! Auf 60 Seiten hat er in winziger Schrift sein Leben erzählt.

Aber davon später.

Noch ein Artikel, aus der Zeitung »Utro Rossii« (Der Morgen Rußlands), Autor: Juri Antonjan. Der Titel: »Einstweilen schreibt Tschikatilo seine Memoiren.« »Es ist unzulässig«, erklärt der Autor, »daß zwischen Urteil und Vollstreckung mehrere Jahre vergehen! Tschikatilo, der im Oktober 1992 verurteilt wurde, befindet sich noch immer im Gefängnis und schreibt, wie man hört, seine Memoiren. Aber jeder ihm geschenkte Augenblick Leben verhöhnt das Andenken seiner unschuldigen Opfer. Wie kann da noch von Vertrauen zur Macht, vom Kampf gegen das Verbrechen die Rede sein?« Und weiter über »die einheimischen Verfechter des Humanismus« (das heißt über unsere Kommission), »die nie zu den Opfern gehörten, sonst würden sie wahrscheinlich ganz anders urteilen. Ich bin sicher, daß die meisten von ihnen nie einen lebendigen Verbrecher gesehen und nie eine Strafakte in der Hand gehalten haben.« Ich nehme an, irgendwer hielt Tschikatilos Gnadengesuch, das ja den Umfang eines kleinen Romans hat, für seine Memoiren. Wenn es sich der Artikelschreiber nicht überhaupt ausgedacht hat.

Oder eine Notiz aus den »Moskowskije Nowosti«: »Die Gegner der Hinrichtung Tschikatilos berufen sich auf seine psychische Behinderung«, schreibt der Autor. »Nur einer kann Tschikatilo vor der Erschießung bewahren: Jelzin, der sich bei seinen Entscheidungen in diesen Dingen auf die Empfehlungen der Begnadigungskommission beim Präsidenten der RF stützt.«

Und das alles zehn Monate bevor wir von der Staatsanwaltschaft die Akte bekamen. In allen Zeitungsberichten spürte man eine gespannte Erwartung hinsichtlich der künftigen Entscheidung des Präsidenten (und somit auch der Begnadigungskommission) und zugleich so etwas wie eine Warnung. Die Warnung, daß jede Entscheidung, die wir treffen, dem Volk zur Kenntnis gelangen würde. Und das Volk wollte nur eines – die Hinrichtung.

Nun lag auf meinem Tisch die grüne Mappe, auf der nur der Name TSCHIKATILO stand.

Andrej Romanowitsch Tschikatilo, 1936 geboren, Ukrainer, Hochschulbildung, verheiratet, zwei erwachsene Kinder. Er wurde 1984 wegen Diebstahl von Staatseigentum zu Wiedergutmachungsarbeiten am bisherigen Arbeitsplatz verurteilt. Die Liste seiner Tätigkeiten ist lang: Nachrichtentechniker, stellvertretender Direktor in einer Internatsschule, Meister im Produktionsunterricht, Ingenieur, Materialbeschaffer. Am 20. November 1990 wurde er verhaftet.

»Tschikatilo wird verurteilt für unzüchtige Handlungen an Minderjährigen, für vorsätzliche Tötung von 17 Jungen im Alter von acht bis 16 Jahren, von zehn Mädchen im Alter von neun bis 17 Jahren und von 16 jungen Frauen. Die Morde wurden aus sexuellen Motiven verübt, im Gebiet Rostow und anderen Gebieten der Russischen Föderation, in der Ukraine und in Usbekistan. Zwischen 1978 und 1990 lockte Tschikatilo Kinder und Halbwüchsige beiderlei Geschlechts, auch junge Mädchen und Frauen in schwer zugängliche Waldgebiete und führte durch zahlreiche Messerstiche ihren Tod herbei. Nachdem er seine Opfer getötet hatte, trennte er ihnen die inneren und äußeren Geschlechtsorgane heraus, schnitt in einigen Fällen die Nase und die Zunge ab. Tschikatilo hat seine Schuld an der Tötung der oben genannten Personen aus sexuellen Motiven eingestanden und Aussagen über die Umstände der begangenen Verbrechen gemacht.«

Weiter folgen Einzelheiten, die ich nicht anführen möchte.

Ich erwähne nur, daß zu seinen Verbrechen auch der Mord an Lena Sakotnowa gehört, für den der unschuldige Krawtschenko erschossen worden war. Obwohl sie das erste Opfer des Triebtäters war, nahm das Gericht den Fall aus der Anklage heraus, mangels Beweisen, wie in der Akte steht.

Psychiater, die Tschikatilos psychischen Zustand in der Klinik des Serbski-Instituts für allgemeine und Gerichtspsychiatrie untersuchten (vom 20. August bis 18. Oktober 1991), kamen zu dem Schluß, daß er bezüglich der ihm vorgeworfenen Verbrechen zurechnungsfähig sei. Er zeige Anzeichen einer Psychopathie mit sexuellen Perversionen. In der gerichts-psychiatrischen Expertise sind auch einige biographische Angaben über Tschikatilos Eltern enthalten: Der Vater war vom Charakter her aktiv, tatkräftig, »kämpferisch«, die Mutter sanft, gütig, religiös. Nach Angaben Tschikatilos verlief seine Kindheit unter schweren Bedingungen: Die Familie hungerte, und in dem Dorf, in dem sie lebten, gab es Fälle von Kannibalismus.

Als Kind hatte er von verschiedenen Leuten und von seinen Eltern gehört, daß man seinen Bruder 1933 in der Hungerzeit[1] entführt und aufgegessen hatte. Doch die Mitdörfler bestreiten diesen Fakt wie überhaupt die Existenz eines Bruders. Es gibt auch keine Dokumente über ihn. Tschikatilo war als Kind verletzlich, verschlossen, gehemmt, er hatte unter Gleichaltrigen keine Freunde, neigte zu Träumereien und Phantasien. Häufig stellte er sich vor, er habe einen älteren Bruder, der ihn gegen Beleidigungen in Schutz nehme. Manchmal malte er sich voller Entsetzen aus, wie man seinen Bruder in der Hungerzeit aufgegessen hatte, und sah blutige Fleischstücke, Blutlachen, Leichenteile vor sich, wie er es im Krieg erlebt hatte. In der

1 Hungersnot als Folge der Zwangskollektivierung. D.Ü.

Hungersnot 1947 fürchtete er, auch entführt und gegessen zu werden, und blieb immer nahe beim Haus.

Tschikatilos ehemalige Klassenkameraden und Mitdörfler betonen, daß er etwas Abstoßendes an sich hatte, daß er sich nie an den gemeinsamen Spielen beteiligte. Er selbst gab an, er sei von seinen Mitschülern verhöhnt und gehänselt worden. Aber seine ehemaligen Lehrer bestreiten das. Der Russischlehrer charakterisierte Tschikatilo als einen talentierten Schüler, der sich durch ein phänomenales Gedächtnis auszeichnete. Nach den Aussagen der Mitdörfler benahm er sich nicht auffällig, hatte keine hysterischen Ausbrüche. In der Schule widmete er viel Zeit der gesellschaftlichen Tätigkeit, zu Hause half er seinen Eltern in der Wirtschaft. Er zeichnete geographische Karten und trug in jedes Land den Namen des Generalsekretärs der Kommunistischen Partei ein, in der festen Überzeugung, daß bald in der ganzen Welt der Kommunismus siegen würde.

Er las gern Bücher über Partisanen und hatte eine besondere Vorliebe für die »Junge Garde« von Fadejew. Nach der Lektüre stellte er sich vor, wie er einen Gefangenen macht, wie er ihn in den Wald führt, fesselt und schlägt. In der Schule schloß er keine Freundschaften mit Mädchen. Er ging ihnen aus dem Weg, und sie mieden ihn. Mit 17 Jahren onanierte er aus Neugier. Etwa zur gleichen Zeit, in der zehnten Klasse, verliebte er sich in ein gleichaltriges Mädchen und träumte davon, mit ihr zusammenzusein. Ihm gefielen ihre Sanftheit und Fraulichkeit, aber in ihrer Nähe wurde er schüchtern und wußte nicht, worüber er mit ihr reden sollte. Er träumte von einer Liebe, wie sie in Büchern beschrieben wird.

Als er einmal »aus Interesse« ein Mädchen umarmte, hatte er einen Samenerguß. Bis zu seiner Einberufung versuchte er mit unterschiedlichen Frauen Geschlechtsverkehr auszuüben, erlitt aber jedesmal eine Niederlage. Er fühlte sich minderwertig und dachte an Selbstmord.

Für Politik interessierte er sich weiterhin. Während der Armeezeit trat er in die KPdSU ein, diente in den Organen des KGB. Angeblich wurde er in der Armee vergewaltigt. Hin und wieder onanierte er. Wenn ihm Kameraden anboten, ihn mit einer Frau bekannt zu machen, lehnte er ab, las lieber politische Literatur und hörte Radio. Im Sommer 1960 lernte er ein Mädchen kennen. Er verliebte sich in sie, war immer freundlich und zärtlich zu ihr, schenkte ihr Blumen. Es sollte so sein wie in den Büchern. Zweimal versuchte er, den Geschlechtsakt zu vollziehen, aber erfolglos. Seine künftige Frau lernte er durch Vermittlung seiner Verwandten kennen. In der Familie hatte sie das »Kommando«, und er ordnete sich ihr willig unter. Seine Frau erzählte, daß er Kinder sehr liebte und viel mit ihnen spielte, ohne sadistische Neigungen zu zeigen. Er habe davon geträumt, viele Kinder zu haben. Als er eines Tages erfuhr, daß seine Frau abgetrieben hatte, war er außer sich und beschimpfte sie. Er sagte, die Ärzte hätten sein Kind zerfetzt und getötet.

Tschikatilos Frau teilte mit, daß er von Anfang an eine sexuelle Schwäche hatte und den Geschlechtsakt nur mit ihrer Hilfe ausüben konnte. Die letzten sechs bis sieben Jahre habe er jeden Intimverkehr mit ihr vermieden. Wenn sie Unzufriedenheit äußerte, sei er geradezu hysterisch geworden.

Im Internat kam er mit seiner Arbeit nicht zurecht, die Schüler machten sich über ihn lustig. Sein einziges Vergnügen war die Zeitungslektüre. Ehemalige Kollegen und Schüler heben sein ungesundes Interesse für kleine Mädchen hervor; er schmiegte sich an sie, strebte danach, sie mit der Hand zu berühren, suchte sie häufig in ihrem Zimmer auf. In der Schule belästigte er Putzfrauen und Schülerinnen. In Abwesenheit seiner Frau brachte er mehrmals zwei Mädchen mit nach Hause. Einmal behielt er nach dem Unterricht eine Schülerin der siebenten Klasse im Zimmer, schloß die Tür ab und versuchte, das Mädchen zu entkleiden. Es brachte ihn auf, daß sie träge und stumpf war, und er schlug sie. Als sie sich von ihm losriß, spürte er einen Samenerguß.

Die Nichte Tschikatilos sagte aus, er habe sich, als sie fünf, sechs Jahre alt war, an sie »herangemacht«, habe Anzüglichkeiten gesagt und ihre Geschlechtsorgane berührt. Als sie einmal bei ihm übernachtet habe, in einem Zimmer mit seinen Kindern, sei er nachts völlig nackt hereingekommen und habe sie geweckt, aber als sie Krach machte, sei er schnell wieder hinausgegangen. Später habe er ihr etliche Male Geld und Geschenke angeboten und sie zu überreden versucht, mit ihm Geschlechtsverkehr auszuüben.

Es wurden noch andere ähnliche Beispiele angeführt.

Eine Nachbarin charakterisierte ihn als einen sonderbaren Mann: glasige Augen, kalter Blick. Von Freundinnen wußte sie, daß er an ihnen verschiedene sexuelle Handlungen vorgenommen hatte. Die Aussage einer anderen Frau: »Als ich sechs war, hat Tschikatilo mich unter dem Vorwand, mir Zeitungen zu geben, in sein Zimmer gerufen und meine Geschlechtsorgane berührt. Dabei hat er die Luft angehalten, und sein Blick wurde ganz starr.« Eine andere Zeugin hatte beobachtet, daß Tschikatilo kleine Mädchen zu einem Aprikosenbaum hochhob, damit sie Früchte abpflücken konnten, aber er habe sie nicht unter den Achseln gehalten, sondern an den Pobacken, und dabei habe er einen seltsamen süßlichen Gesichtsausdruck gehabt.

Es folgen in der Akte nicht sehr schmeichelhafte Beurteilungen von der Arbeitsstelle (ungesellig, keine Freunde, arbeitete nachlässig und so weiter). Wichtig sind Beobachtungen von

Kollegen, die ihn häufig auf dem Bahnhof sahen. Sie sagten aus, daß er an ihnen vorbeigegangen sei und so getan habe, als erkenne er sie nicht. Im Zug und auf dem Bahnhof sei er immer wie suchend herumgegangen. Ein anderer Zeuge berichtete, er habe ihn häufig in der Vorortbahn gesehen. Tschikatilo sei durch die Waggons gegangen und habe den Eindruck gemacht, als suche er jemanden. Eine Zeugin hatte beobachtet, daß er in der Bahn einen Jungen von zirka zwölf Jahren zu überreden versuchte, mit ihm mitzugehen.

Tschikatilos Sohn sagte aus, sein Vater sei sparsam, geizig, habe kein Interesse an schönen Dingen, könne sich aber nicht von altem Plunder trennen. Er charakterisierte seinen Vater als einen ehrlichen, anständigen Menschen, dem Gerechtigkeit über alles gehe. Beim Anblick von Blut sei er immer ganz blaß geworden und fast in Ohnmacht gefallen.

Die Tochter beschrieb ihren Vater als einen gütigen, ruhigen Menschen, der Kinder liebte. Ehefrau und Kinder bezeugten, daß er nicht trank und nicht rauchte.

Wie ist das alles mit dem Bild des blutrünstigen Mörders zu vereinbaren, des Sadisten, der Kinder vergewaltigte und ihnen bei lebendigem Leib Organe herausfraß?

Ein Werwolf, der ein Doppelleben führte? Oder die besondere Fähigkeit, sein bestialisches Wesen vor der Umwelt zu verbergen? Oder, um es mit einem technischen Terminus zu bezeichnen, ein »Defekt«? Nicht nur im Gehirn, sondern auch in der Seele? Im Altertum sagte man: vom Teufel besessen. Vielleicht war damit so etwas gemeint?

Und das sagte er über sich: »Als ich im Internat arbeitete, merkte ich, daß es zwischen Jungs homosexuelle Beziehungen gab. Auch kleine Mädchen hatten schon ein Geschlechtsleben. Das verwirrte und kränkte mich irgendwie. Ich litt darunter, daß hemmungslose Kinder das tun können, was ein erwachsener gebildeter Mensch sich nicht erlauben darf. Ich war niedergeschlagen und schlief schlecht. Die Mädchen zogen mich an, ich hatte Lust, sie zu betasten und zu zwicken. Manchmal, wenn ein Mädchen baden ging, folgte ich ihr und berührte ihre Pobacken, und wenn sie zu schreien anfing, verstärkte das mein Verlangen, und ich wollte, daß sie lauter schrie, weil mich das erregte und zum Samenerguß führte. Danach fühlte ich Erleichterung, Beruhigung, meine Stimmung besserte sich. Im Sommer lud ich manchmal Mädchen zu mir nach Hause ein, ich berührte ihre Geschlechtsorgane und tätschelte ihren Po, das erregte mich. Wenn Kinder in meiner Nähe waren, erfaßte mich eine heftige Leidenschaft, doch hinterher schämte ich mich für mein Verhalten.«

Wie er sagte, habe er medizinische Hilfe bei einem Sexualpathologen und einem Psychotherapeuten gesucht und sei von ihnen behandelt worden. Eine Bestätigung in den Dokumenten gibt es dafür nicht.

Den ersten Mord verübte er 1978. Er war schlecht gelaunt und niedergeschlagen. Am Vortag hatten ihn Schüler verprügelt, und ihm war klargeworden, daß er die pädagogische Tätigkeit aufgeben und sich eine unqualifizierte Arbeit suchen mußte. Plötzlich bemerkte er, daß neben ihm ein etwa zwölf Jahre altes Mädchen ging. Er unterhielt sich mit ihr, und als sie am Flußufer zu einer abgelegenen Stelle kamen, packte ihn plötzlich ein übermächtiges sexuelles Verlangen nach diesem Mädchen. Er fiel wie ein Tier über sie her und zerfetzte ihre Geschlechtsorgane. Als er begriff, daß das Mädchen tot war, warf er sie in den Fluß.

Ebenfalls eines seiner ersten Verbrechen: Er sah ein kleines Mädchen, das ein verstecktes Plätzchen suchte. Er trat auf sie zu und bot ihr an, sie zu einer Toilette zu bringen. In dem Moment überfiel ihn ein starkes Zittern. An einer einsamen Stelle stürzte er sich auf sie, zerriß ihr die Kleidung, hielt ihr den Mund zu, preßte ihr die Kehle zusammen, damit sie nicht schrie. Sie blutete, und das versetzte ihn in große Erregung. Er hatte einen starken Orgasmus. Die Leiche warf er in den Fluß. Auch bei allen übrigen Morden beherrschte ihn das bestialische Verlangen, in den Bauchraum des Opfers einzudringen, die Geschlechtsorgane herauszureißen, herauszuschneiden und ringsum zu verstreuen. Auch die Kleidung seiner Opfer zerschnitt und verstreute er.

Wenn er seine Opfer ansprach, vermied er es, ihnen in die Augen zu sehen. Stets entkleidete er seine Opfer und stürzte sich dann wie ein »Bär« auf sie. Dabei redete er sich ein, er sei Partisan und habe einen Feind vor sich, den er töten müsse, um seine Pflicht zu erfüllen. Beim Anblick von Blut bekam er Schüttelfrost und zitterte am ganzen Körper. Er biß den Opfern in die Lippen und die Zunge, den Frauen biß er die Brustwarzen ab und schluckte sie hinunter. Mit dem Messer schnitt er den Frauen die Gebärmutter heraus und den Jungen die Hoden ab, kaute darauf herum und verstreute sie dann in der Gegend, was ihm nach seinen Worten Lust bereitete.

Nachdem er alles um sich herum zerrissen und zerfetzt und sogar die umstehenden Bäume mit Messerstichen bearbeitet hatte, verging die Raserei, und er fühlte Erleichterung und Leere. Alle Gedanken, Sorgen und unangenehmen Erinnerungen waren ausgelöscht.

Nach den Aussagen der Ärzte, die ihn untersucht hatten, erzählte Tschikatilo ruhig und kalt von seinen Taten. Doch ihm kamen die Tränen, wenn er über seine Kindheit und seine Mutter sprach oder über seine erste Jugendliebe und seine Frau.

Das Thema früher Kränkungen und Verhöhnungen war ständig in seiner Erinnerung.

Ich will hier nicht die lange Liste der bei Tschikatilo festgestellten psychischen und sexuellen Abweichungen anführen, aber das Wichtigste ist, daß seine »individuellen psychologischen Besonderheiten keinen wesentlichen Einfluß auf die Planung und Realisierung der kriminellen Handlungen hatten. Er berücksichtigte bei der Wahl seines Objekts die Umstände und korrigierte dementsprechend seine Handlungen. Er ist sich seiner Handlungen bewußt und kann sie steuern, er bedarf keiner medizinischen Zwangsmaßnahmen.« Dieses Gutachten unterschrieben zwei Professoren, drei Doktoren der Medizin und die Amtsärztin.

Das Interesse, das die Presse am Schicksal Tschikatilos nahm, wurde meines Erachtens noch angeheizt durch ähnliche Fälle im Ausland. Jeffrey Dahmer, ein gutaussehender dreißigjähriger Amerikaner, hatte 17 Männer ermordet und zum Teil gegessen. Er wurde im amerikanischen Staat Wisconsin zu fünfzehnmal lebenslänglich verurteilt. Der Engländer Victor Willoughby, ebenfalls 30 Jahre alt, hatte etwa 100 Frauen vergewaltigt, aber da ihm nur in 17 Fällen die Vergewaltigung nachgewiesen werden konnte, wurde er zu fünfmal lebenslänglicher Haft verurteilt. Die Engländerin Rosemary West hatte zusammen mit ihrem Mann Frederick zehn Kinder und Frauen, darunter ihre sechzehnjährige Tochter und ihre achtjährige Stieftochter, vergewaltigt und ermordet. Sie wurde zu lebenslanger Haft verurteilt.

Über Triebtäter wird der Streit nie enden. Es gibt sie und wird sie geben, bei uns und in der ganzen Welt. Und die Todesstrafe für Tschikatilo hat ihre Zahl nicht im geringsten vermindert. Die Liquidierung von Mördern lindert nur etwas (wenn das überhaupt möglich ist) die Gefühle der Angehörigen von Opfern. Aber sie wiegt die Bevölkerung, die von den Taten eines Serienmörders in Angst und Schrecken versetzt wird, in der trügerischen Sicherheit, daß mit dem Tod des Verbrechers keine Gefahr mehr drohe. Doch kaum ist der eine Triebtäter hingerichtet, treibt schon der nächste, nicht minder schreckliche, sein Unwesen.

Ich denke, daß die Triebtäter nicht die kriminelle Situation in unserem Land charakterisieren. Sie sind im Grunde überall gleich, und wenn sich Unterschiede bemerkbar machen, dann nicht in den Taten, die immer ungeheuerlich sind, sondern in den Bedingungen, unter denen sie aufwuchsen und ihre Verbrechen begingen.

In Rostow am Don fand vor etlichen Jahren die erste internationale Konferenz »Serienmörder und soziale Aggression« statt. Organisiert hatte sie Alexander Buchanowski, der auf Bitten der Ermittler das anzunehmende Psychogramm des Rostower Triebtäters erstellt hatte, das dann später in vielem mit Tschikatilos Bild übereinstimmte. Auf der Konferenz wurden auch einige äußere Ähnlichkeiten von Triebtätern zusammengetragen (sie haben sonderbarerweise alle lange Arme), aber das Hauptanliegen war natürlich der Versuch zu verstehen und zu erklären, wie sich ein solcher Typ Mensch herausbildet. Die allgemeine Charakteristik von Triebtätern: Meist verfügen sie über eine gute Bildung und eine ziemlich hohe Intelligenz, sie sind gute Familienväter, haben mindestens zwei Kinder, waren nie zuvor straffällig. Ihr Alter liegt um die 30. Diese Eigenschaften unterscheiden einen Triebtäter vom üblichen Erscheinungsbild eines Verbrechers und erschweren zuweilen die Suche.

Wenn es um Triebtäter geht, beruft man sich gemeinhin auf die Arbeit des deutschen Gelehrten Krafft-Ebing, der Ende des vorigen Jahrhunderts mehr als 300 Menschen mit solchen Abweichungen untersucht und die Merkmale in seinem Buch beschrieben hat. Als Kind ist der künftige Triebtäter schüchtern, gehemmt, sehr verletzlich, hat meist strenge Eltern. Komplexe, die aus einem Mangel an Zärtlichkeit oder schlechten Beziehungen zur Mutter herrühren, spielen eine große Rolle. Nach den Angaben der Wissenschaftler hatten 78 Prozent der Triebtäter ein schlechtes Verhältnis zu ihrer Mutter. Sie empfinden die Frau als eine grobe Kraft, die eine Gefahr darstellt.

Das Halbwüchsigenalter dieser Menschen ist geprägt durch ein geringes Selbstwertgefühl, Angst vor der Bekanntschaft mit Mädchen, mißlungene Sexualkontakte. Erbitterung stellt sich ein. Irgendein Vorfall, der mit sexueller Gewalt verbunden ist, im Leben oder im Kino, setzt sich fest. Nach der Definition von Akademiemitglied G. Kryshanowski schaltet sich »ein Generator pathologisch verstärkter Erregung« ein. Dann wird die Partnerin geschlagen, die Wut abreagiert, Selbstbestätigung im Leben und in der Phantasie gesucht. Die Vergewaltigung des ersten Opfers, des zweiten und so weiter. Der Verbrecher beginnt, wie ein Roboter zu handeln, ohne medizinische Behandlung ist er nicht mehr aufzuhalten. Die Wissenschaftler verwerfen den Gedanken, daß die sexuelle Befriedigung für ihn das Wichtigste ist. Sie spielt eine Rolle, aber wesentlich ist etwas anderes: Im Moment der Gewalt findet der Triebtäter seine Selbstbestätigung. Darum begeht er das Verbrechen nicht im Augenblick sexuellen Verlangens, sondern wenn er in einer schlechten nervlichen Verfassung ist, Mißerfolge im Leben hat oder in schlechter Stimmung ist.

So war es auch bei Tschikatilos erstem Verbrechen.

Nun noch einige Worte zu dem Gnadengesuch, das Tschikatilo am 18. Juli 1993 einreichte, neun Monate nach dem Todesurteil. Es ist, wie ich schon sagte, von Hand geschrieben, nicht sehr leserlich. 60 Seiten lang. Ein sehr verworrenes, konfuses Dokument, in dem Wahrheit und Phantasie und manchmal Wahn (immerhin ist es in der Todeszelle geschrieben) ineinander übergehen. Der wesentliche Eindruck ist, daß Tschikatilo versucht, einen Schuldigen für seine Verbrechen zu finden. In dem Schreiben ist kein einziges Wort der Reue. Schuld an allem, was er getan hat, sind seiner Meinung nach die Gesellschaft, das Land, die Ärzte, die Arbeit, die Umgebung, die Miliz, das Gericht, die Sowjetmacht.

Tschikatilos erste Version: Er hat nichts dergleichen getan, der Fall wurde vom KGB fabriziert.

»Man hält mich gefangen, einen kranken Menschen«, schreibt er, »in einem fingierten Fall, ohne Gericht und Untersuchung.« Er schildert, wie er geschlagen wurde, wie das Gericht ihn »nach Stalinschem-Breshnewschem Muster« behandelte und wie der Fall fabriziert wurde. Das lohnt, ausführlicher zitiert zu werden.

»Man hat mir einen Psychiater geschickt. Nach dem Gespräch mit ihm habe ich begriffen, daß man mir in der Klapsmühle helfen wird, leichter zu sterben. Man redete auf mich ein, machte mich mit dem Drehbuch, mit den handelnden Personen bekannt. Mir wurde die Rolle des Mörders und Vergewaltigers zugewiesen. Nach dem Diktat des Untersuchungsführers schrieb ich einen Entwurf, lernte ihn in der Zelle wie eine Hausaufgabe auswendig, zeigte Erfindungsgabe und Fleiß. Ich wurde auf Restaurantessen gesetzt, bekam gute Rationen, durfte plötzlich meine Angehörigen sehen. Es gab an die 50 Untersuchungsführer, aber den Fall haben zwei Inguschen zusammengezimmert: Kostojew und Jandijew. Bevor wir an die Tatorte fuhren, wurde jeder Hergang in der Turnhalle des Innenministeriums erarbeitet, mit einer Attrappe und mit dem Entwurf in der Hand. Vor jeder Filmaufnahme bekam ich Spickzettel. Zeugen halfen mir, den Text zu büffeln. Wenn der Film gedreht war, waren alle zufrieden.

Man stellte mich vor die Wahl: Entweder Oscar-Preis für die beste Rolle und obendrein ins Guinness-Buch der Rekorde oder aber ein Unglücksfall in der Zelle, Selbstmord unter Beteiligung berufsmäßiger Killer ohne Spuren von Gewalt und ohne Beweise. Zumal der Angeklagte die Memoiren über seine unwahrscheinlichen Abenteuer nicht veröffentlichen kann; ein autobiographischer Roman wurde in seinem Namen schon in Moskau, New York, Washington und Boston geschrieben. Jeder schreibt unter seinem Blickwinkel, verdient Dollars, streicht sich als Held bei der Erforschung und Ergreifung des Triebtäters heraus. Keiner denkt daran, wenigstens einmal das Wort, mündlich oder schriftlich, dem Triebtäter selbst zu erteilen, bevor er erschossen oder gehängt wird. Vor Gericht hieß es oft: ›Und jetzt hören wir Tschikatilos eigenhändige Aufzeichnungen. Er hat dem Generalstaatsanwalt geschrieben und alle Episoden geschildert.‹ Die gutgläubigen Bürger im Gerichtssaal hielten das für die Wahrheit und dachten, ich hätte diese Aufzeichnungen vor meiner Verhaftung gemacht; sie errieten natürlich nicht, daß ich zwar mit eigener Hand, aber nicht mit eigenem Kopf geschrieben hatte, sondern unter Folter, nach Diktat, ich hatte auch selbst etwas erfunden und erdichtet, damit die Drehbuchautoren zufrieden waren. Sie nahmen dann eine Endredaktion vor: ›Das ist plausibel, das lassen wir drin, aber diese Szene streichen wir raus.‹«

Im gleichen Stil erinnert Tschikatilo den Präsidenten daran, daß »ich 40 Jahre zum Wohle der Heimat gearbeitet habe, 30 Jahre in den Reihen der KPdSU auf den Baustellen des Kommunismus tätig gewesen bin. Mein ganzes Leben verging in Mühen und Schwierigkeiten.« Er schrieb, daß er noch »im neuen wiedergeborenen freien Rußland leben« wolle.

Als wir diesen Fall in der Begnadigungskommission erörterten, ging es heiß her. Wir stritten zwei Tage lang. Und zwei Tage lang lauerte vor dem Eingang des Gebäudes in der Iljinka-Straße das Fernsehen.

Aber zuvor noch einmal über Tschikatilos Gesuch. Zwischen wirren Tiraden brechen plötzlich vernünftige Gedanken durch: »Meine Gesundheit verschlechtert sich immer mehr in dieser Konservenbüchse. In der kurzen Zeit, die mir zu leben bleibt, möchte ich der Gesellschaft irgendeinen Nutzen bringen und meine Seele durch Beichte und Reue vor einem Geistlichen und vor ehrlichen Menschen – Juristen, Medizinern – erleichtern, damit die Gesellschaft in Zukunft keine Angst mehr vor Triebtätern zu haben braucht.«

Praktisch ist das ein Geständnis seiner Verbrechen.

Niemand in der Kommission zweifelte an seiner Schuld. Das Gericht hatte sie nachgewiesen. Uns interessierte vor allem seine Zurechnungsfähigkeit, das heißt, ob er krank war und ob man Triebtäter überhaupt nach unseren Gesetzen verurteilen kann. Tschikatilo wiederholte in einem seiner letzten Interviews mehrmals: »Ich bin krank … Ich bin sehr krank.«

Unser Psychologe, dem wir diesmal besonders aufmerksam zuhörten, sagte, daß Tschikatilo im streng medizinischen Sinn kein Triebtäter sei, denn das Verhalten eines Triebtäters sei nicht voraussagbar. Tschikatilo aber habe seine Verbrechen nicht nur sorgfältig vorbereitet und geheimgehalten, sondern könne sich auch genau erinnern, was er danach getan habe.

Sind solche Menschen krank? In gewissem Maße ja.

Nach der Abstimmung – zehn gegen Begnadigung, zwei dafür – holten wir Wodka und nahmen einen kräftigen Schluck, um diesen Alptraum loszuwerden.

Das Resultat der Abstimmung wurde in der Presse lange diskutiert.

Hier die spätere Zeitungsmeldung: »Der Triebtäter Andrej Tschikatilo, der mehr als 50 Morde beging und den Bescheid erhielt, daß sein Gnadengesuch an den Präsidenten der RF abgelehnt ist, wurde am 14. Februar 1994 in einem Gefängnis im Gebiet Rostow erschossen, wie der erste Stellvertreter des Gebietsstaatsanwalts Anatoli Charkowski mitteilte.«

ELFTES KAPITEL

Das Volk

Brauchen wir Menschenrechte?

Der Dichter Wladimir Sokolow schrieb vor seinem Ableben 1997 zum Abschied die harten Worte:

> Bin des zwanzigsten Jahrhunderts
> mit seinen Blutströmen müde,
> ich brauche keine Menschenrechte,
> denn ich bin längst kein Mensch mehr.

Dem Dichter geht es wohl weniger darum, die Notwendigkeit von *Rechten* zu leugnen, als darum, unseren biologischen Zustand zu definieren, der uns unfähig macht, uns als vollwertige Menschen zu begreifen, die solcher *Rechte* bedürfen. Aber schon lange vor Sokolow schrieb die Dichterin Sinaida Hippius in den Tagen der Revolution in ihr Tagebuch:

»Wir sind starr und stumm, wir (mitsamt unserm Volk) sind es kaum wert, uns Menschen zu nennen, aber wir leben noch, und wir wissen es, wissen es ...«

Das ist so zu verstehen, daß wir, aufgewachsen in einem Land, in dem immer Gewalt herrschte, vor allem gegen die Seele, herabgesunken sind unter die Grenze, an der wir zur Wiedergeburt fähig sind, selbst wenn wir durch ein Wunder diese *Rechte* bekommen.

Aber vielleicht ist es *ohne Rechte* besser? Und das sogenannte Phänomen des russischen Menschen, die Enträtselung seiner geheimnisvollen Seele, mit der sich schon seit Jahrhunderten die aufgeklärte Welt abmüht und darüber Aufschluß bei Tolstoi, Tschechow und Dostojewski sucht, verbirgt es sich in dieser unserer absoluten Unlust, solche *Rechte* zu haben? Das *Recht*, sich Mensch nennen zu dürfen? Aber wir wissen ja noch nicht, was das ist. Oder allenfalls vom Hörensagen, wie in dem Gleichnis von dem Hühnerbein, das gut schmeckt, dabei hat man selbst noch nie eines gegessen, und nur der Koch hat gesehen, wie der Herr eines verspeist hat.

Aber bei Lichte besehen irritiert uns dieses fast jenseitige Thema der *Rechte*, versetzt uns in Gereiztheit und weckt sogar inneren Protest. Alles, was das persönliche Leben des Menschen in Rußland betrifft, die legale Wahrnehmung seiner *Rechte* auf individuelle Freiheit, auf Privateigentum, auf Unantastbarkeit seiner Wohnung, auf Rechtsprechung, auf Arbeit, auf Religionsfreiheit und so weiter, findet bei uns nicht den erwarteten Widerhall, denn wir sind anders.

Wie anders? Anders eben. Und wenn wir von unserem besonderen Entwicklungsweg für Rußland schwadronieren, verstehen wir darunter den einzigartigen Zustand der russischen Seele. Wir tragen in uns dauerhaft und stolz das für alle Lebenslagen bequeme Brandmal des Sklaven, und wir verbergen es gar nicht, sondern stellen es zur Schau und ziehen daraus sogar naive Freude und Selbstzufriedenheit. Und wir werden niemals diesen Sklaven »tropfenweise aus uns herausquetschen«, wie unser geistiger Lehrer uns geraten hat. »Bedeutend leichter ist es, ein für allemal zu glauben, als jeden Tag neu nachzudenken«, konstatiert der Dichter Naum Korshawin. Iwan Bunin zitiert die Worte eines Bauern aus dem Orjolschen: »Nein, Väterchen, wir dürfen uns keine Freiheit erlauben. Nimm zum Beispiel mich. Laß dich nicht davon täuschen, daß ich friedlich bin. Ich bin gutmütig, solange mir nicht die Freiheit gegeben wird. Dann wäre ich der erste Dieb, Räuber und Saufbold.« Bunin schrieb: »Wenn ich Nachrichten aus Rußland bekomme, wundere ich mich immer noch, was für ein Vieh und Lump der Mensch sein kann. Eine solche Hemmungslosigkeit gibt es nur in Rußland. Ein alter französischer Aristokrat hat mir gesagt: ›Ihr Russen seid entweder totale Sklaven oder Anarchisten, darum werdet ihr noch lange keine Freiheit haben.‹«

Wassili Grossman hat in seinem großartigen Buch »Alles fließt« versucht, eine Formel für die Besonderheiten des russischen Nationalcharakters aufzustellen, und nimmt als Ausgangspunkt die jahrhundertelange Sklaverei durch die Mongolen und durch die Leibeigenschaft, die reibungslos in die leninistisch-sowjetische Sklaverei überging und sich so für immer in unseren Seelen festsetzte.

Ach, wie selig erinnern wir uns an sie, und was für Mythen denken wir uns aus, um die jungen Leute zu belehren, und schon tragen die neuen Jungpioniere mit dem roten Halstuch wieder Blumen zum Denkmal von Opa Lenin, und die wackeren Komsomolzen preisen im Chor den Führer des Weltproletariats. Auf den Bildschirmen singen vor primitiven Dekorationen Schönlinge die Lieblingslieder des Volkes. Sie kutschieren in schönen Autos herum und posieren vor Dorfläden, wo die Regale sich unter vorzüglichen Lebensmitteln biegen, fast wie in dem denkwürdigen Film »Kubankosaken«. Damals, als der Film gedreht wurde, hatte man aus dem ganzen Kuban-Land alles, was sich zusammenkratzen ließ, in einen einzigen Kolchos gekarrt, um den sowjetischen Überfluß zu zeigen. Und heute? Niemand erklärt den jetzigen Halbwüchsigen, daß ein Pkw in der russischen Einöde, selbst wenn jemand auf wundersame Weise einen erstanden hätte, bis unters Dach im Schlamm versunken wäre. Daß es in jenen legendären Zeiten in den Dorfläden nichts zu kaufen gab, allenfalls Salz und Wodka. Und daß die Landjugend weniger lustige Lieder sang, als vielmehr heulte vor Hunger und in die Städte floh, wenn es ihr gelang, im Dorfsowjet den eigenen Paß loszueisen, der dort unter Verschluß gehalten wurde – auch eine Art Leibeigenschaft. In den schlimmsten Zeiten wurden Dorffrauen per Häftlingstransport in ferne Landstriche deportiert, weil sie vor Hunger auf dem Kolchosfeld ein paar Ähren abgepflückt hatten.

Merkwürdig, daß die Kinder der einstigen Sklaven unsere Vergangenheit noch phantastischer darstellen als selbst ihre sozialistisch-realistischen Vorfahren. Wenn man das auf dem Bildschirm sieht, treiben einem die lichten Erinnerungen die Tränen in die Augen, und man möchte ins nächste Wahllokal rennen, um schleunigst für die Kommunisten zu stimmen, die uns versprechen, im 21. Jahrhundert die glückliche Sklaverei auferstehen zu lassen und fortzusetzen.

Und gottlob keine Gespräche über *Rechte* – höchste Zeit, dieses Fremdwort zu vergessen. Und ich möchte einstimmen in den verzweifelten Ruf der erwähnten Sinaida Hippius: »Ein unglückliches Volk seid ihr, meine armen Wilden!«

Leben nach dem Domostroi[1]

Wenn wir in unsere vaterländische Geschichte blicken, sind wir mitunter geneigt, die schroffe Wesensart unserer Altvorderen hervorzuheben. Aber ich möchte heute an die Reformen

1 Sammlung von Anweisungen für eine christlich-patriarchalische Lebensführung aus dem 16. Jahrhundert. D.Ü.

Katharinas II. erinnern. In ihrem »Nakas« heißt es: »Nicht der Ungehorsam gegenüber einem Ukas des Zaren ist ein Verbrechen, sondern ein Verbrechen ist, was die Ruhe der Gesellschaft stört. Die Strafe soll nicht den Sinn haben, den Verbrechern Angst zu machen, denn die Angst vor der Strafe stumpft bekanntlich mit zunehmender Grausamkeit ab. Die Strafe soll sie bessern, soll die verirrten Geister auf den rechten Weg zurückführen« (das berührt auf das direkteste unsere Arbeit in der Begnadigungskommission. A. P.). »Die Strafe ist nur ein notwendiges Übel. Darum ist es unerläßlich, vorbeugende Maßnahmen ins Auge zu fassen und in den Bürgern Eigenschaften zu entwickeln, die sie am ehesten von Verbrechen abhalten können: Vaterlandsliebe, Scham und so weiter. Solche Maßnahmen sind:

1. Verbreitung von Aufklärung
2. Vervollkommnung der Erziehung
3. Belohnung der Tugend
4. Erlaß guter Gesetze
5. Erziehung der Menschen zur Achtung vor dem Gesetz
6. Einbindung aller Bürger in das Gesetz, keine Bevorzugung von Rängen und Ständen durch die Gerichte.«

Und noch eine Kleinigkeit: »Alle Strafen, durch die der menschliche Körper beschädigt werden kann, sind abzuschaffen.«

Natürlich konnte der russische Alltag, der seit eh und je auf die Sklaverei eingerichtet ist, die kaiserlichen Postulate nicht akzeptieren und erst recht nicht realisieren, außerdem hat die Kaiserin selbst am Ende ihres Lebens die eigenen Instruktionen vergessen und ihre Untertanen mit großer Strenge bestraft und exekutiert – man denke nur an die Hinrichtung von Jemeljan Pugatschow. Trotzdem wurden diese aufrührerischen Ideen von Aufklärung, von Gleichheit vor dem Gesetz, von Scham und

Tugend und sogar (!) von der Abschaffung der Folter in einem Land ausgesprochen, das vor fast 250 Jahren noch in tiefstem Mittelalter verharrte!

Wenn wir uns die heutige Situation in den Gerichten und Gefängnissen ansehen, können wir uns überzeugen, daß, verglichen damit, die Vorstellungen dieser deutschen Prinzessin[1] ein Segen waren und sie selbst beinahe als eine Verfechterin der Menschenrechte gelten kann.

Unsere »ruhmreichen« Organe des Innenministeriums und auch das Parlament befinden sich mit ihren Vorstellungen von den Menschenrechten im tiefen Mittelalter, irgendwo auf dem Niveau von Maljuta Skuratow[2]. Sie sind aufrichtig überzeugt, daß nur grausame Strafen und zahlreiche Hinrichtungen wirksame Maßnahmen im Kampf gegen die Kriminalität sind. Über Vorbeugung, Erziehung, Aufklärung verlieren sie kein Wort. Wir haben nicht wenige Zeugnisse dafür, daß unschuldigen Menschen Aussagen abgepreßt werden mit Mitteln, »durch die der menschliche Körper beschädigt werden kann«.

Vor kurzem fand eine Gerichtsverhandlung gegen zwei Offiziere der Moskauer Miliz statt. Sie hatten von einem Zeugen das Eingeständnis eines Mordes, den er nicht begangen hatte, erpressen wollen, hatten ihn eine ganze Nacht lang gefoltert und ihn schließlich getötet, indem sie ihm drei Pepsi-Cola-Flaschen in den Darmausgang schoben. Und ihn dann auf die Straße geworfen. Die Organisation »Amnesty International« hat jüngst ein Buch »Folter in Rußland« herausgegeben, das Hunderte solcher Zeugnisse enthält. Der Untertitel lautet »Diese

1 Katharina II. war eine geborene Sophie Friederike Auguste von Anhalt-Zerbst. D.Ü.

2 Grausamer Erfüllungsgehilfe der Bluttaten Iwans des Schrecklichen. D.Ü.

von Menschen erdachte Hölle«. Auch unsere Kommission hat solche Fälle erörtert.

Jetzt drehen sich meine Überlegungen nicht nur um die Grausamkeit der russischen Sitten (vor und nach der Kaiserin Katharina), sondern auch um den blindwütigen Widerstand gegen jedwede Idee der Aufklärung, gegen jedwede humanistische Neuerung, wenn sie nicht in die hinterwäldlerischen Vorstellungen des Volkes paßt. Nehmen wir etwa den Domostroi. Da gibt es keinerlei westliche Kinkerlitzchen. Wir Russen haben schließlich in allem unseren besonderen Weg zu gehen. Ich zitiere den Gerichtsschreiber Grigori Kotoschichin, der im 17. Jahrhundert lebte: »Es ist Eltern verboten, ihre Kinder in fremde Länder zu schicken, damit sie nicht die dortigen freien Gedanken in sich aufnehmen, sie nach Hause mitbringen und an andere weitergeben.« Kotoschichin floh nach Schweden. Dort wurde er 1667 enthauptet, weil er aus Eifersucht einen Mord begangen hatte.

Der Schießplatz

Der Dramatiker Viktor Slawkin hat ein Stück geschrieben, das in einer Schießbude spielt. Dort wohnt eine Familie, die sich an das dauernde Schießen gewöhnt hat und in den Pausen zwischen den Schüssen einigermaßen gemütlich lebt. Das ist komisch, aber vor allem ist es tragisch und erinnert sehr an unser Leben. Unsere Welt ist längst zu einem Schießplatz geworden, auf dem früher oder später jeder, sosehr er sich auch bemüht, nicht daran zu denken, von einer Kugel getroffen wird. Und wir selbst haben mit unseren eigenen Händen diesen Schießplatz geschaffen, auf dem wir nun leben müssen.

Wir sind ein Volk, das Anzeichen von Selbstzerstörung erkennen läßt. Wir haben immer gern auf diejenigen geschossen, die das Pech hatten, an uns zu grenzen. Aber wir haben auch uns selbst nie geschont. Überhaupt besteht die Besonderheit der russischen nationalen Mentalität darin, auf die eigenen Leute Jagd zu machen.

Diese Jagd begann in ferner, vorbolschewistischer Zeit. Damals versuchten in dem grausamen, mit Folter und Knute erzogenen Land naive, europäisch aufgeklärte Geister, Elemente der Freiheit einzubringen, die uns fremd und daher schädlich ist. Es entstand das, was den Namen »Netschajewtum« bekam und zur Bremse auf dem Entwicklungsweg unseres rückständigen halb europäischen, halb asiatischen Staates wurde.

Der Untersuchungsrichter in Dostojewskis Roman »Schuld und Sühne« theoretisiert im Gespräch mit Raskolnikow: »Ja, und Sie behaupten, daß die Ausführung des Verbrechens stets von einer Krankheit begleitet wird. Originell, sehr originell, aber ... mich hat eigentlich weniger dieser Teil Ihres kleinen Aufsatzes interessiert als vielmehr ein bestimmter Gedanke, der am Schluß anklingt, aber leider nur andeutungsweise und unklar ... Mit einem Wort, wenn Sie sich erinnern, so deuten Sie gewissermaßen an, daß es auf der Welt bestimmte Personen gibt, die ... jegliche Ausschreitungen und Verbrechen begehen können ... das heißt nicht nur können, sondern die das volle Recht haben, sie zu begehen, und daß das Gesetz für sie sozusagen keine Gültigkeit hat ...« Später sagt er zu Raskolnikow: »Noch gut, daß Sie nur ein altes Weib getötet haben. Hätten Sie sich eine andere Theorie ausgedacht, so hätten Sie vielleicht eine hundertmillionenfach grauenvollere Tat begangen!«[1]

1 Übersetzung: Margit und Rolf Bräuer.

So war es schon zu Lebzeiten des großen Schriftstellers: Bomben auf den Zaren, der es gewagt hatte, die Sklaverei der Leibeigenschaft abzuschaffen, Bomben und Schüsse auf Reformer (hier hatte sich Lenins älterer Bruder hervorgetan), und schon war die »Theorie« herangereift, die es erlaubte, die grauenvolle Tat millionenfach zu wiederholen. Und als wir den genialen Michoëls ermordeten, als wir dem Feind Trotzki den Schädel spalteten oder mit der vergifteten Schirmspitze des Bulgaren Markow zustachen (eine Liste der Beispiele kann jeder Leser nach Belieben aufstellen), schufen wir in Wirklichkeit unsere Geschichte, indem wir sie zurückzudrehen versuchten.

Und es scheint uns gelungen zu sein.

Wir benutzen Automobile, rasieren uns und hören Radio, aber durch Antiselektion (die großen Ähren wegschneiden, die kleinen pflegen) haben wir uns beinahe wiedergefunden: asiatisch wild, sklavisch gehorsam und zugleich grausam, ohne Glauben an gute Gefühle, an Barmherzigkeit, an Gott. Nur so ist die Gleichgültigkeit zu erklären, mit der das Volk die Ermordung von Wlad Listjew, Dima Cholodow, des Geistlichen Alexander Men aufnahm. Nach den Mördern wurde zwar gesucht, und die Zeitung »Moskowski Komsomolez« erhob wütendes Geschrei wie der Rufer in der Wüste. Aber das war's auch schon.

Man kann, soviel man will, an die Machthaber appellieren, die Mörder umgehend zu ermitteln und zu bestrafen, aber wenn man einen Blick in das Gesicht des Generalstaatsanwalts wirft, begreift man: Er wird sie nicht ermitteln. Und sollte er sie doch ermitteln, so lebt er keine drei Tage mehr, denn er wohnt auf demselben Schießplatz.

Nun ja, ein paar kleine Fische werden erwischt, gestehen auch, aber die Richtigen, die sind nicht dabei. Sie haben viele

Gesichter und sind vermögend. Sie sind sich ihrer Sache sicher, noch mehr aber verlassen sie sich auf uns. Sie sitzen in uns wie ein Virus. Daher sind sie beständig. Man höre auf, an die Macht zu appellieren. Haben wir etwas getan, als vor unseren Augen Gerechte drangsaliert wurden, so wie Sacharow, oder auch nur ehrliche Bürger? Haben wir Protestbriefe geschrieben? Sind wir auf die Straße gegangen, um Schwache zu verteidigen?

Überlegungen an der Haustür

Von der Zeit, in der Nekrassow lebte, ist ein plastisches Bild auf uns überkommen: die Haustüren von Würdenträgern, hauptstädtisches Herrentum, satte Beamtenschaft, und draußen das frierende und ewig um etwas bittende Volk. Über ein Jahrhundert ist vergangen, aber geblieben sind die Haustüren und die Unglücklichen, die noch immer glauben, sie müßten zu den Würdenträgern gehen und bitten, bitten. Ich rede von den Müttern, von unseren Frauen, die bekanntlich nicht nur den Nationalcharakter, sondern auch unser gemeinsames nationales Elend reflektieren. Sie müssen es ausbaden, wenn der Sohn, der Mann oder der Bruder hinter Gittern sitzt: Pakete hinbringen, die Natschalniks und die Wächter der Lager schmieren. Und vom Abschnittsmilizionär bis zum Minister alle um Gnade anflehen, an alle Türen klopfen.

Als Beispiel zitiere ich den Brief einer Mutter. Es geht um die Begnadigung ihres Sohnes. Die Frau ist von Tscheljabinsk nach Moskau gekommen: »Ich bin nach Moskau gereist, um die Sprechstunde des Präsidenten aufzusuchen und mich nach den Möglichkeiten einer Begnadigung meines Sohnes zu erkundigen, aber hier erfuhr ich, daß man gewaltige Beträge zahlen muß, damit ein Beamter diese Frage positiv entscheidet. Soviel Geld habe ich in 30 Jahren Arbeit in der Schmiedehalle des Tscheljabinsker Traktorenwerks nicht verdient. Die habgierigen Richter, die meinen Sohn verurteilten, haben mir sogar das Auto weggenommen, für das ich viele Jahre in der glühendheißen Halle arbeiten mußte. Gescheite Leute haben mir gesagt, es habe keinen Sinn, ohne eine Tasche voller Geld zu den Behörden zu gehen. Und sie haben recht. Wo ist da die Gerechtigkeit? Sitzen jetzt statt der von allen verfluchten Kommunisten parteilose Schmiergeldnehmer in deren Sesseln?

Als ich nach Moskau kam, ging ich in das Weiße Haus, zur Sprechstunde. Aus dem Arbeitszimmer kam ein Mann, der nahm mein Gesuch und sagte, die Lösung meines Problems sei sehr arbeitsaufwendig und teuer. Ich antwortete, ich hätte ein wenig Geld dabei, und nannte den Betrag. Der Mann sagte, ich solle es mir überlegen, und ließ mich stehen. Da bin ich zurückgefahren nach Tscheljabinsk.«

Eine andere Mutter schreibt: »Ich habe meinen Sohn im Lager besucht. Die Sachen, die ich für ihn mitgebracht hatte, Kleidung und Lebensmittel, wurden mir abgenommen und ins Lager geschafft, doch er hat nichts davon bekommen. Mein Pech war, daß ich den Soldaten keine Zigaretten gegeben hatte. Die Bewacher verhöhnten uns. Dem Sohn hatten sie gesagt, daß eine vorzeitige Entlassung ein Auto kostet und eine Beurteilung für die Begnadigung einen Farbfernseher. Der Antrag ›auf Ansiedlung‹ sei etwas billiger. Ein Paket über die vorgeschriebene Anzahl hinaus, ein Besuch – alles muß bezahlt werden. Mein gesamtes Geld geht fürs Lager drauf. Ich sammle Flaschen und schmutzige Wäsche, davon lebe ich. Ich habe zwei Enkelkinder zu versorgen, die Frau des eingesperrten Sohnes hat sich verdrückt und sie zurückgelassen. Sie laufen abgerissen und hungrig herum. Und so geht das schon acht Jahre, seit er sitzt. Mittellose Häftlinge haben keine Chance, zur Begnadigungskommission vorzudringen, im Lager sind zwei Kommissionen, die saugen alles aus der Familie heraus. Gestern hat mein Sohn gebeten, schnell mehrere tausend zu bringen. Für eine neue Beurteilung ... Aber wo soll ich die hernehmen? Bitte fordern Sie von dort keine neue Beurteilung an, denn wenn ich das Geld hinbringe, bleibt mir nichts zum Leben. Dann mache ich Schluß.«

Aus Kemerowo schreibt mir Alexandra Kondratjewna, deren Sohn den Dienst in der Militärschule nicht angetreten und in Sotschi randaliert hatte: »Die Romantik war mit 20 stärker, und als zwei Hauptleute der Eisenbahnmiliz ihn festnahmen und ihn, wie er sagte, gegen die schmerzhafteste Stelle traten, holte er ein Klappmesser aus der Tasche und stach zu ... Und obwohl er keinen getötet, sondern nur einen verwundet hatte, wurde er zu zwölf Jahren verurteilt. Acht hat er abgesessen, jetzt ist er an Tuberkulose erkrankt. Als ich ihn besuchte, kniete er vor mir nieder und weinte. ›Mama, fahr nach Moskau, ich kann nicht meine ganze Jugend unter Verbrechern sein.‹ Da bin ich gefahren, mein ganzes Geld ist draufgegangen. Mein Gott, da habe ich die Zustände in Moskau kennengelernt. Vier Stunden habe ich in der Iljinka-Straße 2 gestanden, vor dem Komitee der Soldatenmütter, aber der Diensthabende hat mich nicht hineingelassen. Die Mitarbeiter kamen um elf zur Arbeit, sie schickten mich in ein anderes Gebäude (Iljinka-Straße 23). Dort hat ein Mann irgendeine Frau angerufen.

Ich habe damals im Weißen Haus angerufen und Sie gesucht, und man sagte mir, daß Sie beim Präsidenten arbeiten. Ich bin viermal zu Ihrer Arbeitsstelle gegangen, und jedesmal vergeblich. Man sagte mir, ich solle mich an die Leitung der Moskauer Schriftsteller wenden; einen ganzen Tag habe ich gesucht, bei peitschendem Regen und Wind, ich bin die Herzenstraße von der Nummer eins bis zur 50 gegangen, der Diensthabende kannte Sie nicht, aber dann kam eine Frau und gab mir Ihre Adresse in der Ussijewitsch-Straße, doch sie sagte, es hat keinen Zweck, Sie aufzusuchen, da Sie nicht in der Stadt sind. Und ich hatte für diesen Tag schon die Rückfahrkarte nach Hause.«

Abschließend schreibt sie, daß sie 66 Jahre alt sei und 27 Jahre Post ausgetragen und stets den Adressaten gefunden habe.

Das sind die Überlegungen, die mir zusetzen, wenn ich die Marmorgewölbe meiner Dienststelle betrete und die seltsamen Frauen mit den unruhig suchenden Augen sehe, die seit mehr als 100 Jahren hier auf jemanden warten.

»Erlösung der Verlorenen«

Unlängst hatte ich mit folgendem Fall zu tun: Ein Strafgefangener, der Vergewaltigungen und vielleicht auch Morde begangen hatte, baute in der Strafkolonie eine Kirche für die Nothilfe-Ikone der Mutter Gottes »Erlösung der Verlorenen«. Mit Verlorenen sind hier die Opfer von Verbrechern gemeint. Aber erlöst werden sollen nicht nur die Toten, sondern auch ihre nächsten Angehörigen, deren Leben nach dem Verlust des Mannes, des Sohnes, der Tochter keinen Sinn mehr hat.

»Sehr geehrter Vorsitzender der Kommission«, schreibt Zwetkow aus Petersburg, »ein großer Kummer hat unsere Familie heimgesucht, mein Bruder und seine Frau sind viehisch ermordet worden. Die Wohnung ist ausgeraubt. Eine gute arbeitsame

Familie wurde zerstört, übriggeblieben ist die minderjährige Tochter Irina, die sich noch immer nicht von der Erschütterung erholen kann und von einem Neuropathologen behandelt wird. Die ohnehin schwache Gesundheit unserer Mutter, die die Blockade durchgemacht hat, ist von der Tragödie endgültig ruiniert, und alle unsere Verwandten sind schrecklich traurig. Das Gericht hat das einzig richtige Urteil gesprochen – für beide Verbrecher die Todesstrafe. Aber die Mörder wollen der Vergeltung entgehen und wenden sich an alle Instanzen, und der Fall liegt nun bei Ihnen. Sie wissen sehr gut, in welchem Tempo die Zahl der Verbrechen wächst, auch der Morde. Und es ist sonderbar zu hören, daß selbst ganz oben Leute für die Abschaffung der Todesstrafe eintreten.

Das Kostbarste ist das Leben, und Mörder zerstören es vorsätzlich, sadistisch. Es hat keinen Sinn, daß die Gesellschaft auf die Umerziehung solcher Verbrecher wartet. Verzeihen Sie das Pathos, aber ›die Asche klopft an unser Herz‹, und der Gram über den Verlust der Lieben ist nicht verstummt. Vielleicht sind Sie persönlich gegen die Anwendung der Todesstrafe, aber es muß doch eine höhere Gerechtigkeit für das menschliche Leben geben. Ich wünsche niemandem das, was uns geschehen ist, aber nachfühlen kann es nur einer, der seine Nächsten verloren hat. Ich verstehe ja, daß man jemanden begnadigen kann, der fahrlässig getötet hat, aber Bestien am Leben zu lassen, das geht über jedes Begreifen.«

Ich habe auch den Reuebrief eines der Mörder, Orlow, gelesen, er schreibt: »Ich wage, um mein Leben zu bitten, denn ich will meine Schuld vor Gott, vor den Angehörigen mindern, indem ich meine Sünden bereue und für die Toten bete. Kann denn mein Tod die Schande von mir abwaschen, wird er nicht zu einem weiteren Schmerz? Diesmal für die Meinen? Ich bin ja kein blutrünstiger Verbrecher, glauben Sie mir, ich habe ein Herz und eine Seele.«

Noch ein Brief von einer Mutter: »Schon das dritte Jahr besuche ich das Grab meines Sohnes, und Wolkow, der ihn ermordet hat, lebt noch immer. Das Gebietsgericht von Wologda hat ihn zum Tod durch Erschießen verurteilt, und er schreibt dauernd Briefe nach Moskau. Ich bitte dringend, das Urteil zu vollstrecken. Wolkow hat binnen einer Minute meinen Sohn und seinen Freund getötet. Er war mit seinen Kumpanen hinausgerudert, um die beiden jungen Männer zu erschießen. Die hatten nichts bei sich, nur ihre Angeln. Als die Boote auf gleicher Höhe waren, erschoß Wolkow mit der Flinte erst den einen, dann den anderen. Das Boot war voller Blut. Mein Sohn war 24 Jahre alt. Er hatte gerade erst die schöne Irina geheiratet, die ihm einen Sohn geboren hat. Nie wird er seinen Vater sehen. Die Verbrecher haben die Leichen ins Wasser geworfen und an einem Rohr festgebunden, um die Tat zu vertuschen. Sie wollten weiterleben wie bisher. Bald werden die Mörder freikommen (sie waren zu fünft). Und ich kann nicht mehr weiterschreiben, die Tränen sind stärker. Zwei Ehefrauen sind verwitwet. Zwei Mütter weinen. Drei Kinder sind Waisen. Und die Bande hat noch niemals gearbeitet. Die haben Boote, Motoren, Ersatzteile gestohlen. Aus den Häusern haben sie Eingesalzenes, Konfitüre, Zucker geholt. Davon haben diese Schmarotzer gelebt. Und sie haben guten Kognak getrunken, wie die Untersuchung ergeben hat.

Nun überlegen Sie bitte. Wem bringen die Nutzen? Warum lebt Wolkow noch? Mein Enkel Mischa fragt nach seinem Vater.

Wie soll man das ertragen?

Was hat dieser Wolkow alles angerichtet! Es ist seine vierte Verurteilung: die erste – er hat einen jungen Mann mit dem

Messer verletzt, die zweite – er hat mit einer Bootskette einen Mann verprügelt, die dritte weiß ich nicht mehr. Ich bitte Sie, mir das Mutterherz zu erleichtern. Denn ich hab's mit den Kindern schwer gehabt. Ihrer drei habe ich allein großgezogen, mein Mann trinkt. Ich habe über viele Jahre zwei Arbeitsstellen gehabt, als Hausmeisterin geschuftet und mußte dann pünktlich um acht im Betonwerk sein, eine schwere Arbeit. In den Häusern habe ich die Treppen gewischt, 30 Kopeken pro Person. Ein Aufgang für zwölf Rubel viermal im Monat. Ich habe es für die Kinder gemacht. Dann mußte ich meinen Sohn begraben. Er hatte ja eine Woche im Wasser gelegen und war unglaublich gedunsen. Wir mußten einen speziellen Sarg bauen lassen. Wir konnten ihn nicht ankleiden, mußten die Sachen auf ihn legen. Die Tränen quälen mich. Allein dafür darf dieser Wolkow nicht leben. Mein Sohn heißt Valeri Swetlorussow. Bitte. Seine Mutter.«

Ein verhängnisvoller Schuß

Unter den vielen Verbrechen, die im Suff verübt werden, sind häufig Fälle, bei denen alles mit Alltagsproblemen anfängt – dem Leben in einer Mehrfamilienwohnung, das zweifellos kein Vergnügen ist. Schon in Bulgakows »Der Meister und Margarita« bemerkt Voland nicht ohne bittere Ironie, daß die Wohnungsfrage den Charakter der Moskauer verdorben habe. Etwa nur der Moskauer?

Ich nehme an, die Sowjetmacht hat versucht, das Wohnungsproblem zu lösen, indem sie die besitzenden Klassen zwang, sich räumlich einzuschränken (Wohnungsbau kostet ja Geld, und zur Enteignung fremden Wohnraums bedarf es lediglich der Macht und Gesetzlosigkeit), und sich damit zugleich die Möglichkeit geschaffen, die häusliche Lebensweise der Bürger zu kontrollieren. So konnte das in der Produktion verbreitete Spitzelunwesen auch in alle Poren des Privatlebens einsickern. Wurde ein Verdächtiger denunziert und verhaftet, so bekam der Denunziant dessen Wohnung. Darum überwachte der Nachbar den Nachbarn sorgfältiger als seine Frau, und die dünnen Zwischenwände führten dazu, daß jeder über jeden alles wußte.

In der Praxis war es so, daß die Mehrfamilienwohnungen, die von den Behörden eingeführt und gefördert wurden (Chrustschow plante »Häuser der Zukunft« für junge Familien mit gemeinsamer Küche), das Privatleben vernichteten. Sie neutralisierten alles Menschliche im Menschen, indem sie wirksam die kollektive Lebens- (und Denk-)weise durchsetzten, die den Menschen in einen Roboter verwandelte. Lesen Sie Orwell! Wir aber müssen das Innenleben der Mehrfamilienwohnungen noch von einer anderen, der kriminellen Seite betrachten: Nirgends werden so schmutzige Verbrechen begangen wie hier. Selbst Morde werden hier von scheinbar ganz friedlichen und wohlerzogenen Menschen verübt. Die Menschen verrohen in der ständigen Beengtheit und Gedrängtheit des Alltags. Von Tinte und Urin, in der Gemeinschaftsküche in den Suppentopf des Nachbars gekippt, von den morgendlichen Warteschlangen vor der Toilette und dem Bad haben die Menschen meiner Generation nicht nur gehört – sie haben all das erlebt. Jeder von uns, auch der Autor, ist durch die Hölle der Mehrfamilienwohnungen gegangen.

In diesem Zusammenhang steht der Fall eines gewissen Filjutowitsch, den das Gericht zum Tode verurteilte. Da die Sprache des Protokolls, so hölzern und gestelzt sie wirkt, die Stimme des Gesetzes ist, zitiere ich Auszüge aus dem Beschluß des Obersten Gerichts und der Generalstaatsanwaltschaft: »Juri Wladimirowitsch Filjutowitsch, geb. 1937, Russe, Hochschulbildung, Ingenieur im Nowosibirsker Flugzeugwerk W. P. Tschkalow, in eheähnlicher Beziehung zusammenlebend mit G. N. Gorlatych. Sein gesamtes Berufsleben (35 Jahre) wird von seiner Arbeitsstelle positiv beurteilt. Filjutowitsch lebte seit 1979 in einer überbelegten Mehrfamilienwohnung in der Dzierżyński-Straße 69, wo er ein Zimmer von 15 Quadratmeter bewohnte, zusammen mit seiner Lebensgefährtin Gorlatych. In zwei anderen Zimmern wohnten die Familien Saprykin und Karpijewitsch. Das Ehepaar Saprykin, das zwei minderjährige Kinder hatte, war später zugezogen und bewohnte das Zimmer, das zuvor die alleinstehende Frau Debogan innegehabt hatte.

Filjutowitsch fühlte sich dadurch in seinen Mieterrechten beeinträchtigt und beschwerte sich mehrmals bei verschiedenen Instanzen, erhielt aber keinen positiven Bescheid. Auf dieser Grundlage entwickelte sich zwischen ihm und den Saprykins ein zutiefst feindseliges Verhältnis, und es kam des öfteren zum Streit. 1989 befaßte sich das Schiedsgericht mit dem Konflikt.«

Ich möchte die Aufmerksamkeit des Lesers auf die »mehrmaligen Beschwerden« lenken. Ich erinnere mich, daß ein hoher Beamter, mit dem ich einen Zusammenstoß hatte, mir erklärte, daß sie allen Eingaben von Werktätigen (so drücken sich die Politbüromitglieder aus) nachgingen – außer in Wohnungsangelegenheiten! Gerade diese aber sind es, die wie Holzwürmer den Alltag, die Moral und die Nerven der Mieter aushöhlen. Seitdem sind Jahrzehnte vergangen, doch kürzlich bekam ich eine Information aus dem Apparat des Präsidenten über die Zuschriften einer Woche – es waren zumeist Beschwerden über Wohnungsprobleme. Und was die heute fast vergessenen Schiedsgerichte betrifft, so merke ich an, daß sie der sogenannten Öffentlichkeit erlaubten, sich auf gesetzlicher Grundlage in die Privatangelegenheiten jeder Familie einzumischen und in fremder Wäsche zu wühlen, als wäre es die eigene. Sie setzten sich zusammen aus rüstigen Rentnern mit langer Parteizugehörigkeit, aus geschlechtslosen und gewöhnlich zänkischen alten Frauen, die sich an der ganzen Welt für ihre Einsamkeit rächen wollten.

Ich zitiere weiter: »Filjutowitsch hatte auch früher schon Konflikte mit seinen Nachbarn und sie im Streit mit einem Gewehr bedroht, das er als Mitglied einer Jagdgesellschaft besaß. 1987 kam es wieder einmal zu einem Krach mit der Nachbarin Debogan, worauf Filjutowitsch in seinem Zimmer einen Schuß auf die gemeinsame Zimmerwand abfeuerte; später behauptete er, der Schuß habe sich infolge einer Unvorsichtigkeit gelöst, daher wurde keine Anklage erhoben. Nach diesem Vorfall und aufgrund der Beschwerden, die seine Nachbarn wegen seiner Drohungen gegen ihn erhoben, zog die Miliz seine Waffe zweimal ein. Aber es gelang ihm jedesmal, gerichtlich eine Entschädigung zu erstreiten. Im April 1989 kaufte Filjutowitsch eine Jagdflinte Ish-58, die er in seinem Zimmer aufbewahrte.«

Auch ohne Kommentar wird klar, daß die Flinte früher oder später ihre Bestimmung finden würde.

»Am 16. März geriet Filjutowitsch in betrunkenem Zustand wieder einmal mit Saprykin in Streit. Der endete in einer Schlägerei, worauf sich Frau Saprykina auf die Seite ihres Mannes stellte. Filjutowitsch drohte den Saprykins Rache an, indem er den Finger krümmte, um Schießen anzudeuten, imitierte auch den Knall des Schusses, mit dem er die Frau töten wolle. Die Nachbarn aus den anderen Wohnungen stoppten die Schlägerei und riefen die Miliz. Revierinspektor Suchanow erschien, bei dessen Anblick sich Filjutowitsch in seinem Zimmer einschloß. Suchanow nahm die Aussagen der Saprykins und der Hausnachbarn auf, konnte aber Filjutowitsch nicht dazu hören, da der nicht öffnete. Am Abend kam Suchanow nochmals, traf Filjutowitsch aber nicht an.«

Aus irgendwelchen Gründen wird jedoch verschwiegen, daß Filjutowitsch vor der Schlägerei gegen die Wohnungstür hatte hämmern müssen, da die Mitmieter sie versperrt hatten, um ihn zu ärgern. Der sogleich herbeigeeilte Reviermilizionär »bearbeitete« den »Randalierer« Filjutowitsch mit Tränengas, worauf der in seinem Zimmer Schutz suchte und nicht mehr öffnete. Von einem anderen Standpunkt aus betrachtet, ergibt sich also ein erheblicher Unterschied zu dem Protokoll. Einstweilen entwickelte sich alles nach dem bei Wohnungsstreitereien üblichen Schema: Geschrei, Schlägerei, Einmischung der Nachbarn, Miliz. Doch es ist klar, daß in der Akte nur die eine Seite reflektiert wird: Mieter und Nachbarn und dann auch das Gericht sind verbündet gegen den einen, gegen Filjutowitsch, den Randalierer und Bösewicht. Der hat einen Schuß imitiert, den Finger gekrümmt, sich vor der Miliz versteckt. Verwunderlich ist nur die Schnelligkeit der Miliz, die in solchen Fällen sonst telefonisch nicht zu erreichen ist.

»Am 17. März schickte der Leiter der Bezirksverwaltung Inneres Makarow, der den Bericht über die Rechtsverletzung Filjutowitschs gelesen hatte und wußte, daß dieser auch schon früher mit der Waffe gedroht und gegen die Wand geschossen hatte, den Revierinspektor Poljakow, der eigentlich für ein anderes Revier zuständig war, zu Filjutowitsch, der ja vielleicht seine Drohung wahrmachte. Makarow warnte Poljakow vor der Gefährlichkeit Filjutowitschs und gab ihm zur Unterstützung den Milizmitarbeiter Smirnow mit.«

Die Ereignisse entwickelten sich wie an der Front vor einer Offensive.

»Gegen 16 Uhr betraten Poljakow in Milizuniform und Smirnow in Zivil die Wohnung Nummer 47. Der betrunkene Filjutowitsch stritt sich im Korridor mit Saprykin.« (Ob Saprykin nüchtern war, bleibt unerwähnt.) »Filjutowitschs Lebensgefährtin Gorlatych war auch anwesend. Angesichts des Milizionärs liefen Filjutowitsch und Gorlatych in ihr Zimmer und reagierten nicht auf Poljakows Forderung zu öffnen. Poljakow, der den Auftrag hatte, das Gewehr zu beschlagnahmen, holte sich als Zeugen Saprykin und die Wohnungsnachbarin Akimowa und forderte Filjutowitsch nochmals auf, die Tür zu öffnen. Dieser kam der Forderung nicht nach. Poljakow begriff, daß er Filjutowitsch nicht bewaffnet in der Wohnung zurücklassen durfte, da er eine Bedrohung für das Leben anderer Menschen darstellte und womöglich von der Waffe Gebrauch machte, darum trat er die Tür ein. Er und Smirnow liefen in das Zimmer und drehten Filjutowitsch die Arme auf den Rücken, doch da er keinen Widerstand leistete, ließen sie ihn wieder los.«

Zu diesem Zeitpunkt hatte Filjutowitsch noch nichts getan. Der Streit mit dem Nachbarn ist Alltag. Und die Jagdflinte bewahrte er legal in seiner Wohnung auf und unter Verschluß, er hatte sie nicht hervorgeholt und nicht damit gedroht. Aber er mußte annehmen, daß die Miliz ihm wieder die Flinte wegnehmen würde, und dann konnte er wieder auf Entschädigung klagen. Also, woher kam bei den Ordnungshütern die Vorstellung von der Bedrohung für das Leben anderer Menschen?

Fest steht, daß die Milizionäre ohne Haussuchungsbefehl bei Filjutowitsch eindrangen. Das Gerede von der Bedrohung soll nur das rücksichtslose und ungesetzliche Vorgehen der Behörden rechtfertigen.

Filjutowitsch leistete keinen Widerstand. Aber er fühlte sich beleidigt, gedemütigt. Darum sind seine weiteren Handlungen durchaus erklärlich.

»Auf die Aufforderung, Filjutowitsch solle zur Miliz mitkommen« (ohne Erklärungen, wofür und warum), »sagte Frau Gorlatych, sie werde ihn begleiten, und bat die Milizionäre, das Zimmer zu verlassen, da sie sich umziehen wolle. Bald darauf kam sie heraus und ging ins Bad. Filjutowitsch, nun allein im Zimmer, holte das Gewehr aus dem selbstgebauten Safe, setzte es zusammen, lud es und schoß durch die offene Tür. Dann sprang er in den Korridor und feuerte mit Tötungsabsicht aus kurzer Entfernung auf Poljakow, der auf dem Transport ins Krankenhaus an seiner Verletzung starb. Smirnow und Saprykin entwaffneten daraufhin Filjutowitsch und hielten ihn fest.«

Solch eine Tragödie spielte sich in einer gewöhnlichen sowjetischen Mehrfamilienwohnung ab. Ich möchte noch hervorheben, daß Filjutowitsch nicht auf seinen Erzfeind Saprykin schoß, sondern auf den Milizionär, der ihn gedemütigt hatte. Der erste Schuß durch die Tür beweist, daß er im Affekt handelte. Aber das interessierte niemanden. Auch nicht das Gericht. Dabei machte Filjutowitsch vor Gericht recht interessante Aussagen. Er sagte zum Beispiel, er habe nie auf die Wand der Nachbarin geschossen, habe auch den Milizionär nicht töten, sondern nur zum Verlassen der Wohnung zwingen wollen. Und Erklärungen habe er verweigert, weil er mit der Miliz Konflikte hatte und nicht mit einer gerechten Behandlung gerechnet habe.

Aber in der Akte heißt es: »Die Handlungen der Milizionäre zur Festnahme Filjutowitschs und zur Beschlagnahme seiner Schußwaffe waren rechtmäßig und dienten der Abwendung einer konkreten öffentlichen Gefahr.«

Der Beschluß des Gerichts: »Filjutowitsch wird für vorsätzlichen Mord an dem Milizmitarbeiter Poljakow, der seiner Pflicht zum Schutz der öffentlichen Ordnung nachkam, aber auch für böswilliges Rowdytum zum Tode verurteilt.«

In seinem Brief an den Präsidenten bedauert und bereut Filjutowitsch, daß er zur Verteidigung seiner Ehre, seiner Würde und der Unantastbarkeit seiner Wohnung spontan eine Form des Widerstands gewählt hatte, die eine Tragödie auslöste. Und sein Vater, Frontkämpfer, schreibt in einem Brief über ihn: »Wer ist er, der zum Tod Verurteilte? Ein Mann mit Charakter und, wie alle, mit Fehlern. Vor allem aber ist er geradlinig, offenherzig, arbeitsam, hat vielseitige geistige Interessen, duldet im Dienst weder Schluderei noch Speichelleckerei. Seine Freizeit verbringt er mit Jagen, Angeln und dem Sammeln von Beeren und Pilzen. Ich habe nie ein gemeines Wort von ihm gehört. Ich habe ihn niemals betrunken gesehen. Meine Familie hatte es schwer in den Jahren des Krieges, und mein Sohn lernte schon als Kind Not, Schwerarbeit und Hunger kennen. Seine Mutter ist gestorben …«

Über sich schreibt er, daß er 82 ist, im Krieg als Starschina bei einer Batterie diente, die Moskau verteidigte, bis Königsberg kam, und mit Orden ausgezeichnet wurde. Er sei 1000 Kilometer gereist, um an der Sitzung des Obersten Gerichts teilzunehmen, und habe »mit Kummer und Schmerz erlebt, wie der Fall abgehandelt wurde: Der eine Richter (rechts) habe geschlafen, und es habe ihn nicht gekümmert, daß über das Leben eines Menschen verhandelt wurde.«

Unsere Kommission wandelte einstimmig die Todesstrafe in eine fünfzehnjährige Freiheitsstrafe um, eine geringere Haftdauer konnten wir nicht erwirken. Aber wir taten noch etwas: Wir schickten die Akte an das Oberste Gericht mit der Bitte um

Überprüfung. Es dauerte sehr lange, bis wir die Standardantwort bekamen: Es gebe keine Gründe für eine Revision.

Theorie vom Wesen des Menschen

Diese Überschrift mußte ich mir nicht ausdenken, so hatte ein zum Tode Verurteilter selbst einen seiner philosophischen Traktate genannt. Es ist eine Variante von Dostojewskis Raskolnikow, doch einem sehr modernen und daher nicht sehr tiefgründigen Raskolnikow.

Er schreibt über sich: »Sogleich ist ringsum ein Vakuum, eine Leere. Wenn ich die Kopie des Urteils lese, kann ich nicht glauben, daß es sich um mich handelt. Diese hölzernen Zeilen können jeden töten, denn hinter ihnen ist der Mensch nicht zu erkennen. Ich habe gute, positive Beurteilungen aus allen Etappen meines Lebens.«

Da ich den Täter mit der literarischen Gestalt aus dem berühmten Roman »Schuld und Sühne« verglichen habe, beginne ich mit der Schuld, dem Verbrechen. Der Vorfall ereignete sich in Ishewsk, Udmurtien. Oleg Viktorowitsch Filatow war zum Zeitpunkt des Verbrechens 23 Jahre alt.

Im Urteil heißt es: »Der Angeklagte Filatow ist schuldig des Raubs von Staatseigentum in besonders großem Umfang; des Raubs von Schußwaffen; des Führens, Aufbewahrens und Verkaufens von Schußwaffen und Munition ohne Erlaubnis; des Raubs von Schußwaffen und Munition durch einen Überfall; der vorsätzlichen Tötung von drei Personen aus eigensüchtigen Beweggründen mit dem Ziel, ein anderes Verbrechen zu tarnen und vorzubereiten.«

Im Urteil ist alles der Reihe nach aufgeführt, und das Faktum der Ermordung dreier unschuldiger Menschen verschwindet beinahe hinter den anderen, mindergewichtigen Fakten.

»Der Angeklagte Filatow studierte im September 1990 im fünften Studienjahr am Mechanischen Institut in Ishewsk. Er erkundete die Lage der Institutsgebäude, der Fachkabinette, die elektrische Beleuchtung der Gebäude und den Zugang zu ihnen, auch das System der Sicherung und der Alarmanlagen. Er wußte, daß im Fachkabinett 303 des Lehrstuhls für Maschinenbau ein Samsung-Computer stand, und beschloß, ihn zu stehlen. Um den Plan zu verwirklichen, die Spuren des Verbrechens zu verwischen und dem möglichen Einsatz eines Spürhundes der Miliz entgegenzuwirken, besorgte er eine Tasche, einen Sack, eine Taschenlampe, eine Brechstange mit Nagelauszieher, eine Leine, Turnschuhe, Baumwollhandschuhe und Tabak.«

Filatow traf mit einem Mann namens Maier Absprache wegen eines Kraftfahrzeugs. Am 3. November suchte er nach dem Unterricht im Institut den Lesesaal der Bibliothek im dritten Stock auf, stieg von dort ungehindert hinunter in den zweiten Stock, zog die Handschuhe und Turnschuhe an, brach mit dem Brecheisen das Schloß auf, nahm den Computer auseinander und packte die Teile in den Sack. Im Lesesaal verstreute er Tabak auf dem Fußboden und auf den Tischen. Er öffnete das Fenster, befestigte einen Feuerlöschschlauch am Heizkörper und hängte ihn aus dem Fenster, und als Maier mit dem Auto kam, ließ er an der Leine den Sack mit den Computerteilen und die Tasche mit dem Einbruchswerkzeug hinunter, dann kletterte er selbst an dem Feuerlöschschlauch nach unten.

Der Computer wurde verkauft, das Geld geteilt.

Es sieht ja nicht schön aus, wenn ein gebildeter Mensch mit

einem Brecheisen herumläuft. Aber schließlich hatte auch Raskolnikow ein Beilchen unter der Jacke getragen.

Etwa auf die gleiche Weise wurde ein weiterer Computer gestohlen, und dann kamen Waffen an die Reihe. Im März des folgenden Jahres drang Filatow in das Institutsmuseum ein, in dem Waffen aufbewahrt wurden. Da der Museumsraum durch ein Alarmsystem und vergitterte Fenster gesichert war, benutzte Filatow den Weg durch die ans Museum grenzende Damentoilette. Wieder blieb er nach dem Unterricht bis 19 Uhr in der Bibliothek. Dann stieg er hinunter in den zweiten Stock, zog die Handschuhe und die Turnschuhe an und befestigte an der Toilette ein Schild, wonach diese wegen Reparatur geschlossen sei. In der Toilette drehte er die Birne der Deckenbeleuchtung heraus und vernagelte die Tür. Mit einer Bohrwinde durchbrach er die Ziegelwand zum Museum und sägte mit einer Metallsäge eine Öffnung, dann nahm er Ziegel heraus und kroch durch das Loch ins Museum.

Mit Hilfe des Brecheisens öffnete er die Schauvitrinen und raubte Waffen verschiedener Marken und eine Maschinenpistole, dazu, wie es in der Akte heißt, eine große Menge Munition. Zu diesem Zeitpunkt schlug das Alarmsystem an, und in der Bezirksverwaltung Inneres leuchtete auf dem Pult des Diensthabenden ein Lämpchen auf. Filatow, der das nicht ahnte, war noch mit dem Einsammeln der Waffen beschäftigt, doch als er Stiefel trappeln und mehrere Männer laut sprechen hörte, begriff er, daß ein Milizwagen vorgefahren war.

Er versteckte sich im Museumsraum. Die Milizionäre rüttelten an der Tür, fanden keine Einbruchsspuren, glaubten an einen Fehlalarm und fuhren wieder weg. Filatow packte in seine Tasche drei Margolin-Pistolen, drei Stetschkin-Pistolen, eine Makarow, einen Colt, eine österreichische Steyr-Maschinenpistole, das Versuchsmuster einer Dragunow-MPi und eine Kalaschnikow, dann bestreute er wieder den Fußboden mit Tabak und kroch durch das Loch in die Toilette zurück. Eine der Maschinenpistolen versteckte er in der Toilette, eine andere unten im Hörsaal, denn die Tasche war, wie er sagte, zu schwer geworden. Er brach ein Fenstergitter im Erdgeschoß auf und stieg hinaus.

Im Schnee wurden später Spuren »ohne individuelle Merkmale« entdeckt. Filatow fuhr mit dem Linienbus nach Hause. Die Waffen und Patronen versteckte er in der Wohnung unter der Schrankwand, wo sie zwei Monate lang lagen. Vor dem Verkauf der Waffen veranstaltete Filatow mit Maier ein Probeschießen im Wald, dann schliffen sie die Waffennummern ab. Die Steyr-MPi wurde für Makarow-Patronen umgerüstet. Für die drei Margolin-Pistolen bauten sie Schalldämpfer.

Filatow bewahrte die Waffen zunächst in der elterlichen Wohnung auf, später in der Garage eines Schulfreundes. Über Bekannte gelang es ihm, die Waffen zu verkaufen, unter anderem an zwei Kaukasier namens Batal und Issa, wahrscheinlich Tschetschenen. Ein weiterer Käufer war ein gewisser Hassan, ebenfalls ein Kaukasier, wohnhaft in Aschchabad.

In Ishewsk scheint überhaupt ein Waffenkult zu herrschen. Das besondere Interesse an Waffen hängt damit zusammen, daß hier viele Einwohner in den Waffenfabriken arbeiten. Das Resultat – ein Zustrom von kriminellem Gesindel, das Waffen kaufen möchte. Nachfrage erzeugt Angebot.

Wenn ich so ausführlich über diesen Diebstahl von Waffen schreibe, die unweigerlich irgendwo benutzt wurden, wahrscheinlich in Tschetschenien, vergesse ich keineswegs, daß wir später von Filatow hochtrabende philosophische Reden gehört haben.

Übrigens, eine gewisse Verachtung für den Nächsten, für die ganze Menschheit kann auch mit Bluttaten einhergehen. Man denke an Raskolnikow!

Aber zunächst noch ein Verbrechen, das letzte und grausamste: »Filatow wußte, daß im Schießstand des Instituts Waffen und Munition aufbewahrt wurden. Bewaffnet mit einer geladenen Margolin-Pistole mit Schalldämpfer, begab sich Filatow am 16. September 1991 in den Schießstand, schloß die Eingangstür von innen und betrat mit der schußbereiten Pistole die Waffenkammer.

Filatow tötete den Leiter des Schießstands Sokownin mit zwei Kopfschüssen. Er nahm dem Toten ein Schlüsselbund aus der Tasche, ging in die Waffenkammer und öffnete die Schubladen mit Waffen und Munition. Als er hörte, daß die Außentür geöffnet wurde, spähte er hinaus und erblickte den sechzigjährigen Arbeiter Wachruschew, der an diesem Tag Schweißarbeiten durchführen sollte. Filatow schoß ihm vier Kugeln in den Kopf. Dann kehrte er in die Waffenkammer zurück und packte Waffen und Munition in seine Tasche. Dabei überraschte ihn der Dozent für Wehrkunde, Oberstleutnant im Ruhestand Golzow. Sein Arbeitszimmer befand sich in demselben Luftschutzkeller wie der Schießstand. Filatow feuerte drei tödliche Schüsse auf ihn ab.

Er nahm eine größere Anzahl von Waffen und Munition mit und brachte sie zunächst in die Wohnung Maiers, dann in die Garage des Freundes und schließlich in die elterliche Wohnung.«

Filatow, Maier und ein Waffenhändler, ein gewisser Hasnutdinow, wurden am 23. Oktober verhaftet. Hasnutdinow wurde gegen seine schriftliche Verpflichtung, in der Stadt zu bleiben, wieder freigelassen. Ein paar Tage später wurde er von noch nicht ermittelten Personen zusammengeschlagen und entführt.

In der Voruntersuchung gestand Filatow seine Schuld und schilderte ausführlich das Verbrechen. Er erzählte, er habe sich schon als Kind für die Konstruktion und die Fertigung von Schußwaffen interessiert. Natürlich hatte er gewußt, daß Schußwaffen auf dem Schwarzen Markt einen hohen Preis erzielten. Filatows Aussagen wurden vor Gericht von Maier bestätigt. Doch Filatow widerrief vor Gericht seine Aussagen, räumte aber ein, Zeuge des Geschehens gewesen zu sein. Mit dem Diebstahl der zwei Computer habe er nichts zu tun, er habe davon durch Mitarbeiter des Instituts und durch Maier erfahren. Die Waffen aus dem Museum habe er auch nicht gestohlen, er habe lediglich auf Ersuchen Maiers die Waffennummern weggeschliffen und die Maschinenpistole für andere Patronen umgerüstet. Er habe drei Schalldämpfer gefertigt und die Läufe verkürzt. Er habe Maiers Forderung erfüllt, weil der ihn erpreßt und bedroht habe.

An dem Überfall auf den Schießstand und den drei Morden sei er auch nicht beteiligt gewesen, habe aber indirekt damit zu tun gehabt. Ein paar Tage vor dem Überfall habe Maier von ihm verlangt, auf dem Parkplatz des Instituts zu einem alten Wolga zu gehen und mit den Insassen Kontakt aufzunehmen. Die sollten ihm eine Tasche mit Waffen übergeben. Filatow sei dieser Forderung unter Drohungen nachgekommen. Zu Beginn der Voruntersuchung habe er alles zugegeben, weil er die Rache Maiers fürchtete und Angst um seine Angehörigen hatte.

Der Angeklagte Maier bezeugte vor Gericht, Filatow habe bei der Voruntersuchung die Wahrheit gesagt. Eines Tages im Herbst habe Filatow ihn gebeten, ihn mit dem Wagen vom Institut abzuholen und nach Hause zu fahren. Filatow habe an einem Seil einen Sack und eine Tasche heruntergelassen und sei dann an einem Feuerlöschschlauch herabgeklettert. Auf der Heimfahrt habe Filatow ihm erzählt, er habe einen Computer gestohlen, und Maier sei nichts anderes übriggeblieben, als ihm zu helfen. Beim Diebstahl des zweiten Computers sei es genauso gewesen.

Im März 1991 habe Filatow ihn angerufen und gefragt, ob er Waffen brauche. In der Genossenschaft, in der Maier arbeitete, ergaben sich oft schwierige Situationen, und Maier wollte eine Waffe zur Selbstverteidigung haben. Filatow habe ihm mehrere Waffen gezeigt. Auf Maiers Frage habe Filatow geantwortet, die Waffen seien aus dem Museum des Instituts gestohlen. Maier habe sich bereit erklärt, einen Teil davon zu verkaufen. Als Maier am 16. September nach Hause kam, habe seine Schwester ihm gesagt, Filatow sei vorbeigekommen und habe eine Tasche dagelassen. Maier habe hineingeschaut und die Waffen gesehen. Später sei Filatow noch einmal gekommen und habe gesagt, es sei eine »nasse« Sache geworden – drei Tote.

Übrigens sind zwei Teilnehmer des Verbrechens, Hasnutdinow, der für Filatow die Waffen verkaufte, und Grigorjew, der Filatow mit dem Wagen seines Bruders fuhr, nach dem Raub auf seltsame Weise verschwunden. In der Akte wird lediglich erwähnt, daß Hasnutdinow entführt wurde. Von dem Zeugen Grigorjew nimmt man an, daß er »auf tragische Weise umgekommen« ist.

In der Akte sind viele Details angeführt, die charakteristisch sind für die russische Schlamperei, durch die Verbrechen begünstigt werden. So stellte sich während der Untersuchung heraus, daß die Studenten den Schloßcode für den Raum kannten, in dem die Computer standen, aber das Türschloß ließ sich auch ohne Kenntnis des Codes öffnen, wenn man zwischen den Türrahmen und die Tür einen flachen Gegenstand schob. Die Menge der gestohlenen Munition ließ sich nicht mehr feststellen, »da eine gewissenhafte Buchführung fehlte«. Die Waffenschränke »ließen sich mit bloßer Hand ohne Anwendung von Werkzeug öffnen«.

Aus dem ballistischen Gutachten geht hervor, daß die sieben Hülsen, die im Schießstand des Ishewsker Mechanischen Instituts gefunden wurden, aus der Margolin-Pistole 1256 abgefeuert worden waren. Auch die Kugeln, die aus den Leichen von Wachruschew, Sokownin und Golzow entfernt wurden, stammten aus dieser Waffe.

Und noch ein Detail: In dem daktylographischen Gutachten steht, daß bei der Tatortuntersuchung im Museum und im Schießstand Baumwollfasern gefunden wurden. Die Untersuchung ergab, daß sie eindeutig von den Handschuhen stammten, die bei Filatows Vater beschlagnahmt worden waren. Auf Filatows rechtem Schuh wurde Blut derselben Gruppe entdeckt, wie sie der ermordete Golzow hatte.

Nach der Analyse der Beweise kam das Gerichtskollegium zu dem Schluß, daß die Schuld der Angeklagten Filatow und Maier an den genannten Verbrechen vollauf bewiesen sei und daß Filatow vor Gericht falsche Aussagen gemacht hatte, um sich der Verantwortung zu entziehen und seine Schuld auf andere abzuwälzen.

Die Akte enthält einen Abschiedsbrief, den Filatow nach der Verhaftung schrieb: »Lieber Vater, liebe Mutter, liebe Marischa und Goschka, verzeiht mir. Das sowjetische Gericht wird einen ähnlichen Beschluß fassen, aber das wird schlimmer für uns alle sein. Verzeiht mir. 25. 10. 91.«

Er schreibt ein Gnadengesuch nach dem Prinzip, die eigenen Tugenden hervorzuheben (von Reue oder Bedauern, daß drei

Menschen getötet wurden, keine Spur), und füllt eine ganze Seite mit seinen Verdiensten: »In jedem Kollektiv war ich mit allen gut Freund.«

»Ich fotografiere gern, und meine Fotos kleben in den Alben meiner Mitschüler, meiner Kommilitonen und Armeefreunde. Während viele meiner Kameraden Geschäftsleute wurden und dafür das Studium aufgaben, hatte ich die feste Absicht, Hochschulbildung zu erwerben.

In den 24 Jahren meines Lebens war ich ein rechtschaffener Bürger. Ich habe stets gewissenhaft meine Pflichten gegenüber den Eltern, der Schule, der Armee und dem Institut, aber auch als Ehemann und Vater erfüllt ... Doch dann geschah das Unglück, und ich besaß plötzlich unbefugt Waffen, möglicherweise hatte das Berufsinteresse die Oberhand gewonnen, woran ich mich schuldig bekenne.

Unter dem Einfluß der Medien wurde ich nach der Verhaftung von meinen Mitbürgern sogleich als Dieb und Mörder bezeichnet.«

Weiter schreibt er: «Über mich wurden immer positive Beurteilungen geschrieben.«

Die Kehrseite dieser Beurteilungen ist die Gleichgültigkeit des Systems, das sich nur für formelle Merkmale interessiert, denen der Mensch zu entsprechen hat.

Auf diese Merkmale beriefen sich in ihren Briefen alle, die Filatow entlasten wollten, natürlich auch seine nächsten Verwandten. Sie kennen den Täter schon seit der Kindergartenzeit, als »der Junge gut lernte und sich in Arbeitsgemeinschaften hervortat«; es äußerten sich der Gartennachbar, die Mieter des Hauses, in dem er wohnte (»Er räumte mit uns den Hof auf«); Akademiemitglieder, das Gesundheitsministerium von Udmurtien, die Wohnungsgenossenschaft (»hat keine Mietschulden«),

Kommilitonen (»erfüllte gesellschaftliche Aufträge, nahm seine Pflichten ernst«).

Und so endlos weiter.

All das hat keinerlei Beziehung zum Verbrechen und zum Leben unseres Helden. Mich hat die Lektüre dieser Briefe verwirrt, die mit Ausnahme des Briefes seiner Frau und seiner Tante in steifer Sprache geschrieben und mit Stempeln beglaubigt sind; und neben der Unterschrift am Schluß jedes Briefes ist die Paßnummer angegeben.

Sonst hätten wir es vielleicht nicht geglaubt!

Ich würde mich ja gefreut haben über den einmütigen Wunsch, einem Verurteilten zu helfen, das ist immerhin besser als die kollektive Forderung »sofort hinrichten«. Aber leider sind sowohl diese wie jene Forderungen Legende, geschaffen nach den schlimmsten Vorbildern unserer schlimmsten Zeit. Solch eine Legende weckt kein Mitgefühl, sondern Gereiztheit.

Ohne tiefer in die langwierige Untersuchung oder in das Gerichtsverfahren einzudringen, wollen wir das tun, was auch Porfiri Petrowitsch tat, der Untersuchungsrichter aus Dostojewskis Roman, der bekanntlich nicht nur ein Untersuchungsrichter, sondern auch ein Forscher und Psychologe war.

Bei uns gibt es für Forschungszwecke Institute, und Oleg Viktorowitsch Filatow wurde zweimal im Institut für allgemeine und Gerichtspsychiatrie untersucht.

Auszüge aus den Gutachten: »Er wurde mit sieben Jahren eingeschult. Lernte gut. Vom Charakter her war er ausgeglichen, aktiv, umgänglich. Enge Freunde hatte er nicht, unterhielt zu allen gleich gute Beziehungen. Als Schüler sammelte er Briefmarken, las gern gute Literatur, begeisterte sich für Technik. In den höheren Klassen interessierte er sich für Geschichte, Philosophie, Religion. Aber er zeigte auch eine gewisse Herablassung gegenüber seinen Klassenkameraden, denen er sich überlegen fühlte. Zu Erwachsenen war er betont höflich, verbarg jedoch nicht seine ironische Haltung gegenüber den ›veralteten‹ Prinzipien, von denen sich die Klassenlehrer bei ihrer Arbeit leiten ließen.«

Natürlich gab es keine Konflikte, keine Disziplinverstöße. Alles war unter Kontrolle, und das will schon etwas heißen. Was er unter »veralteten« Prinzipien verstand, läßt sich denken: vermutlich Moralprinzipien, deren Fehlen bei der jungen Generation alles Unglück auslöst.

»Nach Meinung des Schuldirektors« (Aussage zu dem Kriminalfall) »behandelte Filatow seine Altersgenossen von oben herab, ging konsequent auf sein Ziel los, wobei ihm jedes Mittel recht war, und tat alles, was für ihn von Vorteil war. Nach Abschluß der Schule bezog Filatow das Ishewsker Mechanische Institut. Das Studium machte ihm keine Schwierigkeiten, er hatte eine Neigung für die Geisteswissenschaften, las gern philosophische Literatur. Vom ersten Studienjahr an leistete er aktiv gesellschaftliche Arbeit.«

Die Beurteilung enthält einige irritierende Details. Einerseits wird er als »aktiv« und »umgänglich« geschildert, andererseits aber hatte er keine engen Freunde.

Und das letzte: Aktive gesellschaftliche Arbeit muß ja nichts Schlechtes sein, aber wir von der älteren Generation sind durch die Schule des Komsomol gegangen und haben oft genug diese aktiven, karriereversessenen Jungs gesehen, aus denen ganz schnell Parteifunktionäre wurden.

»Während des Armeedienstes war er zurückhaltend. Er erhielt eine Reihe von Auszeichnungen, bekam aber auch Verweise, weil er mit dem Politstellvertreter über philosophische und politische Fragen stritt.«

Nach der Armee »kehrte Filatow ans Institut zurück und verband weiterhin erfolgreiches Studium mit gesellschaftlicher Arbeit«. Und wieder nichts Auffälliges, nur Zielstrebigkeit. Solchen »positiven« Jungs stand gewöhnlich eine Komsomol-Karriere offen, und auch Filatow entging ihr nicht. Während des Arbeitspraktikums war er Kommandeur einer Studentenabteilung. Er wurde Komsomol-Organisator seines Studienjahrs, später Komsomol-Sekretär der Fakultät, dann des Instituts. Und Mitglied des wissenschaftlichen Rats des Instituts.

Auch etwas Lebendiges wird erwähnt. So betont der Zeuge K., Filatow sei »tief innerlich« ein empfindsamer Mensch, sei manchmal aufbrausend und reizbar gewesen, habe aber verstanden, das zu kaschieren. Mitunter habe er sich bemüht, sich der Gesellschaft anzupassen, in der er lebte und seinen Umgang hatte.

Filatow ist mehrmals mit Touristengruppen ins Ausland gereist: Griechenland, Bulgarien, Polen, Türkei. Der Zeuge T. erwähnt, daß Filatow bei einer Zusammenkunft kurz vor der Abreise nach Deutschland im September 1991 (der Monat des Verbrechens) sehr zurückhaltend war und sich die Antwort auf ganz alltägliche Fragen eine Weile überlegte. Nun, dies ist erklärlich. Die Fragen mochten einfach sein, aber er fürchtete, sich zufällig zu versprechen. Auf einem anderen Blatt steht, daß an solchen Auslandsreisen nur sorgsam geprüfte Leute teilnehmen durften, zu denen er offensichtlich gehörte. Ein gewöhnlicher Student mußte Beziehungen haben oder Spitzeldienste leisten.

Positiv wird noch erwähnt, daß Filatow nicht rauchte und keinen Alkohol trank.

1990 heiratete Filatow und wurde Vater. Seine Frau sagt aus, daß er ein ruhiger, umgänglicher, fürsorglicher Ehemann war, sich über die Geburt des Sohnes freute und ihr im Haushalt half. Eine gewisse Kleinlichkeit und Pedanterie sei ihm eigen gewesen. In der letzten Zeit habe sie den Eindruck gehabt, daß er um sie und den Sohn beunruhigt war und ihr nicht erlaubte, allein wegzugehen. Und noch etwas Sonderbares war ihr aufgefallen: In letzter Zeit (Sommer 1991) trug er ständig Shorts und Sonnenbrille.

Sein Vater sagt aus, daß sein Sohn ein ausgeglichener, ruhiger Mensch sei; in der Familie sei es nie zu Zank und Streit gekommen.

Seine Mutter hingegen sagt, ihr Sohn sei in letzter Zeit gröber, rechthaberischer, kompromißloser geworden, er habe auffällige Kleidung getragen und Tagebuch geführt.

Die Analyse der Tagebücher ergibt, wie die geehrten Psychologen schreiben, daß sie lediglich Auszüge und Zitate aus verschiedenen wissenschaftlichen und philosophischen Werken enthalten; Filatows Verallgemeinerungen und Schlußfolgerungen seien logisch, konkret, ein wenig oberflächlich. Von Wahnvorstellungen bei der Interpretation der Auszüge könne nicht gesprochen werden.

Leider beziehen sich alle Schlußfolgerungen der Psychologen mehr auf die Form als auf den Inhalt, denn an den Zitaten hätte man die Denkrichtung Filatows erkennen können. Vor und nach dem Verbrechen.

Bei Dostojewski theoretisiert Porfiri Petrowitsch: »... so deuten Sie gewissermaßen an, daß es auf der Welt bestimmte Personen gibt, die ... jegliche Ausschreitungen und Verbrechen begehen können ... das heißt nicht nur können, sondern die das volle Recht haben, sie zu begehen, und daß das Gesetz für sie sozusagen keine Gültigkeit hat.« Wohlgemerkt, der Aufsatz Raskolnikows (er und Filatow sind gleichaltrig, beide sind Studenten) kommt im Roman nur in der Wiedergabe durch den Untersuchungsrichter vor.

Die Tagebücher von Filatow haben wir nicht, obwohl sich die Mitarbeiter des Serbski-Instituts für sie interessiert haben und sie nicht zufällig in ihrem Gutachten erwähnten. Aber sie gingen anders heran als der klassische Untersuchungsrichter Porfiri Petrowitsch. Der sagt: »Und als wir dann anfingen, Ihren Aufsatz durchzugehen, und Sie ihn erläuterten – da habe ich natürlich jedes Ihrer Worte in doppelter Bedeutung aufgefaßt, als steckte hinter jedem noch ein anderer Sinn.«[1]

Die Ärzte attestieren Filatow, daß er umgänglich und für produktiven Kontakt offen war. In den Gesprächen gab er sich ein wenig demonstrativ; selbstverliebt und mit dem Gefühl der Überlegenheit stellte er seine philosophischen Anschauungen dar, unterfütterte sie mit Zitaten aus der Bibel und den Werken von Dostojewski.

Filatow hat übrigens Briefe an religiöse Organisationen im Ausland geschickt, mit der Bitte, ihm Bücher zur vertieften Beschäftigung mit dem »Wort Gottes« zu schicken. Aber das ist als Schachzug erkennbar: Bücher zu diesem Thema gibt es auch bei uns nicht wenige, aber der Adressat, der erfährt, daß der Brief von einem Todeskandidaten kommt, der kurz vor seiner Hinrichtung Wege zu Gott sucht, wird geneigt sein, sich für ihn einzusetzen. So ist es auch gekommen.

In dem medizinischen Gutachten steht, daß Filatow während der Gespräche aufmerksam die Reaktion der Ärzte beobachtete und manchmal deren Aggressivität provozierte, indem er sie

1 Übersetzung: Margit und Rolf Bräuer.

vorsätzlich diskreditierte. Während der Hofgänge reizte er die Wachhunde und äußerte sein Bedauern, daß er keine Waffe hatte, um sie zu erschießen, und daß er die Milizionäre nicht erschossen hatte, die ihn festnehmen kamen.

Was ist das? Ein zufälliger Ausrutscher? Oder ... Es liegt ja auf der Hand, daß es für einen vorsichtigen und umsichtigen Menschen ein unzulässiger Luxus wäre, solche Emotionen zu artikulieren.

Und wenn das nun eine Demonstration war, wohlüberlegte Berechnung, wenn er gewußt hat, daß nach Meinung der Psychiater Geisteskranke Hunde umbringen?

Weiter: »Er erklärt demonstrativ, daß ihn die Ergebnisse der Begutachtung nicht interessieren und daß sein weiteres Schicksal ihn nicht beunruhigt.« Mit ironischem Lächeln führte er im Gespräch Zitate aus den Werken von Wissenschaftlern und Philosophen an. Aufmerksam beobachtete er, was für einen Eindruck seine Äußerungen auf die Ärzte machten. Als er merkte, daß sie sich auskannten, wurde er verlegen, räumte ein, daß er vieles nicht wußte. Er wurde zugänglicher, milder.

Er erwähnte, daß er sich leicht in jedes Kollektiv einfüge. Mit sichtlichem Stolz hörte er die Meinung der Experten über seine großen geistigen Fähigkeiten an.

Er erzählte ausführlich von seiner Begeisterung für Schußwaffen. Er habe schon immer davon geträumt, sie zu verbessern und zu vervollkommnen. Dabei fügte er hinzu, daß er nicht gern geschossen habe, nur zu Studienzwecken. Das widerspricht der in seiner Akte festgehaltenen Tatsache, daß er außerhalb der Stadt Schießübungen machte.

Über seine Angehörigen – Mutter, Vater, Ehefrau, Sohn – äußerte er sich im ersten Gespräch mit gespielter Gleichgültigkeit, in weiteren Gesprächen mit Wehmut in der Stimme. Er sagte, es bringe ihn um den Verstand, wenn er an sie denkt.

Aber es gibt im Gutachten ein aufschlußreiches Detail: »Filatow unterhielt sich gern mit einer Krankenschwester, die ihm mit Interesse und sogar Begeisterung zuhörte. Doch nach und nach wurde er taktlos, gebrauchte gemeine Ausdrücke, formte aus Brot das Modell eines männlichen Gliedes, zeigte es der Schwester und fragte, ob sie davon schwanger werden könnte. Und fügte erklärend hinzu, daß, wenn Gott es wolle, eine Frau ›ohne alles‹ ein Kind empfangen könne.«

Da haben wir das »Wesen Filatows«! Und die angewandte Bibelkenntnis. Die »vertiefte« Kenntnis von »Gottes Wort« mündete in gewöhnlichen Zynismus.

Gott ist für Filatow nur ein Gegenstand zum Üben seines kalten Verstandes, von Seele kann keine Rede sein. Das Wichtigste, was ich vom Wesen dieses Mannes begriffen habe, ist, daß seine menschlichen Gefühle sich in embryonalem, rudimentärem Zustand befinden. Sie haben sich weder in seinen familiären noch in seinen sonstigen Beziehungen entwickelt. Darum hat er keine Freunde, darum ist er gefühllos und sogar grausam wie ein Roboter.

Hier das Ergebnis der Untersuchungen: »Der zu Begutachtende ist ichbezogen; seine Denkweise ist geprägt von einer verschwommenen Pseudosymbolik philosophischen Inhalts.«

Hinter dieser Einschätzung verbirgt sich, schlicht gesagt, eine gewisse Ratlosigkeit der Gutachter gegenüber der Leere und seelischen Stumpfheit Filatows.

Die Schlußfolgerung der Ärzte: »Auf diese Weise tritt eine emotionale Verarmung Filatows in den Vordergrund.« Hier irren sie sich ein wenig: Es besteht nicht nur eine emotionale, sondern auch eine sittliche Verarmung. Und nicht nur Verarmung, sondern völlige Leere.

Und wenn sie abschließend schreiben, daß seine »Äußerungen nicht krankhafter Natur« sind, kann man dem zustimmen. Filatow ist nicht krank, es sei denn, man hält diese Merkmale überhaupt für die Krankheit einer Generation.

Die Krankheit solcher Menschen heißt in der wissenschaftlichen Sprache herabgesetzte Empathie, was in der Normalsprache bedeutet: geringe Empfindsamkeit gegenüber den Leiden anderer.

»Beharrlichkeit bei der Verfolgung persönlicher Ziele, gleichzeitige Skrupellosigkeit bei der Wahl der Mittel zu ihrer Realisierung« – so sagen die Ärzte. Hinzu kommen »hohe Selbstkontrolle, Pedanterie, emotionale Standfestigkeit«.

Die Ärzte sind aber der Meinung, daß »diese und andere Besonderheiten Filatows keinen Einfluß auf sein Verhalten während der ihm zur Last gelegten Taten hatten«.

Ich dagegen meine, daß gerade sie ihn befähigten, die Verbrechen zu begehen.

Wieder fallen mir Worte des Untersuchungsführers bei Dostojewski ein, der zu seinem Gegenüber sagt: »Noch gut, daß Sie nur ein altes Weib getötet haben. Hätten Sie sich eine andere Theorie ausgedacht, so hätten Sie vielleicht eine hundertmillionenfach grauenvollere Tat begangen!«[1]

Die Fälle, die wir in der Kommission untersuchen, sind sehr verschieden und doch eigentlich gleich. Wie in Kriminalromanen: verschiedene Helden, aber ein Ziel – nämlich den Mörder zu finden.

1 Übersetzung: Margit und Rolf Bräuer.

Allerdings suchen wir nicht den Mörder, den kennen wir, sondern seine verirrte Seele, das, womit sich der Untersuchungsrichter bei Dostojewski beschäftigte. Und als er unter Qualen für sich und sein Opfer zur Seele vorgedrungen war, ließ er erleichtert Raskolnikow noch »einen kleinen Spaziergang« machen, überzeugt, der würde nicht fliehen. Zu befürchten war nur, daß Raskolnikow Hand an sich legte. Doch dann hätte er eine »kurze, aber präzise Nachricht« hinterlassen.

Wie Sie sich erinnern werden, schrieb Filatow einen Abschiedsbrief, legte aber nicht Hand an sich. Nein, er schickte Hunderte Briefchen an alle internationalen Menschenrechtsadressen, überzeugt, daß die Schwäche dieser Organisationen in ihrem mitleidigen Charakter lag.

In der Akte Filatows finden sich, gewiß zufällig, zwei vorbereitete Formulare, die ein eifriger Beamter für eine schnelle Entscheidung vorbereitet hatte. Danach zu urteilen, hat Filatows Schicksal an einem Haar gehangen.

Das erste Formular ist die Ablehnung des Gnadengesuchs: »In Erwägung, daß Filatow bei seinem Raubüberfall zur Tarnung des Verbrechens drei Menschen ermordete, wird dem Präsidenten Rußlands vorgeschlagen, das Gnadengesuch abzulehnen.« Das zweite Formular: »Nach dem Prinzip der Humanität wird Filatow begnadigt und die Todesstrafe in lebenslangen Freiheitsentzug umgewandelt.«

Das zweite Formular wurde verwendet. Wir begnadigten Filatow und wandelten die Todesstrafe in lebenslangen Freiheitsentzug um.

ZWÖLFTES KAPITEL

Rache

Lew Tolstoi stellt seinem Roman »Anna Karenina« die biblischen Worte voran: »Die Rache ist mein, ich will vergelten.«

Man kann das verschieden deuten. Das Wörterbuch von Dal definiert Rache so: Böses mit Bösem bezahlen. In diesem Kapitel werden noch öfter die Wörter Rache und Vergeltung zu lesen sein.

Zunächst aber ein paar Worte über die Quellen des Verbrechens, wie meine Schriftstellerkollegen sie sehen. Auch um Vergeltung wird es gehen.

Viele, sehr viele Verbrechen sind bei oberflächlicher Betrachtung völlig sinnlos, wenn man nicht bedenkt, daß ihnen einfach eine Bewußtseinstrübung zugrunde liegt.

Ein gewisser Ius, 28, zerhackte in einer Mehrfamilienwohnung mit einer Axt seine Sachen, dann die Sachen der Nachbarn, zertrümmerte Fensterscheiben, warf Gegenstände aus dem Fenster, zerschlug den Fernseher, das Telefon. Die herbeigeeilte Miliz versuchte, ihn zu beruhigen. Er versetzte einem Milizionär einen Schlag mit der Axt. Der schoß ihn ins Bein, doch auch verwundet leistete Ius noch Widerstand. Er bekam sechs Jahre. Wofür? Für den Wahnsinn?

Ein gewisser Koristschew, 55, Zimmermann in einem Sowchos, zerschnitt in seiner Wohnung Teppiche und Kleidungsstücke, um sich an seiner Frau zu rächen, dann wollte er sie umbringen, stieß ihr ein Messer in den Bauch, schlug ihr die Axt auf den Kopf; halb tot wurde sie ins Krankenhaus gebracht.

Anschließend wollte er sich selbst in die Luft sprengen: Er öffnete die Gasflasche und riß ein Zündholz an. Die Explosion tötete den Sohn seiner Frau aus erster Ehe, und das Haus brannte ab. Auch benachbarte Gebäude gingen in Flammen auf.

Und noch ein Fall, fast ein Sujet wie Agatha Christies »Orientexpreß«.

Die Begleitschaffner des Zuges 373 Murmansk–Moskau, sechs Mann, wollten auf dem Streckenabschnitt Segjosha–Medweshja Gora Rache an ihrem Vormann Munin nehmen, der seine Untergebenen zu verprügeln pflegte. Zu diesem Zweck gingen sie in den Waggon 17, wo im ersten Abteil Munin auf der unteren Pritsche schlief. G. packte ihn an der Kehle, drückte ihn gegen die Pritsche und versetzte ihm mit einem Klappmesser drei Stiche ins Gesicht, in den Hals und den Brustkorb. Ein anderer schlug ihn mit den Fäusten auf den Kopf, ein dritter hieb mit einem Mutternschlüssel ein paarmal auf seine Beine. Als sie sahen, daß Munin so nicht totzukriegen war, schickten sie B. eine Axt holen, doch der kam nicht wieder. Da holten sie aus einem anderen Waggon eine Schnur. Zurückgekehrt, sahen sie Munin am Wasserboiler stehen, stürzten sich auf ihn, warfen ihn zu Boden und erdrosselten ihn mit der Schnur. Sie zerrten den Toten in den Windfang und warfen ihn aus dem fahrenden Zug. Vor Gericht erklärten sie, Munin habe gedroht, sie zu ermorden, und sie hätten seine Mißhandlungen nicht mehr ertragen.

Der Schriftsteller Wjatscheslaw Pjezuch veröffentlichte vor kurzem das »Tagebuch eines Lesers«, darin fand ich Betrachtungen zu den Wurzeln des Verbrechens. Der Autor beschäftigt sich mit der Frage: Woher kommt das Böse, wenn die Sittlichkeit in der Natur der Dinge liegt? Die Natur kennt kein Böses, abgesehen von dem genetischen Wissen, daß das Sein gut ist und das Nichtsein böse. So gesehen müßte der Mensch das Äußerste an sittlicher Vollkommenheit sein. Davon aber ist in unserer Welt nichts zu erkennen, im Gegenteil, wir erleben jeden Tag Bosheit und Verbrechen. Die Ursache sieht Pjezuch in Normabweichungen bei einigen Vertretern dieses Endprodukts der Natur.

»Aber dann ist es logisch, anzunehmen«, erklärt er, »daß die Fähigkeit des Menschen, einem anderen körperliche Schäden zuzufügen, ein Indiz dafür ist, daß er aus einer Unterart des Homo sapiens in eine andere Unterart gefallen ist. Das ist höchstwahrscheinlich eine kleine Gruppe von Personen, die an latenten, von der modernen Psychiatrie noch nicht erkannten seelischen Erkrankungen leidet. Diese Personen sind in der Regel bei vollem Verstand, aber selbst wenn das Verbrechen von unmittelbarem Interesse ausgelöst wurde, etwa einem materiellen Vorteil oder *Rache* (Hervorhebung von mir. A. P.), wird hier nur der äußere Anlaß erkennbar, der eigentliche Grund aber ist offenbar dieser: Das Subjekt jeglichen Gewaltverbrechens ist nur in eingeschränktem Maße ein Mensch. In einer bestimmten Lebensperiode, in der sich die Sittlichkeit herausbildet, setzt bei manchen Personen etwas in dem Apparat aus, der für die richtige psychische Entwicklung zuständig ist, und das Ergebnis ist ein Zwischending, mißgestaltig wie ein Triton. Solche Personen können Gut und Böse nicht unterscheiden, sind der ganzen Welt feindlich gesinnt und leiden an einer eigenartigen Amnesie. Nicht umsonst ergibt die Sammelfigur des sogenannten eingefleischten Verbrechers das gleiche Bild wie das eines Geisteskranken, der zum Selbstmord neigt: Er achtet den Menschen in sich so gering, daß es ihm nichts ausmacht, sich eine Ader zu öffnen, einen Gefängnislöffel zu verschlucken oder sich gestoßenes Glas in die Augen zu streuen.«

Was die Mütter betrifft, so erwähnt der Autor zutreffend, daß jeder zweite Häftling am Körper (oder direkt auf der Stirn) die klassische Tätowierung trägt: »Nie vergesse ich mein Mütterlein«. Was sie jedoch nicht hindert, ihre Mutter umzubringen, wenn die nicht die letzte Rente herausrückt, damit das Söhnchen sie versaufen kann. Wie »klein« diese Gruppe von Personen ist, darüber läßt sich streiten. 30 000 Morde pro Jahr, von der Statistik offiziell registriert, fast öffentlich begangen, bei uns Alltagsverbrechen genannt – daran ist schon die ganze Nation beteiligt, an der wir nur eine medizinische Abweichung beobachten: epidemischen Suff. Aber das ist etwas anderes als eine seelische Erkrankung, die für den Psychiater nicht ganz verständlich ist.

Doch man müßte tiefer gehen, denn der Suff – auch eine Krankheit, eine nationale Krankheit, die zum moralischen Verfall und zu den genannten Krankheiten führt – ist ja nicht von selbst entstanden, sondern ist das Resultat einer bestimmten Lebensweise, fehlender Geistigkeit, einer Perspektivlosigkeit, und hier muß man nicht nach biologischen Krankheiten suchen, wie es der Autor tut, sondern nach sozialen. Selbst das Verschlucken von Gefängnislöffeln und das Öffnen einer Ader, was im Gefängnis nicht selten geschieht, kann eine Form des Protestes sein, da es unmöglich ist, in unseren Gefängnissen zu existieren. Allerdings wurden noch vor kurzem Proteste jedes Andersdenkenden wie etwa Andrej Sacharows von den Machthabern, natürlich mit Hilfe von Ärzten, als Merkmale einer psychischen Abweichung ausgegeben. Das ist ja so bequem.

Da liegen die Wurzeln des Bösen.

Aber lesen wir weiter bei Pjezuch.

»So gesehen ist ein gewalttätiger Verbrecher eine psychische Anomalie, ob er Wanka Kain heißt oder ein gekrönter Napoleon ist. Daraus folgt, daß der Kreis der wirklich Geisteskranken erheblich größer ist, als üblicherweise angenommen wird. Zwar äußert sich ihre Bösartigkeit ganz verschieden, oft auch überhaupt nicht, und es kommt erstaunlicherweise vor, daß solche kranken Menschen später in Legenden und Liedern gepriesen werden. Nehmen wir nur Savonarola, den banalen Banditen Stepan Rasin oder Alexander von Mazedonien, der die halbe Welt eroberte, eigentlich weil er nichts Besseres zu tun hatte. Darum besteht der Unterschied zwischen Alexander von Mazedonien und einem Wohnungseinbrecher nur darin, daß geisteskranke Staatsmänner und Helden in Sphären handeln, wo Mord und Raub unmerklich aus der Kategorie ›kriminelle Verbrechen‹ in die Kategorie ›Staatspolitik‹ hinübergleiten, so wie die Zahl der Bauernkühe, die am Futtermangel krepiert sind, zu dem abstrakten Begriff ›Viehseuche‹ mutiert.«

Das klingt herausfordernd, aber nicht sehr überzeugend. Immerhin läßt sich dagegen streiten. Und sei es zum Thema der Generäle. Ich bin auch der Meinung, daß einige von ihnen, namentlich diejenigen, die derzeit in Tschetschenien Krieg führen, eindeutig Kriminelle sind. Wir haben uns ja schon überzeugen können, daß auch unter den Offizieren und Soldaten nicht wenige kriminelle Elemente sind, und zwar auf beiden Seiten, zusammengeströmt in den Kaukasus, um Beute zu machen und sich zu bereichern.

Hierher gehört auch der von Pjezuch erwähnte Ataman Stepan Rasin, der in Volksliedern besungen wird, ein Berufsräuber, von denen es immer viele gab in Rußland.

Hierher gehören auch viele russische Fürsten und sogar Heerführer. Aber ich kann nicht, wie der Autor vorschlägt, einen Wohnungseinbrecher gleichsetzen mit dem großen Napoleon.

Da ich jedoch als Kind Diebstähle beging und beinahe zum Wohnungseinbrecher wurde, möchte ich klarstellen, daß ich das nicht aus psychischer Zerrüttung tat, sondern aus quälendem Hunger und um zu überleben. Mein damaliges kriminelles Verhalten ist nicht pathologisch zu erklären.

Ich war anfangs ein geradezu schüchterner Dieb, dem alle leid taten, auch die von mir Bestohlenen. Aber ich war eben sehr hungrig, und so lernte ich das Stehlen und konnte mit einem Nagel jedes Schloß öffnen. Gleichwohl ist diese Kunst weit entfernt von Napoleon oder Alexander dem Großen, die der Welt nicht nur Massenmorde boten (Krieg ist immer Mord), sondern auch militärisches und Feldherrengenie.

Und die Juristen werden kaum diesem Resümee beipflichten: »Aber wenn es so ist, wenn jeder Verbrecher eigentlich in die Abteilung für Tobsüchtige gehört, dann ist die ganze Jurisprudenz in Frage gestellt, an der sich die Menschheit abgemüht hat. Fragt sich, erstens: Was bedeutet es, ein Wesen zu bestrafen, das ganz nebenbei elf Menschen erstochen hat? Zweitens: Wozu ihn bestrafen, wenn die Ermordeten sowieso nicht wieder lebendig werden, wenn potentielle Mörder damit nicht abzuschrecken sind? Endlich fragt sich: Was taugte es, wenn in einer christlichen Welt, die höchste, manchmal irrational hohe Werte predigt wie Liebe zu den Feinden, die Rechtsprechung von der Regel ausginge: Auge um Auge, Zahn um Zahn?«

Die endgültige, viele Male wiederholte Schlußfolgerung: Verbrecher soll man nicht bestrafen, sondern heilen.

Der Leser hat sich anhand der in diesem Buch angeführten Materialien überzeugen können, daß das Gefängnis nicht zu heilen vermag. Und die Alttestamentarische Regel, die übrigens vorchristlich ist, existiert als Relikt noch in unseren Gesetzen, besonders wenn es um die Todesstrafe geht. Ich stimme Pjezuch zu, daß ein Berufsverbrecher nicht abzuschrecken ist. Wie hat man unter Iwan dem Schrecklichen und unter dem grausamsten aller russischen Regenten Peter dem Ersten abzuschrecken versucht – hingerichtet und lebendig begraben und flüssiges Blei in die Kehle gegossen, doch die Verbrechen existierten fort. In unserem Land ist ein Verbrecher mit Hinrichtungen nicht abzuschrecken.

Galina Rybakowa hatte einen Sohn, der aus Unvorsichtigkeit, wie es im Urteil heißt, 1994 von den Brüdern Boris und Mark Besman getötet wurde. Die Einzelheiten dieses Falls kennen wir nicht. Boris Besman wurde mit einer Geldstrafe von 27 Millionen, nach heutigem Kurs 27 000 Rubeln belegt, die er jedoch nicht zahlte. Eigentlich war er also mit einem blauen Auge davongekommen. Rybakowa legte Berufung ein, die aber abgewiesen wurde. Daraufhin beschloß sie, sich an den Brüdern Besman zu rächen und mit einem von ihnen abzurechnen. Sie wandte sich um Hilfe an ihre Bekannte, Subkowa, die sie mit einem gewissen Komljow bekannt machte. Rybakowa versprach ihm 5000 Dollar für die Ermordung eines der Brüder. Im Dezember fuhren sie mit dem Wagen zu dem Haus, in dem Boris Besman wohnte, und beobachteten es, und Rybakowa zeigte Komljow, wen er töten sollte.

Das ist die Ausgangslage dieser Geschichte, so wie das Urteil sie darstellt. Wieder geht es um die Miliz, die diesmal nicht nur seelenlos, sondern kriminell ist, wieder um das Gesetz, das niemanden schützt, und um das tiefe Trauma einer Mutter, das mit einer Geldstrafe ausgeglichen werden sollte. Das Geld, das für die Beerdigung hätte verwendet werden sollen, wurde nicht gezahlt. Endlose Erniedrigungen, die der Frau keinen Ausweg ließen außer einem – Selbstjustiz. Selbst um den Preis der eigenen Freiheit.

Am 19. Januar 1996 fuhr also Komljow, mit einer Pistole bewaffnet, mit dem Wagen seines Komplizen Mironow zum Hause Besmans. Mit von der Partie war Komljows Bruder Schambjorow, der die ganze Zeit im Wagen blieb und vom Zweck der Fahrt nichts wußte. Komljow und Mironow stiegen hinauf zum dritten Stock, wo Komljow den Lift hochholte und eine Streichholzschachtel in die Tür klemmte, um die Kabine zu blockieren. Als Boris Besman aus seiner Wohnung kam und die Treppe hinuntergehen wollte, trat Komljow ihm entgegen und schoß ihm mit der Pistole aus nächster Nähe in den Kopf. Die Kugel drang durch das linke Auge ins Gehirn und tötete ihn. Komljow und Mironow, der ihn eine Treppe tiefer abgeschirmt hatte, liefen aus dem Haus und fuhren weg.

Vor Gericht bestritt Rybakowa ihre Schuld, sie erklärte, sie sei mit dem Beschluß des Sormowoer Gerichts im Mordfall ihres Sohnes nicht einverstanden gewesen und habe mit Komljow ausgemacht, er solle von Besman das ihr zustehende Geld eintreiben. Besman habe das verweigert und eine aggressive Haltung eingenommen, worauf Komljow ihn in Notwehr erschossen habe. Die Angeklagten Mironow und Schambjorow erklärten sich ebenfalls für nicht schuldig.

Im Urteil heißt es: »Die Argumente der Angeklagten und der Zeugen, ihre Aussagen seien manipuliert, falsch aufgeschrieben und unter psychischem und physischem Druck zustande gekommen, können nicht in Betracht gezogen werden, da sie von den faktischen Umständen des Falls widerlegt werden.«

Aber: Vor mir liegt ein Brief des bekannten Menschenrechtlers Sergej Kowaljow, in dem es heißt: »Diesen Fall kenne ich seit mehreren Jahren im Detail, er ist eines der markantesten Beispiele für die Anwendung von Folter während der Voruntersuchung in einem Strafprozeß.«

Was war wirklich geschehen? Hören wir die Beschuldigten außerhalb des Gerichts.

Aus einem Brief von Frau I. W. Subkowa an die Staatsanwaltschaft: »Am 25. August 1996 begann man, mich telefonisch zu erpressen. Die Unbekannten drohten, meinen Enkel Roma, vier Jahre alt, und meinen Sohn Georgi, acht Jahre alt, zu foltern, sie vor meinen Augen aufzuhängen und nach ihrem Tode mich umzubringen. Damit das nicht geschehe, verlangten sie von mir 50 Millionen Rubel. Sie riefen jede Nacht an, und zwar um 1 oder 2 Uhr. Die Drohungen waren untermischt mit gemeinen Ausdrücken. Am 30. August kam der letzte Anruf, sie senkten den Preis auf 25 Millionen Rubel und sagten, ich würde den Eintritt in die Rente am 5. September nicht erleben.

Am Morgen des 5. September brachte ich den Sohn in die Schule, und als ich nach Hause ging, hielt neben mir ein Wagen. Zwei junge Männer traten an mich heran, zeigten mir ihren Ausweis, nötigten mich in den Wagen und brachten mich in die Kreisverwaltung Inneres. Dort stellten sie mir Fragen zur Ermordung Boris Besmans und fügten hinzu, ich solle rasch erzählen, dann käme ich noch rechtzeitig zum Friseur und in die Kantine, wo ich anläßlich meiner Berentung ein Essen bestellt hatte. Dann kam der Untersuchungsführer Bubnow herein und sagte: ›Beeilen Sie sich, sonst müssen Sie einen Anwalt nehmen, die Zelle wartet schon.‹ Sie gaben mir Papier und sagten: ›Stell dich nicht dumm, dir passiert nichts, schreib, wie Besman umgebracht wurde, woher du Rybakowa und Komljow kennst, sonst wirst du als Beteiligte eingesperrt.‹ Anwesend war auch der Leiter der operativen Abteilung, ein ehemaliger Freund Besmans. Er war von kleinem Wuchs und hatte krause schwarze Haare. Dann erschien noch ein operativer Mitarbeiter der Verwaltung Inneres: groß, schwarzhaarig, schnurrbärtig, grüner Anzug, und fragte grienend: ›Na, wie geht es Roma und Georgi, leben sie noch?‹ An der Stimme und an der Redeweise erkannte ich entsetzt, daß er es war, der mich am Telefon bedroht hatte. Später habe ich erfahren, daß sein Name Popow ist. Er zwinkerte dem Mitarbeiter zu, der mir am Tisch gegenübersaß, der ging hinaus, und Popow schlug mich auf den Kopf. Ich prallte mit der Stirn auf den Tisch und verlor für einige Zeit das Bewußtsein. Als ich zu mir kam, war Popow nicht mehr da, da waren andere Leute. Ich bat um ein Medikament. Sie riefen einen Arzt, der gab mir eine Beruhigungsspritze. Danach kam W. I. Wolkow ins Zimmer und sagte: ›Was macht ihr, bringt sie in mein Zimmer.‹ Sie führten mich an beiden Armen in ein anderes Arbeitszimmer, denn ich konnte nicht allein gehen, da sah ich, wie der blutig geschlagene Kirill Komljow hereingebracht wurde. Mir wurde schlecht. Dann verhörte mich wieder der Untersuchungsführer Bubnow, ich stand auf, verlor das Bewußtsein und fiel hin. Ich wurde ins Krankenhaus gebracht wegen Störung des zerebralen Kreislaufs. Die Gerichtsverhandlung lief im Schlepptau der Voruntersuchung, die auf alle nur denkbare und unvorstellbare Weise gegen die Gesetze verstoßen hatte. Man hatte mit psychologischem, physischem und moralischem Druck alle gezwungen, sich selbst zu bezichtigen, um sich so für den Tod des ehemaligen Milizmitarbeiters und Sadisten Boris Besman zu rächen. In den Lokalzeitungen bezeichnen sie mich als Mittäterin bei der Ermordung Besmans. Ich bitte die Staatsanwaltschaft, Anklage zu erheben wegen Erpressung nebst der Drohung, meinen Enkel, meinen

Sohn und mich selbst zu töten, und wegen ungesetzlich erzwungener Aussagen, die ich unter physischem und psychischem Druck gemacht habe. Major der Miliz im Ruhestand, Invalidenrentnerin I. W. Subkowa.«

Aus einem Brief von L. W. Schambjorowa an die Staatsanwaltschaft: »Am 5. September 1996 wurden meine Söhne Kirill Komljow, geb. 1966, und Anton Schambjorow, geb. 1975, festgenommen, und mir wurde erklärt, sie befänden sich in der Verwaltung Inneres. Am 7. September, einem Sonnabend, sagte mir der Rechtsanwalt, er sei bei meinem Sohn Komljow gewesen. Der gestehe nicht, was man ihm vorwerfe, und seine Nase sei blutig geschlagen. Als ich nach Hause kam, sagte meine Schwiegertochter, der Untersuchungsführer Bubnow habe angerufen und mitgeteilt, ich könne um 16 Uhr in die Iwassi[1] kommen und meinen Sohn Kirill sehen. Man brachte mich in den zweiten Stock. Am Fenster standen zwei Mitarbeiter, die mir sagten, ich dürfe nicht über den Fall sprechen (von dem ich gar nichts wußte). Als ich die Tür zum Arbeitszimmer öffnete, sah ich den Untersuchungsführer Bubnow, zwei weitere stämmige Mitarbeiter und meinen Sohn Kirill. Er war auf das grausamste geschlagen worden. Sein Gesicht war dunkelrot und entsetzlich verquollen, die Augen tränten, er hatte eine schwere Gehirnerschütterung. Ich umarmte ihn, da flüsterte er mir zu: ›Sie wollen mich umbringen! Sie drohen, mich beim Fluchtversuch zu erschießen.‹

Vor Gericht sagte mein Sohn Kirill aus, sie hätten ihn vom 5. bis 13. September ohne Anwesenheit eines Anwalts verhört

1 Iwassi – von IWS (vorläufige Isolierzelle). Das Wort Iwassi bezeichnet auch eine fernöstliche Heringsart. D.Ü.

und geschlagen und ein Geständnis verlangt. Sie folterten ihn so lange, bis er unterschrieb, daß sie ihn auf sein Recht auf Verteidigung hingewiesen hätten und daß er auf dieses Recht verzichte. Geschlagen hatten ihn Popow und Ulanow. Als Popow vorgeladen wurde, nannte er die Mißhandlungen meines Sohnes ›ein freundliches Gespräch über das Leben‹. Was ich über die Folterungen in Stalins Kerkern und bei der Gestapo gelesen habe, ist harmlos, verglichen mit dem, was heute geschieht.«

Abschließend folgt die Bitte, die Mitarbeiter der Miliz strafrechtlich zur Verantwortung zu ziehen.

Es gibt noch ein ausführliches Dokument, in dem alles bestätigt wird, was die Angehörigen der Verurteilten mitteilen. Das sind die Stenogramme der internationalen Organisation Human Rights Watch, deren Vertreter nach Nishni Nowgorod fuhren und mit den Schambjorows und anderen Beteiligten sprachen.

Kassette 3. Seite B. 8. Oktober 1997. Nishni Nowgorod. Anton Schambjorow

Frage: Wann wurden Sie festgenommen?

Antwort: Das war am 5. September 1996. Operative Mitarbeiter nahmen meinen Bruder und mich auf der Straße fest. Sie brachten uns in das Gebäude der Kreisverwaltung Inneres in der Gorkistraße, in den dritten oder vierten Stock …

Frage: Wie geschah die Festnahme?

Antwort: Wir gingen an einem Haus entlang. Von hinten kamen zwei Autos angefahren, Bewaffnete sprangen heraus, wir mußten uns auf die Erde legen, Widerstand war zwecklos.

Frage: Wurden Sie bei den Armen gepackt?

Antwort: Nein, die sagten: »Hinlegen!« Wir legten uns hin,

leisteten keinen Widerstand. Bei der Festnahme wurden wir nicht geschlagen, ich jedenfalls nicht. Sie brachten uns in die Kreisverwaltung Inneres, und dort begannen die Verhöre.

Frage: Um wieviel Uhr war das?

Antwort: Morgens in der zehnten Stunde. Männer kamen herein und sagten: »Erzähle, wie du Besman umgebracht hast.« Dann kam auch der Chef der Operativabteilung, das habe ich später begriffen, und fragte: »Besman war mein Freund. Warum hast du ihn …?« Zu den Männern, die uns festgenommen hatten, sagte er: »Einstweilen kein Festnahmeprotokoll. Warum habt ihr sie hierhergebracht? Ihr hättet mit ihm in den Wald fahren sollen, ich habe doch gesagt, ihr sollt ihn dort erschießen.« Aber das habe ich nur als psychologischen Druck aufgefaßt. Sie wollten mich nicht erschießen, sondern nur einschüchtern.

Frage: Waren das die ersten Worte über Besman, die Sie hörten?

Antwort: Ja, ja. Die jungen Männer, die mich festgenommen hatten, sagten zu mir: »Nun erzähle, wie ihr den Mann umgebracht habt.« Ich sagte: »Ich habe niemanden umgebracht und weiß nichts davon.«

Frage: War das auf der Straße oder im Wagen?

Antwort: Als sie uns in das Gebäude gebracht hatten, schrieben sie ein Festnahmeprotokoll. Im Wagen hatten sie überhaupt nichts gesagt. Auch keinen Ausweis gezeigt. Als sie aus dem Wagen sprangen (ich drehte mich um und sah Bewaffnete kommen), hatten sie gesagt: »So, Anton, jetzt haben wir dich!« Sonst sagten sie nichts. Sie legten mir sofort Handschellen an. Ich wußte, wenn ich jetzt protestiere, schlagen sie mich. Im Wagen drückten sie mir sofort den Kopf nach unten, und ich konnte nicht sehen, wohin sie mich brachten.

Während sie das Festnahmeprotokoll schrieben, sagten sie: »Nun erzähle, wie du den Mann umgebracht hast.« Dann kam der Natschalnik herein und erklärte, sie hätten mit mir in den Wald fahren sollen. Einer der beiden, die mich festgenommen hatten, holte ein Taschenmesser hervor, klappte es auf und sagte: »Ich werde dir jetzt die Ohren abschneiden.« Dann kam Popow herein (niemand stellte sich namentlich vor, ich erfuhr die Namen erst später), setzte sich hin, unterhielt sich ein bißchen mit mir und sagte zum Schluß: »Ich weiß alles von euch, ihr habt Besman ermordet.« Ich sagte, daß ich keine Ahnung hätte. Er: »Wenn's so ist, werden wir jetzt andere Saiten mit dir aufziehen.« Sieben oder acht Mann kamen herein, sie standen vor mir, hinter mir. Sie schlugen mich. »Erzähle, wie das war.« Aber ich wußte gar nicht, worum es ging. Dann brachte der Natschalnik, schon ein älterer Mann um die 50, vier Knüppel, verteilte sie, und sie fingen an, mich damit zu schlagen. Die Schläge trafen vor allem den Körper. Dann legten sie mich auf eine Bank, zogen mir die Turnschuhe aus und schlugen mich sehr lange auf die Fersen ...

Frage: Ihre Hände waren gefesselt?

Antwort: Sie steckten bis zum Abend in Handschellen und waren sehr geschwollen. Manchmal schlugen sie mich auf den Kopf. Wie lange das dauerte, weiß ich nicht mehr, es kam mir sehr lange vor. Dann gingen sie hinaus, und ein anderer Mitarbeiter kam herein. Ein robuster Mann, den Namen weiß ich nicht, außer Popow kenne ich keinen mit Namen.

Frage: Nannten sie sich untereinander beim Namen?

Antwort: Vielleicht, aber ich war in einem Zustand, daß ich es mir nicht gemerkt habe.

Frage: (unverständlich, von weitem)

Antwort: Ja. In die Verwaltung Inneres war ich zwischen

neun und zehn gebracht worden, und in die Iwassi brachten sie mich zwischen 10 und 11 Uhr abends. Das alles war am 5. September, einem Donnerstag. Am nächsten Tag kam der robuste Mitarbeiter herein und sagte: Wenn du nicht im Guten willst, machen wir eine Gegenüberstellung mit Kirill, der wird's schon sagen. Sie brachten mich in das Arbeitszimmer, da saß Kirill, mein Bruder. Die Männer gingen hinaus. Ich sah, daß Kirill sehr bedrückt war, er war geschlagen worden. Das war gleich zu erkennen, obwohl er keine Blutergüsse hatte. Ich fragte ihn: »Haben sie dich geschlagen?« Er sagte: »Ja, mit dem Kopf gegen die Wand, eine halbe Stunde lang.« Ich sagte: »Mich haben sie auch geschlagen.« Er sagte: »Ich habe gestanden, daß ich den Mann im Hausflur getötet habe.« Ich wunderte mich. »Wie denn?« Er ist ja mein leiblicher Bruder, und wenn er jemanden getötet hätte, würde er es mir gesagt haben, aber ich wußte von nichts. Ich glaube bis jetzt nicht, daß es stimmt, wahrscheinlich haben sie ihn zu dem Geständnis gezwungen. (*Mit einem tiefen Seufzer.*) Er sagte mir: »Ich habe gestanden, und du wirst freigelassen.« Ich sagte, wohl kaum, so wie sie mich behandelt haben. Er sagte: »Keine Angst, sie haben mir gesagt, daß du freikommst, alles wird gut.«

Damit war alles zu Ende (am 5. September zwischen 3 und 4 Uhr nachmittags). Dann wurde ich in das Arbeitszimmer zurückgebracht, wo ich vorher gewesen war. Der Untersuchungsführer Bubnow kam und fragte, ob ich einen Anwalt wolle. Ich sagte, sie sollten meine Mutter anrufen, damit sie einen Anwalt beauftragte. Er stimmte zu und ging. Bis dahin hatten sie offiziell von mir keine Aussagen verlangt, mich nur geschlagen. Die Vernehmer sagten, nun erzähl schon. Ich sagte ihnen, ich wüßte von nichts. Sie sagten: »Tante Ira ist hier.« Damit meinten sie Frau Subkowa. Sie deuteten an, sie wollten sie auch schlagen, obwohl sie alt und ehemalige Milizionärin war. Von Zeit zu Zeit schlugen sie mich wieder, redeten, brüllten, zeigten mir Fotos von Besman und sagten: »Kennst du ihn?« Ich verneinte. Am Abend, als es schon dunkel wurde, nahm ein Mitarbeiter meine Aussagen auf. Er fragte, ob ich etwas zu dem Fall sagen könnte. Ich sagte, zu dem Fall könnte ich überhaupt nichts aussagen. Es war das erste offizielle Protokoll, ohne Anwalt. Sie sagten mir, daß es den Paragraphen 51 gibt, nach dem ich nicht auszusagen brauche. Aber ich begriff, wenn ich von diesem Paragraphen Gebrauch mache, komme ich vielleicht nie wieder aus dem Gebäude raus. Sie brachten mich wieder in die vorläufige Isolierzelle, dort konnte ich mich ausruhen. Am Morgen holten sie mich in ein Arbeitszimmer im ersten Stock des Gebäudes. Da waren operative Mitarbeiter, an die zehn Mann. Zwei junge Männer schlugen mich ständig. Das war am 6. September. Ich erinnere mich genau, daß ich im hintersten Zimmer links im ersten Stock war. Sie schlugen mich so sehr (die Hocker sind dort am Fußboden festgeschraubt), daß ich mitsamt dem Hocker zu Boden stürzte. Die Schrauben waren aus dem Fußboden gerissen. An diesem Tag schlugen sie mich hauptsächlich auf den Kopf und traten mich mit Füßen. Spuren blieben nicht zurück. Ich habe geschrien, da kam eine blonde Frau um die 30 in Milizuniform hereingelaufen. Sie fuhr die Männer an: »Was macht ihr? Sofort aufhören! Ich melde es dem Diensthabenden.«

Frage: Wie sah das Zimmer aus? Ein normales Arbeitszimmer?

Antwort: Vergittertes Fenster, Schreibtisch, angeschraubte Hocker.

Frage: Wechselten die Vernehmer sich ab?

Antwort: Es waren hauptsächlich die beiden jungen. Dem

einen fehlte ein Finger. Sie verhielten sich ganz verschieden: Rede, Anton, wir meinen es gut mit dir, dann schlugen sie mich wieder und sagten, sie wüßten, daß ich nicht gemordet, sondern im Wagen gesessen hätte, das sollte ich gestehen. Ich sagte, ich hätte in keinem Wagen gesessen. Sie fragten mich, wo die Pistole ist. Ich sagte, ich wüßte, daß sie das Geständnis, an dem Mord beteiligt zu sein, aus mir herausprügeln könnten, früher oder später würde ich die Verhöre physisch nicht mehr aushalten, aber da ich nicht wüßte, wo die Pistole ist, könnten sie es auch nicht herausprügeln. Das verstanden sie, und sie kamen nicht mehr darauf zurück. Ich sollte nur zugeben, daß ich dort war und daß die Rybakowa den Mord bestellt hatte. Dabei hatte ich sie vor der Gerichtsverhandlung noch nie gesehen.

(Antons Mutter stellt ihm eine Frage wegen des Anwalts.)

Anton: Das erste Mal sah ich den Anwalt am 13. September, bis dahin hatten sie ihn nicht zu mir gelassen. Ein paarmal kam der Untersuchungsführer Bubnow rein und fragte nach dem Stand der Dinge. Die Männer sagten, ich sei sehr verstockt. Er sagte ihnen: »Arbeitet weiter.« Damit meinte er, sie sollten mich weiter schlagen und ein Geständnis erzwingen. Sie boten mir Wodka an und sagten, ich hätte doch eine junge Frau, sie würden mich dann gleich zu ihr lassen und mich als Zeugen vorladen.

Frage: Haben sie gesagt, daß Ihre Familie gefährdet ist?

Antwort: Ja, ja. Sie sagten, dieser Besman sei mit der Mafia verbunden gewesen und ich sollte lieber gestehen, lieber ins Gefängnis gehen, damit ich nicht auf der Straße erschossen werde: »Du hast doch Familie, ein kleines Kind.«

(Die Mutter: Sie haben auch unsere Sicherheit bedroht.)

Anton: Sie haben nicht direkt gedroht, aber andeutungsweise. Am 6. haben sie mich bis zum Abend geschlagen, aber nicht ständig, zwischendurch haben sie »im Guten« mit mir gesprochen.

Frage: Haben Sie zu essen bekommen?

Antwort: Nein, nichts. Abends um zehn brachten sie mich in die Zelle im Keller. Dort legte ich mich schlafen. In der Nacht erwachte ich von sehr starken Kopfschmerzen, und mir war schlecht. Da wußte ich, ich habe eine Gehirnerschütterung. Ich rief die Ärztin, sie maß meinen Blutdruck, er war sehr hoch, und sie gab mir eine Tablette, aber das wurde nirgends vermerkt, in keinem Protokoll.

Ich hatte sehr starke Kopfschmerzen, ich dachte, mir platzt der Schädel. Dann kam das Wochenende, Sonnabend und Sonntag.

(Die Mutter: Du hast mir gesagt, wenn es dir möglich gewesen wäre, hättest du Schluß gemacht. Wolltest du dich an diesem Tag umbringen?)

Anton: Das war in den nächsten Tagen. Hätte ich ein Rasiermesser gehabt, dann hätte ich mir den Bauch oder den Hals aufgeschnitten. Aber ich hatte nichts.

Frage: Kamen Angehörige zu Besuch?

Antwort: Niemand kam, und ich war froh darüber, denn jeder Tagesanbruch war eine Folter für mich. Ich wußte ja, daß sie mich gleich holen würden. Am 6., als die Milizionärin wieder gegangen war, sagten sie zu mir: »Bete! Morgen nehmen wir dich mit in unsere Verwaltung und bearbeiten dich dort.« Ich begriff, daß ich auf nichts mehr hoffen konnte.

(Die Mutter: Wann haben sie dir gedroht, dich mit Homosexuellen zusammenzusperren?)

Anton: Das haben sie mir fast jeden Tag gesagt.

Frage: Am Sonntag waren doch die 72 Stunden schon um, die Sie festgehalten werden durften?

Antwort: Ich glaube, am 6. September hat der Staatsanwalt

die Anordnung für zehn Tage und Nächte unterschrieben. Sie hatten uns zuerst für drei Tage festgenommen, doch am nächsten Tag wurden wir zu zehn Tagen verdonnert, und am 13., als der Anwalt kam und ich offiziell verhört wurde, war das schon die Verhaftung.

Am 8. September, einem Montag, holten sie mich aus der Zelle nach oben, verhörten mich, brachten mich wieder runter, verprügelten mich, redeten mir zu ... Bubnow kam rein und schlug mir vor, an den Tatort zu fahren. Ich sagte, ich wüßte von keinem Tatort. Er sagte: »Wie du willst« und ging. Und wieder Schläge. Am 11. oder 12. gegen Mittag kam Denissow (ich erfuhr erst später, daß er es war). Ich mußte mich an die Wand stellen, die anderen bauten sich im Halbkreis auf, dann kam Denissow (der Chef der Untersuchungsabteilung). Er jagte alle raus und sagte, er wolle allein mit mir sprechen. Ich sollte mich an den Tisch setzen, er setzte sich auch und redete einigermaßen kultiviert und höflich. Er sagte: »Versteh mal, wir sind eine seriöse Organisation, und wenn du einmal hier bist, kommst du nicht so einfach wieder raus. Laß es uns im Guten regeln.« Ich sprach nicht mit ihm, hörte nur zu. Er sagte: »Wie du willst« und ging. Wieder kamen die Männer, und das Schlagen ging weiter.

Frage: Mußten Sie mit dem Gesicht zur Wand stehen?

Antwort: Nein. Sie redeten mit mir und prügelten. Das Schlagen ging bis zum 13. Sie sagten mir, was ich aussagen sollte und wie ... Ich hatte Angst, sie würden ein Geständnis aus mir herausprügeln, darum dachte ich an Selbstmord. Ich wollte lieber Schluß machen als meinen Angehörigen, meinem Bruder schaden. Ich hatte keine Kraft mehr.

Am 13. September schlugen sie mich nicht mehr, da kam der Anwalt. Sie verboten mir, jemandem zu sagen, daß sie mich geschlagen hatten. Aber der Anwalt fragte: »Bist du geschlagen worden?« Ich bejahte. Er fragte, ob was zu sehen ist. Ich sagte, es gibt keine Spuren. Er sagte, dann hat eine Beschwerde keinen Zweck, halte durch, mehr kann ich dir nicht raten. Ich hielt durch, so gut es ging. Danach haben sie mich nicht mehr geschlagen, nur der Untersuchungsführer Bubnow hat mich psychisch bearbeitet. Am 13. haben sie offiziell meine Aussagen protokolliert.

Es war wohl der 12., als meine Frau mich besuchen durfte. Denissow war dabei. Als meine Frau wieder gegangen war, sagte er: »Du kannst noch solange leugnen, du wirst sitzen, hundertprozentig, mach dir da nichts vor.«

Frage: Wann wurde Ihnen die Verhaftung mitgeteilt?

Antwort: Am 13. Sie legten mir die Anklage vor und den Haftbefehl. Danach haben sie mich nicht mehr geschlagen.

Frage: Danach wurden Sie in Untersuchungshaft verlegt?

Antwort: Ja, sie brachten mich nachts um elf durch Gänge und Keller ins Gefängnis.

(Ende der Kassette 3)

Kassette 4 (Fortsetzung)

Antons Mutter: Der Richter fragte Popow: »Ist dem nachgegangen worden, daß Komljow und Schambjorow geschlagen wurden?« Popow antwortete: »Ich habe dem Untersuchungsführer Bubnow eine schriftliche Erklärung gegeben.«

Anton: Als Popow vor Gericht gefragt wurde, ob Komljow und Schambjorow geschlagen worden seien, antwortete er: »Nein, wir haben sie nicht geschlagen, wir haben nur freundlich mit ihnen gesprochen.«

Frage: Warum sind Sie ins Krankenhaus gekommen?

Antwort: Ich habe jetzt praktisch ständig Kopfschmerzen. Man hat meinen Kopf geröntgt.

Die Mutter: Sag, wie ist dein Zustand jetzt?

Anton: Mein Zustand ist hoffnungslos, ich glaube an nichts mehr, schon gar nicht an irgendwelche Gesetze. Ich habe gesehen, was es mit den Gesetzen auf sich hat und was dahintersteht. Praktisch alle werden geschlagen.

Es ist schwer zu glauben, was in unseren Untersuchungsgefängnissen mit ihren faschistisch-stalinistischen Verhörmethoden vorgeht. Dokumente beweisen: All das geschah und geschieht in der Gegenwart. Mich hat schon immer die Frage beschäftigt: Wohin sind sie alle verschwunden, die Henker und Folterer, die mit den Gefangenen in den Stalinschen Kerkern »gearbeitet« haben (wie der Untersuchungsführer Bubnow sagte)? Nirgendwohin, so erweist sich, sind sie verschwunden, sie leben und setzen ihre »Arbeit« fort oder unterweisen die Nachwuchskräfte. Wenn ich die gesunden, kräftigen jungen Männer sehe, die auf der Straße Autos bewachen oder alle möglichen Firmenniederlassungen schützen, kann ich mir nicht vorstellen, daß sie auf dem Feld, sagen wir, Getreide säen. Das tun für sie gesunde, kräftige Farmer in Amerika oder Kanada. Aus solchen Nachwuchskräften werden auch die Mitarbeiter der Innenverwaltungen rekrutiert, besonders grausame Leute, die mit Fäusten und Füßen und Knüppeln umgehen können. Sie sind auch in Tschetschenien am Werk, und was macht es für sie für einen Unterschied, wo sie Geständnisse herausprügeln: dort oder hier. Dort (in Tschetschenien) ist es sogar bequemer, denn niemand zieht sie zur Verantwortung, und niemand beschwert sich.

Aber zurück zu unserem Fall. Wenn in dem Stenogramm über den ermordeten Besman angedeutet wird, er sei ein Sadist gewesen (die alte Milizionärin wird es gewußt haben) oder habe Verbindungen zur Mafia gehabt (Auskunft des Untersuchungsführers), so kann man glauben, daß es so ist. Im übrigen gibt es eine kurze Beschreibung des Mordes an Rybakow durch die Brüder Besman, wonach sie ihn bei lebendigem Leibe in Stükke hackten und dann in ein Faß Zement stopften. (Zeugnis von Frau Subkowa.)

Daraus folgt, daß die ganze dortige Miliz mit der Mafia verbandelt und für ihre mafiosen Kumpane zu allem bereit ist; daß dort gefoltert wird. Acht Männer prügeln auf einen Halbwüchsigen ein. Er steht an der Wand und muß seinen Peinigern ins Gesicht sehen, die umstehen ihn im Halbkreis und genießen, ein sadistisches Vergnügen, den Anblick des gequälten Menschen.

Und wenn er hinzufügt, ihm sei genau erklärt worden, was er aussagen soll, kann ich mir vorstellen, daß es so auch in den Papieren steht, die wir dann bekommen. Wie sollen wir jetzt deren »Arbeit«, das heißt die organisierte Lüge, von der Wahrheit unterscheiden? Und können wir überhaupt arbeiten, wenn im ganzen Land Leute wie Bubnow, Popow, Denissow und sonstiges Gesindel für uns Rollenspiele organisieren, an die wir glauben sollen?

Der Chef der Untersuchungsabteilung, dieser Denissow, redet dem Halbwüchsigen »kultiviert und höflich« ein, er sei bei einer seriösen Organisation, die ihn nicht so bald gehen lassen werde. Und legt ihm nahe, alles im Guten zu regeln. Was ist das, ein Kerker von Berija? Es gibt nur eine Schlußfolgerung: Wir leben in einem Polizeistaat, in dem ein allmächtiger Apparat noch immer seinen eigenen GULAG schafft, und das bei schweigender Beteiligung des Staates.

So entschied die Generalstaatsanwaltschaft denn auch:

»Die Argumente der Verurteilten, sie hätten sich selbst belastet infolge unerlaubter Untersuchungsmethoden, stimmen nicht mit den Materialien des Falls überein.

Den Zeugen und den Tätern ist vor Beginn der Verhöre der Paragraph 51 der Verfassung der Russischen Föderation erläutert worden, und die Verurteilten haben im Beisein von Anwälten mehrmals erklärt, ihre Aussagen seien freiwillig und ungesetzliche Einwirkungen seitens der Untersuchungsorgane habe es nicht gegeben.

Die Erklärungen von Tschalow und Popow ergeben, daß physische und psychische Gewalt gegen diese Personen nicht angewendet wurde.

In den medizinischen Gutachten finden sich keine Hinweise auf körperliche Schäden der Verurteilten.

Einen Grund für die Anfechtung der gefaßten Gerichtsbeschlüsse kann ich nicht erkennen. Stellvertretender Generalstaatsanwalt der Russischen Föderation W. I. Dowydow.«

Der Beschluß:

K. W. Komljow wird zu zwölf Jahren Freiheitsentzug verurteilt. G. A. Rybakowa und Mironow werden zu fünf Jahren verurteilt. A. W. Schambjorow wird nach zehn Monaten Gefängnis wegen Fehlens eines Straftatbestandes freigelassen.

Drei Tage und nie wieder

So heißt ein Film des Regisseurs Gutman, der von dem Todeskandidaten Alexander Birjukow erzählt. Die Geschichte: Der Militärangehörige Birjukow hat einen Offizier erschossen, der ihn sexuell belästigte, und wurde zum Tode verurteilt. Die Kommission empfahl dem Präsidenten, den Mann zu begnadigen und die Todesstrafe in eine fünfzehnjährige Haft umzuwandeln. Jelzin war zu dieser Zeit mit uns im Hader und ordnete lebenslange Haft an. Sein Beschluß war Gesetz, und wir kamen nicht mehr darauf zurück. Aber dann lief der Film, der den Häftling Birjukow mit seiner Mutter zeigte, die ihn besuchte. Darin geschieht eigentlich gar nichts, drei Tage lang sitzen die beiden von früh bis abends in dem winzigen Besuchszimmer. Die Mutter hat ein paar Lebensmittel mitgebracht, doch er schaut nichts an, küßt nur immer wieder ihre Hände. Die Mutter hat ein einfaches schönes Gesicht. Sie findet die richtigen Worte, sagt etwas von den Mönchen, die sich von der Welt zurückzogen und auch in Einsiedeleien lebten, wo sie zu tiefsten Einsichten gelangten. Es bedarf keiner Erklärung, daß zwischen der freiwilligen Klause und der ewigen Zelle ein großer Unterschied ist. Aber was für Worte des Trostes hätte sie in den drei Besuchstagen sonst finden können?

Und dann trennen sie sich, die Mutter, in Gedanken vertieft, fährt mit dem Kutter weg, entfernt sich über das Meer von den Mauern des Gefängnisses und Klosters, und vor diesem Hintergrund fallen die Worte, daß sie sich nie wiedersehen werden.

Nun ein paar Worte über das Gefängnis. 1994 erschien in der Presse die Meldung, daß in den tiefen Wäldern westlich von Belosersk ein Spezialgefängnis eröffnet worden sei, für Häftlinge, deren Todesstrafe in lebenslänglichen Freiheitsentzug umgewandelt worden war. Wer den Film »Kalina Krasnaja« von Wassili Schukschin gesehen hat, wird sich erinnern, wie der Hauptheld über einen hölzernen Steg zum fernen Ufer geht. Diese Aufnahmen entstanden in dem bekannten Gefängnis auf der Insel im See Nowoosero. Im 17. Jahrhundert hatten Mönche diese künstliche Insel aufgeschüttet und darauf ein Kloster errichtet. Unter der Sowjetmacht saßen hier wie auch in vielen anderen Klöstern (ich selbst habe das legendäre Solowki, das Nowotorski-Kloster und Nilowa Pustyn bei Ostaschkow gesehen) zuerst politische Gefangene und später besonders gefährliche Verbrecher.

Der Leiter dieser Anstalt hatte sogar die USA bereist, um Erfahrungen bei der Verwahrung der »Ewigen« zu sammeln. Aber der Unterschied der materiellen Möglichkeiten in Amerika und Rußland ist gewaltig, auch enthalten unsere Gesetze, welche die Rechte und Pflichten der Häftlinge regeln sollen, viele Unklarheiten.

Ich erinnere daran, daß dies das erste Gefängnis dieser Art in Rußland war. Ende April 1994 trafen die ersten 50 »Ewigen« hier ein. Sie wurden zu zweien und dreien in den Klosterzellen untergebracht. Es galt die Gefängnisordnung für besonders gefährliche Rückfalltäter. Ein Reporter berichtet von den »erloschenen Augen« der Häftlinge, die irgendwohin ins Leere starrten. Umgang haben sie nur mit Büchern und mit dem ebenso »ewigen« Zellengenossen. In ihren ersten Briefen an die Angehörigen hatten sie noch ihre Freude geäußert, der Erschießung entgangen zu sein, aber allmählich kam ihnen die Einsicht, daß sie wirklich lebenslang eingeschlossen bleiben würden.

Sie verloren die Hoffnung, in Freiheit sterben zu können. Ein Häftling, ein Mann in der Blüte seiner Kraft, schnitt sich mit einer Klinge die Halsschlagader durch, er hinterließ einen Abschiedsbrief: »Ich gehe zu meinem Vater und meinem Bruder.«

Es gab auch eine (eine!) Flucht.

Ein Häftling namens Andronaki, zum Tode verurteilt für Vergewaltigung seiner beiden Töchter und für einen Mord, floh (der erste solche Fall seit 40 Jahren) in einem Tankwagen mit Fäkalien aus dem Gefängnis. Vier Tage lang irrte er durch die Wälder. Eingefangen wurde er, abgekämpft und übel riechend, in einer Waldsiedlung, wo er sich hatte aufwärmen wollen.

Das war nicht wie in der »verfluchten zaristischen Vergangenheit«, als »die Bäuerinnen Brot mir schenkten, die Jungs mit Tabak mich versorgten«. Wahrscheinlich war der verängstigte Hausherr gleich losgelaufen, um ihn anzuzeigen. Immer sind Häftlinge aus den Gefängnissen geflohen, daran ist nichts Besonderes. Mehr noch, in den Gesetzen der meisten europäischen Länder gilt Flucht nicht einmal als Verbrechen. Auch bei uns sind selbst in Stalins Zeiten Häftlinge geflohen. Ich glaube es, wenn erzählt wird, daß Jakuten, Komi und andere »rückständige Völker des Nordens«, wenn sie einen erschöpften Häftling in der Tundra trafen, ihn totschlugen (um ihn nicht schleppen zu müssen), die abgehackte Hand als Beweis bei der Behörde vorlegten und die jämmerliche Belohnung kassierten.

Wir sammelten in der Kommission Bücher für die »Ewigen« und lasen uns deren Briefe vor, die nicht angenehm waren. Ich kann verstehen, daß sie uns nicht dankbar waren für das Leben, zu dem wir sie verurteilt hatten, indem wir sie vor der Erschießung bewahrten. Ihnen bleibt nur die Hoffnung, daß ihre Lebensbedingungen sich mit der Zeit verbessern, die strengen Gesetze abgemildert werden und vielleicht ein zweiter Gnadenakt in Frage kommt. Einstweilen beträgt die Haftdauer für »Ewige« 25 Jahre. Was wohl kaum einer erlebt.

In unseren Gefängnissen ist schon nach zehn Jahren Haft keiner mehr gesund. Kaum noch lebendige Häftlinge, die für die Bevölkerung ungefährlich sind (nicht alle natürlich!), zu quälen ist unmenschlich und unchristlich. Aber zu der Zeit, als wir das erste Mal mit unseren Schutzbefohlenen zusammentrafen, gab es keine Chance auf eine zweite Begnadigung. Dennoch kämpften wir.

Damals kehrte aus einer Kolonie für »Ewige« in der Siedlung Iwdel, nördlich von Jekaterinburg, ein Fernsehteam zurück – Reporter, Kameramann und Regisseur – und erzählte, wie es dort so zuging.

Als sie zu uns kamen, waren sie sehr voreingenommen gegen unsere Arbeit und meinten, wir handelten unmenschlich, wenn wir die Leute in die ewige Qual schickten. Es sei besser, sie gleich zu erschießen.

»Sind die Häftlinge dort dieser Meinung?« fragte Lew Rasgon.

»Ja, und wir auch.«

»Ob das aufrichtig ist?« zweifelte er.

»Das wissen wir nicht.«

»Was würden sie denn sagen, wenn man sie jetzt zur Erschießung brächte?«

»Das will natürlich keiner, aber wenn das Leben erst mal gerettet ist, verlangt man mehr.«

Dann erzählten sie Einzelheiten über das Leben der Häftlinge: Tagesablauf, Abfütterung, altersmäßige und soziale Zusammensetzung ... Für Interviews waren drei Männer ausgewählt worden, alle aus einer Zelle.

»Haben sie eine selbstkritische Haltung?« fragten wir.

»Wohl ja. Aber irgendwie formal.«

Michail Kotschonow (Psychologe):

»Kinder lernen von klein auf zwei Wörter: ›gib‹ und ›mehr‹. Diese Leute bereuen zum Schein, um weniger streng bestraft zu werden. Mit Gott, denken sie, kommen wir dann schon zurecht.«

»Also keine wirkliche Reue?« fragten wir.

Major Dedkow:

»Strafe oder Rache? Einstweilen gibt es nur das zweite. Das Lager ist für lebenslange Verwahrung nicht eingerichtet. Es gibt dort keinen Psychologen, keinen Psychiater. Wenn wenigstens zeitweilig mal einer hinkäme.«

Ein paarmal sagte jemand aus dem Team:

»Ihr wohnt im Elfenbeinturm, ihr kennt die Realität nicht.«

Bulat Okudshawa und Lew Rasgon im Elfenbeinturm?

Später besuchte unser Geistlicher das Gefängnis bei Belosersk. Birjukow bekam er nicht zu sehen, aber er brachte einen Brief mit, der an den Präsidenten Jelzin adressiert war. Ich zitiere gekürzt: »Sehr geehrter Boris Nikolajewitsch! Diesen Brief schreibt Ihnen Galina Arkadjewna Omeltschenko aus der Stadt Tscherepowez, Gebiet Wologda. Ich wünsche mir sehr, daß dieser Brief Sie erreicht, obwohl ich wenig Hoffnung habe. Ich habe aus folgendem Grund zur Feder gegriffen. Das hiesige Fernsehen bringt eine Serie über die Insel Ognenny, auf der Mörder und Vergewaltiger ihre lebenslängliche Strafe verbüßen. Mich hat das Schicksal eines jungen Menschen erschüttert, Birjukow. Er ist 26 Jahre alt und seit sechs Jahren in Haft. Sein Schicksal muß tiefstes Mitgefühl wecken. Er war nicht vorbestraft und hat in der Armee ein Verbrechen begangen: Er hat den Kommandeur der Wache, der ihn zum Geschlechtsverkehr zwingen wollte, ermordet und noch einen Kameraden verwundet. Jetzt ist er auf der Insel Ognenny.

Wenn man die Gründe für den Mord in Betracht zieht, hat er eine so strenge Bestrafung nicht verdient, denn es werden viel schlimmere und grausamere Verbrechen verübt, die mit geringeren Haftstrafen geahndet werden. Ja, er hätte den Beleidiger nicht töten müssen, sondern einfach verprügeln können, aber auch ich, eine Frau, weiß nicht, wie ich in solch einer Situation gehandelt hätte. Männer haben ja überhaupt die Eigenart, erst hinterher nachzudenken. Der junge Mann bereut aufrichtig, das war bei dem Interview zu erkennen. Er hat eine Mutter und einen Bruder, sein Vater ist schon lange tot. Für eine Mutter ist so etwas natürlich eine Tragödie. Ich bin sicher, daß es sie fünfzehn Jahre ihres Lebens kosten wird. Darum wende ich mich an Sie mit einer großen Bitte. Wir haben jetzt die Großen Fasten – könnten Sie nicht so großmütig sein, den Fall Birjukow zu überprüfen und ihm Hoffnung auf Freiheit zu geben? Ich denke, der Junge wird Ihre Güte nie vergessen und seine Mutter erst recht nicht. Meine Bitte mag Ihnen seltsam erscheinen, aber nachdem ich diese Sendung gesehen habe, finde ich keine Ruhe mehr. Dauernd muß ich an das Schicksal dieses Jungen und seiner Familie denken. Ja, er ist schuldig. Aber ich glaube, er hat seine Sünde schon weitgehend gebüßt, und eine Haftverkürzung müßte möglich sein. Dann kann er Hoffnung schöpfen. Jetzt wünscht er sich, erschossen zu werden. Jeder an seiner Stelle würde den Tod einem solchen Nichtleben vorziehen. Ich hoffe, daß Sie meinen Brief nicht unbeachtet lassen. Wir alle sind in Gottes Hand. Niemand weiß, was ihm schon morgen widerfährt. Unsere Taten und Handlungen werden von Menschen beurteilt. Ich bitte Sie, eine richtige Lösung in dieser Frage zu finden. Mit Hochachtung und Hoffnung.« Unterschrift.

Natürlich sind alle unsere Bemühungen zunächst einmal gescheitert. Wir ließen uns nicht nur von solchen erstaunlichen Briefen von Menschen leiten, die sich ihre Barmherzigkeit bewahrt haben, sondern auch von der Erfahrung des Auslands. Wir erfuhren von einem Fall in Schweden. Der vierundzwanzigjährige Militärangehörige Mattias Flick hatte in einem Anfall von, wie es hieß, grundloser Raserei mit seiner Maschinenpistole sieben Menschen erschossen und wurde zu 14 Jahren Gefängnis verurteilt. Das Gericht, so geht aus der Geschichte das Falls hervor, war der Meinung, daß Flick zu jung sei für eine längere (etwa lebenslange) Haft.

Von unseren Gerichten, solchen wie dem, das Birjukow zum Tode verurteilte, sind solche Überlegungen nicht zu erwarten. Und die Reaktion der höheren Instanzen – des Obersten Gerichts, der Generalstaatsanwaltschaft, des Justiz- und des Innenministeriums, an die wir uns brieflich wandten, war identisch. Niemanden (nie-man-den!) von ihnen berührte das Schicksal Birjukows. Es gab sogar Äußerungen (natürlich nur mündlich, Apparatschiks sind gewiefte Leute), daß wir, Menschen der Feder oder der Kamera, gar zu gefühlsduselig seien, und das gegenüber einem Mörder, dem immerhin das Leben geschenkt worden sei.

Es gab Zeiten, in denen es schien, daß wir nichts mehr tun könnten. Doch plötzlich kam ein erfahrener Jurist zu uns, der uns riet, wie wir uns an den Präsidenten wenden konnten, da dieser seinen Beschluß nicht ändern durfte und konnte. So war es uns erklärt worden. Boris Jelzin hatte zwar den Brief der alten Bäuerin nicht gelesen, aber er griff den Fall wieder auf, denn der Jurist hatte eine Formel gefunden: den Fall zu überprüfen unter Berücksichtigung unseres Kommissionsbeschlusses von 1995 und diesem zuzustimmen, also die Todesstrafe in eine fünfzehnjährige Haft umzuwandeln.

Der Entwurf für den Erlaß ging seinen Weg, da der Jurist einen Draht nach oben hatte, und wir warteten. Ich sage nicht, daß die Kommission nichts anderes mehr tat, als auf den allerhöchsten Beschluß zu warten. Wir arbeiteten weiter, jede Woche bekamen wir 40 und mehr Fälle von Todesstrafe auf den Tisch. Ein paar Leute freilich, auch die mitleidige Marietta Tschudakowa, setzten mir ständig zu. Aus Petersburg rief der Autor des Films an. Er hatte Birjukow praktisch adoptiert und half seiner Mutter nach Kräften.

Die Nachricht kam, als wir schon nicht mehr damit rechneten. Jelzin hatte den Erlaß unterschrieben, das wurde uns telefonisch mitgeteilt. Das war wohl der erste Fall, bei dem es uns gelang, das Schicksal zu überwinden. Wir strichen das Wort »niemals« aus unserem Vokabular, ersetzten es durch das Wort »irgendwann«.

Ein vertraulicher Fall

Gegen elf rief die Verwaltung an, ich solle auf Bitte des Präsidenten sofort die Kommission zusammenrufen, um den Fall eines noch nicht verurteilten Tschetschenen zu entscheiden, den man gegen vier in Tschetschenien entführte Journalisten austauschen wolle. Eile sei geboten, weil das Leben der vier in Gefahr sei. Wenn wir nicht schnell reagierten, könnten sie erschossen werden. Um ihr Leben zu retten, gab es nur einen Weg: Wir mußten ihnen im Tausch einen schlimmen Verbrecher ausliefern, einen jungen Mörder, der seine Taten in Moskau begangen hatte.

Ich setzte mich sofort ans Telefon und rief die Kommissionsmitglieder an, alle erklärten sich bereit zu kommen. Als letzten erreichte ich Lew Rasgon im Krankenhaus. Er sagte, er stimme einer positiven Entscheidung der Kommission von vornherein zu, und wir sollten nicht auf dem Buchstaben des Gesetzes beharren.

Ich mußte an Ostrowski denken: Soll ich Sie nach dem Gesetz

verurteilen oder nach dem Gewissen? Steht das Leben (von vier Menschen) höher als das Gesetz? Wir bekamen Anrufe von aufgeregten Juristen, von Deputierten, sogar von Schriftstellern. Alle erwarteten von uns eine sofortige Entscheidung.

»Ist es so ernst?« fragte ich.

»Ja, sehr ernst.«

»Und andere Möglichkeiten gibt es nicht?«

»Nein. Alles hängt von Ihnen ab.«

Es fiel der Name des damaligen Generalstaatsanwalts Skuratow, der die Begnadigung als den einzigen gangbaren Weg vorgeschlagen hatte. Später bestätigte sich, daß er keine legalen Mittel hatte, um zu helfen. Noch offenkundiger aber war, daß er nichts tun und keine Verantwortung übernehmen wollte.

Praktisch hing alles vom Präsidenten ab und von uns. Von ihm sogar noch mehr, denn wir konnten nur empfehlen, aber er war es, der das Gesetz mit seiner Unterschrift übertreten würde.

Ich erfuhr, daß Rybkins Leute von der Sicherheitsabteilung die Verhandlungen führten. Von ihm kamen am nächsten Morgen Papiere und sogar der Entwurf eines Erlasses. Wir fügten einen eigenen, wie ich finde, wesentlichen Punkt ein: »Der Erlaß tritt nach der Freilassung unserer Geiseln in Kraft.«

Ich sagte die dringliche Sitzung ab und setzte mich mit Vergili Petrowitsch von der Verwaltung hin, um mich über den *Fall* zu informieren, der streng vertraulich behandelt wurde.

In der Akte stand, daß der Tschetschene der Moskauer Mafia angehöre, an einem Bandenkrieg teilgenommen und in einer Straße der Hauptstadt drei Menschen getötet hatte.

»Minderjährig und schon Mörder«, sagte Vergili Petrowitsch.

»Aber er kommt doch gar nicht aus Tschetschenien?« fragte ich.

»Nein, er ist Moskauer.«

»Also hat jemand Interesse an ihm, wenn er so aufwendig über Tschetschenien ausgetauscht werden soll?«

»Ja. Jemand hat Interesse an ihm.«

»Vielleicht, um ihn zu liquidieren, weil er was weiß?«

»Für solch einen zwei Millionen Dollar?« sagte Vergili Petrowitsch zweifelnd. »Ich denke, er ist der Sohn von irgendeinem hohen Tier.«

»Oder ... sein Clan will ihn haben?«

»Oder ... die Mafia?«

Ich konnte mich nicht entschließen zu unterschreiben, rief Moskauer Tschetschenen, die ich kannte, an und fragte ohne nähere Erklärungen, wie groß die Gefahr für die vier Journalisten sei. Sie meinten, die seien in höchster Lebensgefahr.

Zum Überlegen war keine Zeit mehr, und als zum zweitenmal von oben angerufen wurde, unterschrieb ich den Entwurf. Das war am Donnerstag. Am nächsten Dienstag berichtete ich der Kommission und betonte, daß ich nicht anders hatte handeln können, obwohl ich wußte, daß dieser Weg eine Sackgasse war und zum Sklavenhandel führte. So kam es dann auch.

In den Kaukasus fuhren viele Gäste aller Art: Reporter, Delegierte, Deputierte, Dienstreisende ... Aber selbst wenn niemand mehr dorthin reisen sollte (was unmöglich ist), konnten die Banditen auch in Rußland Leute entführen wie den Jungen aus Petersburg, für den in Tschetschenien Lösegeld bezahlt wurde, obwohl er in Petersburg gefangengehalten worden war. Noch schlimmer wäre, daß jeder Verbrecher, Mörder und Drogenhändler, wo er auch sein mochte, außer Gefahr wäre, wenn er ausgetauscht werden konnte. Es gab eigentlich nur einen Weg: nicht bezahlen, nicht austauschen.

Aber das war Theorie. Die Praxis war: Wir wußten, daß die

vier Männer litten und jeden Moment umgebracht werden konnten.

Da meldete sich in der Kommission unser Rechtskundiger zu Wort. Er sprach monoton und langweilig, aber zur Sache, wie Juristen eben reden, und sagte, er halte das, was wir getan haben, für gesetzwidrig. Unsere Zustimmung zu dem Austausch schaffe einen gefährlichen Präzedenzfall. Er sehe überhaupt keine Probleme, wenn die »interessierten Personen«, wie er sie nannte, einen anderen Weg gegangen wären, an der Kommission vorbei, und den jungen Tschetschenen erst mal verurteilt hätten, dann wäre alles legal.

Allerdings räumte er ein, daß ein solches Urteil nicht in ein paar Stunden gesprochen werden könne.

Er hatte recht.

Shenja rief aufgeregt:

»Wie konnten Sie das unterschreiben? Wir haben es mit der Mafia zu tun, die jetzt die Führung erpreßt und damit Erfolg hat.«

Die Kommission war gespalten. Die einen, darunter Shenja und der Rechtskundige, waren unversöhnliche Gegner solcher Geschäfte. Mochte es Opfer geben, mochten die Journalisten umkommen (vielleicht kamen sie auch nicht um), dafür würde das Gesetz triumphieren. Die anderen – der Psychologe, der Professor, der Dichter und noch ein paar – waren für die Gesetzesübertretung, für den Kompromiß.

Ich hielt das auch für eine Gesetzesübertretung, aber wenn ich an unsere vier Journalisten dachte, konnte ich nicht anders handeln. Ich war nicht aus Eisen. Vielleicht war ich als Vorsitzender im Unrecht, als ich unterschrieb, aber als Mensch hatte ich richtig gehandelt.

Nach der Sitzung blieb ich allein am Schreibtisch. Aufzustehen und wegzugehen hatte ich nicht mehr die Kraft. Auch diese Arbeit fortzusetzen war ich außerstande. Vergili Petrowitsch hatte wohl meinen Zustand gespürt, er kam zurück.

»Nehmen Sie es sich nicht so zu Herzen«, sagte er. »Wir haben richtig gehandelt. Gehen wir essen.«

In der Kantine setzte sich ein Richter zu uns, der sich, wie ich wußte, vom Kreisrichter zum Mitglied des Kollegiums des Obersten Gerichts hochgearbeitet hatte. Wir stellten ihm sogleich die Frage: Gesetzlichkeit oder Menschen?

»Natürlich Menschen«, sagte er sofort und fügte hinzu: »Gesetze werden von Menschen gemacht, aber das menschliche Leben kommt von Gott.«

Zwei Wochen später sprach mich in Petersburg ein Korrespondent des »Moskauer Echo« an: »Ich gratuliere Ihnen. Eben erfuhren wir, daß die vier Journalisten frei sind.«

»Gott sei Dank. Da kann man uns allen gratulieren«, sagte ich.

»Nein«, widersprach er. »Ich gratuliere Ihnen persönlich.« Das klang so bedeutsam, daß ich dachte: Er weiß von unseren Qualen.

Eine beliebte Zeitung schrieb: »Ein erfreuliches Ereignis dieser Woche war die wunderbare Rettung der vier Journalisten, die vor drei Monaten in Tschetschenien entführt wurden. So ganz ist nicht geklärt, wie die Befreiung gelang. Im Prinzip konnte das nur auf eine Weise bewerkstelligt werden – durch Zahlung eines hohen Lösegeldes. Aber wir können ja nicht zugeben, daß wir Geld an Terroristen zahlen, denn das würde auf eine Schwäche des Staates hindeuten. Darum riefen die offiziellen Personen um die Wette, es sei den Bemühungen der tschetschenischen Miliz zu danken.«

Gott sei Dank, über uns kein Wort.

Und noch ein Artikel: »Wieviel kostet der Terror?«

»Im Streit um die Bedingungen für die Übergabe der vier Geiseln an die Vertreter des Staates wurde ein hartes Argument vorgebracht: An diesem Sonntag wollten die Banditen einen der vier töten. Gottlob kam es nicht dazu.«

Die Bruchstelle

Politiker sind bereit, für die Macht in Moskau nicht nur Tschetschenien und den Kaukasus zu verpfänden, sondern auch ihre »kleine Heimat«. Ihre Position wird bestimmt von ihrem Hinterteil, das befürchtet, seinen Amtssessel zu verlieren, an den es sich schon gewöhnt hat.

Um den Kampf gegen den Terrorismus zu unterstützen, versuchen sie einfallsreich, Lüge auf Lüge setzend, allen, auch dem Westen, einzureden, daß man mit Hilfe von Hubschraubern und Raketenstartanlagen binnen kurzem die verfluchten Terroristen in den Städten und Wäldern von Tschetschenien unschädlich machen könnte.

Die russische Bevölkerung, die in einer ökonomischen und geistigen Krise steckt, die gedemütigt und geschwächt ist, verängstigt durch Kriminalität, Korruption und Anarchie, sie unterstützt zweifellos alle rigorosen Maßnahmen, jedwede brutale Macht, die ihr Hoffnung auf eine Wiedergeburt der einstigen Macht Rußlands gibt und die eigene Autorität hebt.

Im übrigen, denke ich, ist der Extremismus auch ein Produkt nationaler Minderwertigkeitskomplexe.

Schwieriger ist es, von der sogenannten Gesellschaft zu reden, womit die Geistesgrößen des Landes gemeint sind, Kulturschaffende und so weiter. Ihr dumpfes Schweigen ist mir unerklärlich. Warum sind die Stimmen meiner Schriftstellerkollegen, die tapfer an der Front gekämpft haben und wissen, was Krieg ist, nicht zu hören? Ist Lew Tolstoi, der in seiner nicht weniger krisenschweren Zeit seine einsame Stimme gegen den japanischen Feldzug erhob, nicht ein sittliches Beispiel des Widerstands gegen die Stimme der Masse?

Statt dessen ist der Schriftsteller Wassili Axjonow zu hören, der während eines Urlaubs auf den griechischen Inseln aus Radiosendungen die »Wahrheit« über den Krieg erfuhr. Er erwähnte die unschuldigen Seelen, die in jedem Volk überwiegen, billigte aber die Handlungen der russischen Generäle, die, wie er meint, nicht gegen das tschetschenische Volk kämpfen, sondern gegen dessen Mark, das vom »absoluten Bösen« infiziert sei.

In einigen dieser Generäle erkannte Axjonow ehemalige Tschekisten und Dissidentenjäger, aber er sah in ihnen jetzt etwas anderes und, wie er meint, durchaus Würdiges. Wie die ehemaligen Tschekisten während der Beschüsse und Bombardements das »böse Mark« von den »unschuldigen Seelen« unterscheiden, teilt Axjonow nicht mit. Dafür ist er überzeugt, daß sich die Kämpfe an der »Bruchstelle« abspielen. So nennt er Tschetschenien.

Wenn man aber unvoreingenommen diese »Bruchstelle« anschaut, sieht man den Schimmer von Erdöl. Doch um das zu sehen, ist Axjonow zu weit weg. Im übrigen kann die »wirkliche Bruchstelle« in Tschetschenien und überall sonst verlaufen zwischen denen, die die Opfer des Stalinschen Terrors vergessen haben, und denen, die sich erinnern.

Wahrscheinlich lebt sich's leichter, wenn man gelernt hat, die Leiden eines anderen Menschen, eines anderen Volkes nicht mitzufühlen. Rußland, so scheint es, hat das gelernt. Es ist kein Zufall, daß unter den Verbrechern, deren Akten ich in der Kommission lesen muß, so viele ehemalige Rekruten sind, die im Krieg waren.

Zuerst kamen sehr viele Fälle von russischen Soldaten, die in Afghanistan gekämpft hatten; im Krieg hatten sie gelernt zu töten, und das setzten sie zu Hause fort. Dann folgten die Fälle von Tschetschenien-Kämpfern. Sie kehren aus dem Krieg zurück als Bündel von Schmerz und negativer Energie, die sie an ihrer Umgebung auslassen, auch an ihren Angehörigen. Die meisten von ihnen trinken und hängen an der Nadel, sie sind im Krieg drogensüchtig geworden. Sie balancieren zwischen Gefängnis und Freiheit, zwischen Leben und Tod. Aus vielen Strafakten, die ich gelesen habe, weiß ich, daß kriminelle Strukturen sie als gedungene Killer nutzen.

Jetzt ist sicherlich ein neuer Zustrom zu erwarten, von Teilnehmern des derzeitigen Kriegs, die das Glück hatten, lebend und unversehrt zurückzukommen. Aber die Seele hat gewiß Schaden genommen.

Und es kommt eine Generation, die zwar nichts vom Vietnam-Syndrom weiß, das dazu führte, daß viele amerikanische Soldaten sich das Leben nahmen, aber sie wird sich grausam verhalten. Und das wird die Rache an Rußland für Tschetschenien sein.

DREIZEHNTES KAPITEL

Die Kommission

Auf dem elektrischen Stuhl

Mit den Worten »verehrte, geliebte, geschätzte Kommission« eröffnete ich viele Jahre lang jeden Dienstag unsere Sitzungen, und genau so empfinde und verstehe ich die Kommission. Aber über sie berichten will ich erst jetzt am Ende des Buches. Ich nenne hier keine Namen, die übrigens nicht schwer zu erraten sind, sie sind alle meine Kollegen, Freunde im Leben und in der Literatur. Das vereint uns auch.

Die Zusammensetzung, entstanden in der unruhigen Zeit der Perestroika, erwies sich als sehr lebensfähig. Der Kern ist erhalten geblieben, nur ein paar wertvolle Mitglieder sind ausgeschieden, andere kamen im Erneuerungsprozeß hinzu, wurden von der Kommission selbst ausgesucht. Wir durchschritten die uns zugemessenen Jahre und verrohten nicht, verloren nicht den Glauben an die Hauptsache, ließen uns nicht korrumpieren und wurden möglicherweise sogar reifer, das heißt, wir sammelten Erfahrung in der Barmherzigkeit.

So unterschiedliche Charaktere wir waren, haben wir alle wie Erstkläßler Lektionen des Mitleids gelernt. Das ist keine leichte Wissenschaft, denn wir waren und bleiben ein Teil unserer grausamen russischen Umwelt, Kinder unserer Zeit der Herzlosigkeit und Selbsterniedrigung. Wir sind alle »aus dem Volk« gekommen und sind sein lebendiger Bestandteil. Und was für ein Volk das ist, läßt sich nach unseren blutigen Fällen beurteilen. Unser ursprüngliches Auswahlprinzip für die Kommission war natürlich, nur solche Leute zu berufen, die, wie wir annahmen, Mitleid kannten und in die Tat umsetzen wollten. Aber es war alles viel komplizierter. Mitleid zu haben mit einem alten Mütterchen, das die Straße überquert, mit einem Bettler, mit einem verlorengegangenen Kind, einem aus dem Nest gefallenen Jungvogel oder gar einem erdachten Literaturhelden, das ist etwas ganz anderes als Mitleid mit einem abgefeimten Mörder, Räuber oder Vergewaltiger, den man bislang zutiefst haßte, verachtete, angewidert zurückstieß wie eine Pestratte und den man am liebsten im Gefängnis gesehen hätte.

In den Waisenhäusern und -kolonien bin ich mit dieser Schattenwelt in enge Berührung gekommen, sie lockt mit sentimentalen Liedern und der zynischen Atmosphäre des Lebensgenusses auf Kosten anderer. Aber bei näherer Betrachtung erwies sich diese Welt als ebenso ungerecht, grausam, gefährlich und eingegrenzt durch die ehernen Gesetze der Unterwelt. Als wir in der Kommission wieder einmal beisammensaßen, wurde uns bewußt, daß wir nur in gemeinsamen Bemühungen uns selbst überwinden und unsere eigene Grausamkeit unterdrücken konnten. Wir ahnten bereits, daß wir uns gegen die Mehrheit, gegen die Menge, gegen den Pöbel erhoben oder, wie sie sich selber nennen, gegen die Gesellschaft, das Volk, die Bevölkerung.

Schritt für Schritt erarbeiteten wir uns die Kriterien für unser gemeinsames Verständnis von Gut und Böse, obwohl wir über dieses Thema nicht theoretisierten, wir ertranken förmlich in dem ununterbrochenen Zustrom von Akten und Zehntausenden Briefen pro Monat. Wir wollten rasch allen helfen, die uns um Hilfe baten. Die Briefe erreichten mich zu Hause, über den Schriftstellerverband und sogar über Angehörige und Bekannte. So ging es auch den anderen Kommissionsmitgliedern. In diesen Briefen schrie ganz Rußland vor Schmerz, da es in krimineller Finsternis versank. Wir ertaubten nahezu von diesen Schreien, die uns fast um den Verstand brachten. Und verzweifelten zuweilen, weil wir nicht wußten, wo die Grenzen unserer Möglichkeiten lagen und was wir noch weiter tun könnten. Wahrscheinlich gingen solche Briefe auch an andere Institutionen. Aber was das Mitleid betrifft, so konnte wirklich niemand anders das leisten, was uns auferlegt war. Genauer gesagt, was wir uns selbst auferlegt hatten.

Über Moskau wird von alters her gesagt: Die Häuser aus Stein, die Menschen aus Eisen. Und: Moskau glaubt den Tränen nicht. Und das trifft sicherlich zu. Es brauchte nur einer aus unserer Kommission benachbarte Institutionen aufzusuchen, dienstlich oder privat, schon bekam er die Unzugänglichkeit dieser »Häuser aus Stein« und der »Menschen aus Eisen« zu spüren, kurz, des Beamtenklüngels, der jede amtliche Stelle in ein einträgliches Haus verwandelt hat.

Wir begannen unsere schwere Aufgabe in einem Land, in dem die zahlreichen Straforgane nur eine Moral kannten – ein Verbrecher gehört ins Gefängnis – und die Grausamkeit als Gesetzlichkeit tarnten und die Gewalt als Gerechtigkeit.

»Wie sahen die Sitzungen denn früher aus?« sagte Vergili Petrowitsch. »Bei Jasnow, dem Vorsitzenden des Präsidiums des Obersten Sowjets der Russischen Föderation, versammelten sich einmal im Monat: der Innenminister, der Justizminister, der Generalstaatsanwalt und so weiter. Manchmal waren es auch nur die Stellvertreter. Man trank Tee, plauderte über das Wetter. Dann brachte ein Amtsbote das Protokoll mit den Namen der zum Tode Verurteilten; von 100 Häftlingen, die auch hätten begnadigt werden müssen, waren, um den Schein zu wahren, ein oder zwei besonders Harmlose rot unterstrichen. Man unterschrieb, trank den Tee aus und ging, um an der Hauptaufgabe weiterzuarbeiten: der Bestrafung.«

In solch einem Land die niemandem verständliche Aufgabe mit dem Namen Begnadigung in Angriff zu nehmen grenzte an Wahnsinn, an Absurdität.

»Was heißt denn Begnadigung!« entrüstete sich eine Staatsanwältin aus dem Fernen Osten namens Gorjatschewa, Mitglied des Obersten Sowjets und später Deputierte der Duma. »Wir haben die Miliz, das Gericht, das Gefängnis, und die wissen schon, wer wie lange sitzen muß!«

Diese kriegerische Dame, die für das damalige sogenannte Begnadigungsorgan zuständig war, hat mehr als einen Unglücklichen aufs Schafott geschickt. Ich finde ihren Namen auch jetzt noch auf der Liste derer, die gegen die Abschaffung der Todesstrafe stimmen. Aber Kommunistinnen wie sie haben berühmte Vorgängerinnen, und eine von ihnen war Lenins treue Helferin und Ehefrau Nadeshda Krupskaja. In ihren Schriften zur sozialistischen Pädagogik (Berufung oder Auftrag Stalins?) steht, die Kinder müßten zu kühnen, kämpferischen, physisch starken Menschen erzogen werden. Von Herzensqualitäten wie Güte oder Mitgefühl steht darin kein Wort. Die Revolution brauchte Roboter, und wir haben sie bekommen. Sie sind es, die im Parlament für die weitere Tötung von Menschen stimmen; gestützt auf »den Willen des Volkes«, sind sie, ließe man ihnen nur die Freiheit, bereit, die »Troikas«[1] wiedereinzufüh-

1 In der Stalinzeit Dreipersonengremium (Vertreter von NKWD, Partei und Exekutive) mit außerordentlichen Vollmachten für willkürliche Urteile bis hin zum Tod durch Erschießen. D.Ü.

ren, um Menschen ohne Untersuchung und Gerichtsverhandlung an Ort und Stelle abzuknallen. 48 Prozent der Moskauer und Petersburger und fast 60 Prozent der Provinzbevölkerung sind für die öffentliche Vollstreckung der Todesstrafe. Sie alle sind Zöglinge von Nadeshda Krupskaja, der von ihr begründeten Erziehungsschule im Stil der Miliz und des KGB.

Ich habe ein Foto, das mich auf einem elektrischen Stuhl sitzend zeigt. Es ist ein *echter* elektrischer Stuhl, auf dem, wie meine amerikanischen Freunde bekräftigten, Todesstrafen vollstreckt worden waren. Der Stuhl begleitet die Kongresse der internationalen Bewegung »Hands of Cain« (Hände weg von Kain), und Gästen wird schon mal angeboten, darauf Platz zu nehmen, nicht für lange, aber ausreichend, um zu fühlen, was ein zum Tode Verurteilter wenige Sekunden vor seinem Tode empfinden muß. Im Wachsfigurenkabinett der Madame Tussaud wird an einem Modell gezeigt, wie einer der schlimmsten Verbrecher des 20. Jahrhunderts auf dem elektrischen Stuhl hingerichtet wurde. Wohl zehn Minuten stand ich davor, empfand aber kein Entsetzen angesichts des Schauspiels, das sich alle paar Minuten wiederholte.

Etwas anderes ist die persönliche Berührung mit dem nicht sehr ausgeklügelt konstruierten hölzernen Möbel, das mit den zu ihm hinführenden Drähten, mit den Riemen für Arme und Beine und der Ledermaske für den Kopf nicht nur ein richtiger elektrischer Stuhl war, sondern auch gewisse prämortale Bioströme des Opfers in sich bewahrt hatte. Nicht aus eigener Initiative hatte ich darauf Platz genommen und das ganze Ritual über mich ergehen lassen: Riemen, Drähte, Maske … Und plötzlich durchfuhr mich eine deutliche Empfindung des Endes. Ich war nicht darauf gefaßt gewesen und hatte anfangs sogar gelacht, aber dann bat ich den Kollegen, der den Scharfrichter spielte, keinesfalls den Fernseher einzuschalten, zu dem aus mir unbegreiflichen Gründen von meinem Stuhl Leitungen führten.

»Er ist doch gar nicht angeschlossen«, antwortete er. »Die Drähte sind nur wegen der Echtheit.«

»Trotzdem. Bitte nicht einschalten«, sagte ich möglichst leichthin, aber in meiner Stimme schwang Unruhe mit.

Dann wurde ich angeschnallt – Beine und Arme und der Kopf. Man ging einen Fotografen holen, in diesen drei Minuten blieb ich allein. Mich erfaßte ein Gefühl von Schwermut, wie ich es nur aus seltenen Momenten des Traums kenne, in denen mich der Gedanke an den Tod in besonders realer Form heimsucht. Der steht ja wirklich bevor. Und dann die Eiseskälte, die beklemmende kosmische Einsamkeit im Moment des Erwachens. Bis sich dann alles im Licht des hellblauen Morgens auflöst.

Wir wären einzeln nicht das geworden, was wir gemeinsam geworden sind, soviel habe ich begriffen. Wenn eine Diskussion bei uns glatt verlief, harmonisch, das heißt ohne Schuldgefühle gegenüber uns selbst und dem Menschen, dessen Schicksal wir zu entscheiden hatten, dann mochten wir nicht gleich auseinandergehen. Wir tranken den kaltgewordenen Tee aus, unterhielten uns über Unverfängliches, und wenn wir das Dienstzimmer verließen, fühlten wir uns fast als Geburtstagskinder, als hätten nicht wir ein Geschenk gemacht, sondern eines bekommen. Wie sagte doch mein Landsmann, der Dichter Alexander Twardowski: »Es hat etwas Beseligendes, der Natur zu helfen, ob man eine Reihe kleiner Tannen pflanzt oder einen Strauch. Dann war der Tag nicht vertan, man hat etwas Bleibendes geschaffen.«

In der Wüste Sahara haben wir im kahlen Sand unsere kläglichen Tannen gepflanzt, ohne Hoffnung, daß sie Wurzeln schlagen, und doch haben wir mit unserm Innersten gespürt, daß wir etwas Bleibendes schaffen. Und wenn mal die ganze Kommission unerbittlich war, kam die Stunde unseres bescheidenen Psychologen, der, Doktor der Wissenschaften, ein hochangesehener Spezialist auf seinem Gebiet ist. Leise sagte er, wir dürften innerlich nicht so verhärten, und schlug uns vor, einfach zusammenzusitzen, menschlich miteinander zu reden und ein Gläschen dazu zu trinken.

Und wir saßen an dem langen Sitzungstisch, tranken ein Gläschen. Trinksprüche wurden ausgebracht und Gedichte rezitiert. Das tat uns gut. Wir gingen nach Hause, gütig und geläutert, und waren bereit, wieder unsere schwere Arbeit zu tun.

Übelwoller sind stets aktiv. Sie schreiben Briefe, Eingaben, Verleumdungen, Denunziationen. Sie verdrehen beliebige Fakten, verfälschen Zahlen und appellieren meistens an niedrigste menschliche Gefühle wie Angst, Haß, Rache. Nicht alle handeln aus bösem Vorsatz, es gibt auch Irregeleitete.

Die Einstellung zu uns, das heißt zu unserer Arbeit, und die Einstellung zur Todesstrafe, in diesem Knäuel von Problemen die Hauptfrage, ist fast immer die gleiche. Und wenn gegenüber gewöhnlichen Häftlingen Milde bekundet wird (selten, doch es kommt vor), sieht der Spießer in dem Todeskandidaten, dem das Leben geschenkt wurde, eine schwere Bedrohung: »Wenn der rauskommt, diese Bestie, wird er's euch schon zeigen.« Oder: »Traut ihr euch denn den Unglücklichen, die er zu Waisen gemacht hat, in die Augen zu sehen?«

Wissenschaftliche Autoritäten reden den Leuten ein, daß »das

Rechtsbewußtsein der Bürger Rußlands gewöhnt ist an lange Haftstrafen und an die häufige Anwendung der Todesstrafe« (Professor I.W. Schmarow).

Die gütigen Hinrichter

Der Untersuchungsführer Gdljan erklärte in einem Interview: »Einige sogenannte Humanisten kämpfen für die Abschaffung der Todesstrafe und argumentieren damit, daß sie schon in der ganzen Welt abgeschafft sei. Das ist wieder mal eine Hinterlist, denn im Westen, sowohl in Europa als auch in Amerika, gibt es Länder und Staaten, in denen die Todesstrafe verhängt wird. Warum sollen wir mal wieder dem ganzen Planeten voraus sein?« Dann behauptet er, wir wollten für die gefährlichsten Verbrecher eine Oase schaffen, und schlägt vor: »Lassen Sie uns doch wenigstens ein paar Mechanismen der Einflußnahme oder, wenn Sie so wollen, der Abschreckung beibehalten. Lassen Sie uns noch eine Weile leben, bis sich bei uns alles ein bißchen legt und in Ordnung kommt.« Lassen Sie uns leben – das bezieht er ja wohl auf sich, denn seine Worte zielen aufs Gegenteil ab: daß jemand nicht leben soll.

In seinen Äußerungen über den Westen greift Gdljan selber zur Hinterlist: Ja, es gibt in der Tat noch Länder und Staaten, in denen die Todesstrafe verhängt wird, aber Entschuldigung, wir sind in vielem, auch im Verbot der Todesstrafe, längst nicht dem ganzen Planeten voraus! Voraus ist Europa, wo seit langem nicht mehr hingerichtet wird, in Westdeutschland und Italien zum Beispiel ist die Todesstrafe gleich nach dem Krieg abgeschafft worden, als die ehemals faschistischen Mächte in Trümmern lagen und die Kriminalität alle Normen überschritt. Sie haben nicht gewartet, bis sich alles ein bißchen legt, und in Ordnung ist es bekanntlich bei ihnen gekommen. Vielleicht gerade weil es die Todesstrafe nicht mehr gab.

Der Untersuchungsführer Gdljan ängstigt die Bevölkerung mit der »Oase« für die gefährlichsten Verbrecher. Einstweilen haben wir für sie (die gefährlichen Verbrecher, denen die Todesstrafe in lebenslängliche Haft umgewandelt wurde) etwas geschaffen, was an ein Konzentrationslager erinnert, und sie flehen um Hinrichtung, um nicht unter den unerträglichen Bedingungen vegetieren zu müssen. Aber die »Hinterlist« der ehemaligen Untersuchungsführer geht noch weiter. In den Argumenten der Gegner der Todesstrafe sieht Gdljan »einen geheimen Plan, alle Hindernisse (damit meint er wohl die Todesstrafe) aus dem Weg zu räumen und Rußland in einen absolut kriminellen Staat zu verwandeln. Dann werden alle die Leute freie Bahn haben, die kein Vaterland kennen, keine Verbindung zur Geschichte und keinen Stammbaum haben.« Wer sind diese äußeren oder inneren Feinde? Die »sogenannten Humanisten«? Vielleicht der verstorbene Andrej Sacharow, der aktiv gegen die Todesstrafe kämpfte? Sergej Kowaljow? Oder der unlängst verstorbene Dichter Bulat Okudshawa, Mitglied der Begnadigungskommission? Vielleicht auch gewisse Ausländer, Menschen eines anderen Glaubens, anderer Herkunft: Zionisten, Tataren, Tschetschenen? Obwohl längst bekannt ist, daß unser schlimmster Feind wir selber sind.

»Diese Leute wollen Rußland ausbluten lassen«, tönt der ehemalige Untersuchungsführer. »Man muß als Gesetzgeber darüber nachdenken, was für Strafmaße für besonders gefährliche Wirtschaftsverbrechen vorzusehen sind. Ich meine, daß in einzelnen Fällen gegen diese Mörder mit dem weißen Kragen die Todesstrafe anzuwenden ist.« Nun, wenn wir noch die

Juden und die »Personen kaukasischer Nationalität« dazurechnen, kommen schon genug Insassen für einen neuen Archipel GULAG zusammen. Und was die »Mörder mit dem weißen Kragen« betrifft, so erinnere ich den Leser daran, daß unter Chruschtschow allein im Jahr 1963 etwa 3000 Menschen erschossen wurden, sämtlich für »Wirtschaftsverbrechen« (erinnert sei an den Direktor des Feinkostladens Juri Sokolow). Aber wir lernen nichts aus der Geschichte. Auf die keineswegs ironisch gemeinte Frage eines Reporters, ob er gläubig sei, antwortete Herr Gdljan ganz aufrichtig: »Ich glaube an die Gerechtigkeit, an die Güte.« Also ein gütiger Hinrichter.

Im Sommer 2001, als wir mit den Beamten der Präsidialverwaltung große Konflikte hatten, ergoß sich über unsere Kommission ein schmutziger Strom von organisierter Lüge.

Den ganzen Unsinn, der von der Boulevard-Presse veröffentlicht wurde, hier anzuführen macht keinen Sinn. Aber es war offensichtlich, daß dieser Schmutz immer von derselben Quelle ausging und bezahlt wurde: Ein und dieselben Beispiele und Zahlen, und der Name eines angeblich von uns begnadigten Verbrechers immer auf dieselbe Weise falsch geschrieben.

Ich habe mir und anderen oft die Frage gestellt: Für wen ist das wichtig? Einer der Schreiber machte eine Andeutung:

»Alle nehmen Schmiergeld, nur die von der Kommission nicht? Das gibt es nicht.«

Mit anderen Worten: Ihr nehmt keines, um so schlimmer für euch, dann macht Platz für diejenigen, die es nehmen können und werden.

Ein führender Mann des Journalistenverbands sagte es noch deutlicher: »Die einträglichen Posten sind alle privatisiert. Nur wenige sind übrig, darunter eure Kommission!«

An anderer Stelle hörte ich: »Da wird ein Bankier am Kragen gepackt. Wofür? Es gibt Gründe. Man könnte jeden Bankier einsperren, und sei es nur dafür, daß er Geld hat, das man ihm wegnehmen muß. Zum Beispiel Gussinski. Solch einer wird verknackt und ins Kittchen gesperrt, und schon ist er bereit, für seine Freilassung ein Milliönchen zu berappen.«

Ende 2001 erschienen in der Presse mehr als 100 Artikel zu unserem Schutz, aber das interessierte niemanden mehr. Der Kreml lebt sein eigenes Leben. Auf der letzten Pressekonferenz im Haus der Journalisten, es war kurz vor Neujahr, gratulierte ich zum Abschied den Generälen, Apparatschiks und Sicherheitsleuten, die uns kaltstellen wollten. Ich gratulierte den gesellschaftlichen Organisationen, die (mit wenigen Ausnahmen) nicht gemerkt hatten, daß man uns kaltstellen wollte. Ich gratulierte der Presse, die sich für uns eingesetzt hatte, aber irgendwie passiv. Eigentlich habt ihr alle, so sagte ich, die einzige Hoffnung auf Rußlands Zukunft zu Grabe getragen. Ihr könnt jetzt das neue Jahr feiern, wir aber werden der toten Kommission gedenken.

Und hier ein Zeitungsausschnitt vom 25. Dezember:

»Die Begnadigungskommission beim Präsidenten der Russischen Föderation wird in allernächster Zeit aufgelöst, wie der russische Präsident Wladimir Putin am Montag mitteilte. Die Listen für die Begnadigung werden künftig von den leitenden Juristen der Russischen Föderation vorbereitet und vom Präsidenten bestätigt.«

So eingestimmt, machte ich mich auf den Weg in den Kreml, von der Iljinka-Straße quer über den Roten Platz. Musik spielte, auf dem weiß verschneiten Platz gingen viele Menschen spazieren. Es herrschte leichter Frost.

Vor zehn Jahren war es irgendwie einfacher, dachte ich. Wo haben wir eigentlich damals Silvester gefeiert? Ja, im Schriftstellerheim Dubulty bei Riga. War es richtig gewesen, daß ich an jenem fernen Neujahrstag einen so folgenschweren Entschluß faßte?

Ich wies dem Posten im kurzen Schafpelz meinen Passierschein vor und ging durch das Tor der hohen Kremlmauer.

Was mochte mich dort erwarten?

Nachbemerkung

Dieses Buch entstand aus einem Gefühl der Ohnmacht und des Schmerzes, das mein Inneres zu verbrennen drohte. Ich habe es in erster Linie für mich selbst geschrieben, um das innere Feuer zu löschen und vielleicht eine Pflicht gegenüber dem Allmächtigen zu erfüllen, der allein weiß, warum es notwendig war, daß ich (mit meinen Freunden) durch das »finstere Tal« ging und über den Rand des Unmöglichen hinausblickte. Das Buch ist geschrieben, aber ich weiß nicht, ob mir leichter geworden ist. Nur insofern, als eine kurze Atempause Erleichterung bringt. Es kommt jetzt darauf an, daß wir den eben erst geöffneten schmalen Spalt in unserer Seele, durch den die Not und der Schmerz anderer Menschen zu dringen vermag, offenhalten.

»Was ist Rußland?« fragte Puschkin. Und antwortete: »Halbwilde Völker … ihre immer wiederkehrenden Empörungen, ihre Abneigung gegen Gesetze und Bürgersinn, ihr Leichtsinn, ihre Grausamkeit …« Aber wir sind seit jener Zeit nicht besser geworden, der Dichter hat nicht nur den damaligen Zustand Rußlands beschrieben, sondern auch die Zukunft des Landes vorhergesagt. Das, was wir gegenwärtig durchmachen. Was die Menschen auch noch lange nach uns durchmachen werden. Und sollte mir beschieden sein, weiter durch das »finstere Tal« zu gehen, so bitte ich Dich, Herr: »Bewahre mich vor Unwissenheit und Vergessen und Kleinmut und steinerner Fühllosigkeit« (Gebet des Hl. Ioann Slatoust vor dem Schlaf).

Aber gibt es noch Schlaf?